Ganztagsschule und Grundgesetz

Europäische Hochschulschriften
Publications Universitaires Européennes
European University Studies

Reihe II
Rechtswissenschaft

Série II   Series II
Droit
Law

Bd./Vol. 4502

PETER LANG
Frankfurt am Main · Berlin · Bern · Bruxelles · New York · Oxford · Wien

Malaika Broosch

Ganztagsschule und Grundgesetz

Das Verhältnis des Elternrechts zur staatlichen Schulaufsicht und seine Konsequenzen für die Verfassungsmäßigkeit einer Schulreform

PETER LANG
Europäischer Verlag der Wissenschaften

Bibliografische Information der Deutschen Nationalbibliothek
Die Deutsche Nationalbibliothek verzeichnet diese Publikation in der Deutschen Nationalbibliografie; detaillierte bibliografische Daten sind im Internet über <http://www.d-nb.de> abrufbar.

Zugl.: Jena, Univ., Diss., 2005

27
ISSN 0531-7312
ISBN-10: 3-631-56161-X
ISBN-13: 978-3-631-56161-4
© Peter Lang GmbH
Europäischer Verlag der Wissenschaften
Frankfurt am Main 2007
Alle Rechte vorbehalten.

Das Werk einschließlich aller seiner Teile ist urheberrechtlich geschützt. Jede Verwertung außerhalb der engen Grenzen des Urheberrechtsgesetzes ist ohne Zustimmung des Verlages unzulässig und strafbar. Das gilt insbesondere für Vervielfältigungen, Übersetzungen, Mikroverfilmungen und die Einspeicherung und Verarbeitung in elektronischen Systemen.

www.peterlang.de

INHALTSVERZEICHNIS

- **A. Einleitung** 1
- **B. Gang der Untersuchung** 3
- **C. Die Entwicklung und Konzeption der modernen Ganztagsschule** 5
  - I. Die Ganztagsschule in der Schulgeschichte Deutschlands 5
    1. Die traditionelle Unterrichtsschule des 19. Jahrhunderts und die Ganztagsschulmodelle der frühen Reformpädagogik 5
    2. Entwicklungen nach dem 2. Weltkrieg 8
    3. Die Bildungsreform in den 60er und 70er Jahren und ihr Scheitern 10
    4. Die Ganztagserziehung in der DDR 12
    5. Die Entwicklung der Ganztagsschulbewegung ab 1990/91 13
    6. Zusammenfassung 14
  - II. Die Konzeption der modernen Ganztagsschule 14
    1. Die offene Ganztagsschule 16
    2. Die Ganztagsschule gebundener Konzeption 18
    3. Aktueller Stand der Entwicklung 19
- **D. Das Elternrecht als eingeschränktes Rechtsgut** 22
  - I. Das Elternrecht als unbeschränkbares Naturrecht? 22
  - II. Art. 6 Abs. 2 S. 1 i.V.m. Art. 6 Abs. 1 GG als wertentscheidende Grundsatznorm 30
    1. Das Elternrecht aus Art. 6 Abs. 2 S. 1 GG und der Schutz der Familie in Art. 6 Abs. 1 GG 30
    2. Die Stellung des Elternrechts nach Art. 6 Abs. 2 S. 1 i.V.m. Art. 6 Abs. 1 GG im objektiven Wertsystem der Grundrechte 33
  - III. Das Elternrecht als Abwehrrecht 37
    1. Die Pflege und Erziehung i.S.d. Art. 6 Abs. 2 S. 1 GG 39
    2. Eltern i.S.d. Art. 6 Abs. 2 S. 1 GG 42
    3. Eigenes Recht der Eltern aus Art. 6 Abs. 2 S. 1 GG 43
  - IV. Institutsgarantie des Elternrechts 46
  - V. Art. 6 Abs. 2 S. 1 GG als Grundrecht und Grundpflicht 47
  - VI. Die Anwendbarkeit des Elternrechts im Schulwesen 49

Inhaltsverzeichnis

    1. Schulwesen und Elternrecht in der Weimarer Reichsverfassung 50
    2. Die Anwendbarkeit des Elternrechts im Schulwesen nach dem
       Grundgesetz 52
    3. Die elterliche Mitwirkung in der Schule 54

E. Der Eingriff in den Schutzbereich des Elternrechts durch die Einführung der Ganztagsschule 59

    I.   Schulorganisation als Grundrechtseingriff 59
    II. Eingriff in das Elternrecht durch die Einführung der Ganztagsschule 61
    III. Eingriff trotz Freiwilligkeit der Ganztagsschule? 63
    IV. Zusammenfassung zum Grundrechtseingriff in Art. 6 Abs. 2 S. 1 GG .. 66

F. Die verfassungsrechtliche Rechtfertigung des Eingriffs in das Elternrecht 67

    I.   Die Rechtfertigung des Eingriffs durch Art. 6 Abs. 2 S. 2 GG 67
        1. Das staatliche Wächteramt als Grundrechtsschranke
           für das Elternrecht 67
        2. Die rechtfertigende Wirkung des Art. 6 Abs. 2 S. 2 GG für
           schulorganisatorische Maßnahmen 69
        3. Die verfassungsrechtliche Rechtfertigung der Ganztagsschule durch das
           staatliche Wächteramt? 71
    II. Art. 7 Abs. 1 GG als Schranke des elterlichen Erziehungsrechts 72
        1. Art. 7 Abs. 1 GG als verfassungsimmanente Grundrechtsschranke 73
        2. Staatliche Schulhoheit und elterliches Erziehungsrecht in der
           höchstrichterlichen Rechtsprechung 78
        3. Analyse und Kritik der Rechtsprechung 83
        4. Die Begrenzung der staatlichen Schulhoheit durch die
           Auslegung des Art. 7 Abs. 1 GG 99
        5. Fazit: Verfassungsrechtliche Rechtfertigung der Ganztagsschule
           auf der Grundlage des Art. 7 Abs. 1 GG? 140
    III. Das Sozialstaatsprinzip als verfassungsimmanente Schranke des
        Elternrechts 142
        1. Der Sozialstaatsgedanke als Motor der aktuellen Schulreform 142
        2. Gehalte des Sozialstaatsprinzips und seine Ausprägung
           im Schulwesen 144
        3. Grundrechtsbeschränkung durch das Sozialstaatsprinzip 145

4. Konsequenz für die Rechtfertigung des Eingriffes in
Art. 6 Abs. 2 S. 1 GG durch die Einführung der Ganztagsschule 148

G. Die Ganztagsschule und das Recht des Kindes auf die freie Entfaltung der Persönlichkeit 151

I. Geschütztes Rechtsgut 152
II. Eingriff in Art. 2 Abs. 1 GG durch die Einführung der Ganztagsschule 153
III. Die verfassungsrechtliche Rechtfertigung des Eingriffs in Art. 2 Abs. 1 GG 155

H. Zusammenfassung, Ergebnis und Ausblick 157

Literaturverzeichnis 161

A. Einleitung

Es gibt kaum ein gesamtgesellschaftlich bedeutsames Thema in der Politik, das sich beständiger im Zentrum der öffentlichen Auseinandersetzung hält als der Zustand und die Entwicklung des Bildungswesens in der Bundesrepublik Deutschland. Eingekleidet in Fragen der Schulorganisation und der Unterrichtsziele findet – auf die Ebene der staatlichen Schulbildung verlagert – seit dem Umschlagen der politischen Stimmung zum Ende der 60er Jahre eine grundsätzliche und heftig geführte Debatte über wesentliche rechtspolitische Grundfragen wie das Verhältnis der Freiheit des Einzelnen zu dem Gebot der Gleichbehandlung und den Erfordernissen aus dem Sozialstaatsprinzip statt. Um so erstaunlicher ist es, dass sich durch die Ergebnisse der PISA-Studie 2001[1], die eine geradezu traumatisierende Wirkung auf das bisher größtenteils von Selbstzufriedenheit geprägte öffentliche Bild von der Leistungsfähigkeit des deutschen Schulwesens entfaltet haben, innerhalb kürzester Zeit ein breiter politischer Konsens herausgebildet hat, der nunmehr Motor für eine überaus eilig vorangetriebene Reformbewegung im Schulwesen ist.

Als Teil dieser Reformbewegung ist die Ganztagsschule als soziale Integration, pädagogische Betreuung und Wissensvermittlung kombinierendes Schulmodell zunehmend in den Vordergrund dieser umfangreichen Reformüberlegungen ge-

---

[1] Die Untersuchung PISA („Programme for International Student Assessment") ist ein Programm der zyklischen Erfassung grundlegender Kompetenzen nachwachsender Generationen, das von der Organisation für wirtschaftliche Zusammenarbeit und Entwicklung (OECD) durchgeführt wird. Es handelt sich um die bisher umfassendste internationale Schulstudie. Bei der ersten Erhebung im Jahr 2000 waren 32 Staaten, darunter 28 OECD-Staaten beteiligt. Getestet wurden 15-jährige Schüler und Schülerinnen in den Bereichen Lesekompetenz, mathematische sowie naturwissenschaftliche Grundbildung. Dabei stand die fächerübergreifende Problemlösungskompetenz mehr als Faktenwissen im Vordergrund. Für den internationalen Vergleich waren aus Deutschland in der ersten Testrunde 5000 Schüler aus 219 Schulen einbezogen; eine weitere, nur auf Deutschland bezogene Stichprobe umfasst mehr als 5000 Schüler aus 1466 Schulen und ermöglicht einen Vergleich zwischen den einzelnen Bundesländern. Zu den Studien im Einzelnen: Organisation for Economic Co-Operation and Development, Knowledge and skills for life: first results from the OECD Programme for International Student Assessment (PISA) 2000, S. 13 ff.; Artelt u.a., PISA 2000: Zusammenfassung zentraler Befunde, S. 15; Baumert u.a., PISA 2000 – Die Länder der Bundesrepublik Deutschland im Vergleich, S. 11 ff.; Smolka, Aus Politik und Zeitgeschichte B 41/2002, S. 3 ff.; Stegner, Schulmanagement 4 (2002), S. 17; ausführlich auch Lange, RdJB 2003, S. 193 ff.

A. Einleitung

treten. Nach einer Verwaltungsvereinbarung des Bundes und der Länder[2] sollen mit finanzieller Unterstützung des Bundes in Höhe von vier Milliarden Euro bis 2007 ca. zehntausend neue Ganztagsschulen errichtet oder bestehende Einrichtungen dieser Art weiterentwickelt werden. Das Abkommen sieht daneben auch die Umstrukturierung vorhandener Halbtags- zu Ganztagsschulen vor.

Angeregt durch die Freisetzung erheblicher finanzieller Mittel auf der Seite des Bundes haben die Länder und Kommunen bereits mit der Umstrukturierung der Schulen begonnen. Je nach der vorherrschenden politischen Einstellung wird in den Bundesländern mit unterschiedlichem Nachdruck eine flächendeckende Einführung der Ganztagsschulen angestrebt. Die Tendenz, gefördert durch den Bund im gesamten Gebiet der Bundesrepublik eine Ablösung des traditionellen Halbtagsschulsystems durch die Länder herbeizuführen, ist evident. Diese Entwicklung soll, so auch die Präambel der Vereinbarung zwischen Bund und Ländern, eine Qualitätsverbesserung des deutschen Bildungssystems bewirken.

Ungeachtet dieses breiten politischen Konsenses und des Engagements des Bundes ist dieser Reformvorstoß nicht kritiklos geblieben. So werden vor allem aus entwicklungspsychologischer und pädagogischer Perspektive sowie auf politischer Ebene erhebliche Einwände gegen die Ausweitung der Schule und die hiermit verbundene Erstreckung der staatlichen Erziehung weit in das private familiäre Leben hinein vorgebracht. Es wird vor allem kritisiert, dass die Verteilung von Unterricht über den gesamten Tagesablauf und die damit verbundene längere Abwesenheit von der elterlichen Umgebung den Bedürfnissen der Kinder und Jugendlichen nicht entspreche und zudem die Finanzierung dieser Aufgabenerweiterung der Schule nicht sichergestellt sei.[3]

Die vorliegende Arbeit fügt den genannten Kritikpunkten eine verfassungsrechtliche Betrachtung der Reformbestrebungen hinzu, indem die Frage untersucht wird, ob sich das Konzept der Ganztagsschule im Rahmen dessen hält, was das Grundgesetz als Werte und Grenzen für die Ausgestaltung des Verhältnisses von Elternrechten und Rechten des Kindes zum Erziehungsauftrag des Staates vorgibt.

---

[2] Verwaltungsvereinbarung: Investitionsprogramm „Zukunft Bildung und Betreuung" 2003-2007 vom 12. Mai 2003; veröffentlicht unter www.bmbf.de/pub/20030512_ verwaltungsvereinbarung_zukunft_bildung_und_betreuung.pdf (zuletzt am 24. Januar 2005).

[3] Vgl. zu diesen Kritikpunkten die Beiträge in FAZ, Ausgabe vom 14. Juni 2004, S. 14; FAZ, Ausgabe vom 05. September 2003, S. 10; Die Zeit, Ausgabe vom 2. September 2004, S. 29; kritisch ebenfalls Schlicht, RdJB 2003, S. 5 (7); Appel, Handbuch Ganztagsschule, S. 30, 36.

B. Gang der Untersuchung

Die Arbeit beginnt mit einer Darstellung der Entwicklung der Ideen und Konzepte einer Ganztagsschule als Regelschulform in der deutschen Schulgeschichte. Dabei liegt besonderes Augenmerk auf den frühen Ganztagsschulmodellen bedeutender Pädagogen, die zum Ende des 19. und am Anfang des 20. Jahrhunderts entstanden, auf den Entwicklungen dieser Modelle nach dem zweiten Weltkrieg sowie dem Scheitern der Reformbewegung zum Ende der 70er Jahre. Diese Betrachtung führt in die nachfolgende Untersuchung der Konzeption der modernen Ganztagsschule, wie sie nunmehr Gegenstand der aktuellen Bildungsreform ist, ein. Es finden sowohl die offene als auch die zur Zeit in der Politik präferierte obligatorische Form der Ganztagsschule Erläuterung. Dieses Kapitel ist die Beurteilungsgrundlage für die sich anschließenden Ausführungen über die Verfassungsmäßigkeit der flächendeckenden Einführung einer verpflichtenden Ganztagsschule.

Die Prüfung der Verfassungsmäßigkeit hoheitlicher Maßnahmen des Staates, die den individuellen Freiheitsbereich des Einzelnen berühren, hat zunächst nach dem möglicherweise beeinträchtigten Grundrecht zu fragen. Es wird daher das Recht der Eltern auf die Pflege und Erziehung ihrer Kinder aus Art. 6 Abs. 2 S. 1 GG als durch Vereinnahmung der Kinder in einer verpflichtenden Ganztagsschule beeinträchtigtes Rechtsgut umfassend vorgestellt. Sämtliche Dimensionen dieser besonderen verfassungsrechtlichen Freiheitsverbürgung – namentlich die Eigenschaften als wertentscheidende Grundsatznorm, Abwehrrecht, Institutsgarantie sowie als elterliche Grundpflicht – sind hier betrachtet.

Die Kollision der staatlichen Erziehungstätigkeit in der angestrebten neuen Ganztagsschule mit dem Interesse der Eltern an einer unbeeinflussten Erziehung ihrer Kinder, das in Art. 6 Abs. 2 S. 1 GG geschützt ist, stellt sich mit der Entscheidung der Landesgesetzgeber für die Einführung der verpflichtenden Ganztagsschule als Grundrechtseingriff dar, wie die weiteren Ausführungen zeigen sollen. Er bedarf der verfassungsrechtlichen Rechtfertigung, die zunächst auf das Wächteramt des Staates hinsichtlich der elterlichen Pflege und Erziehung der Kinder aus Art. 6 Abs. 2 S. 2 GG gestützt werden könnte. Nach Verneinung der Einschlägigkeit dieser Kompetenznorm für die Rechtfertigung staatlicher Maßnahmen im Bereich des Schulwesens liegt die Betrachtung verfassungsimmanenter Schranken des elterlichen Erziehungsrechts nahe. Sie beginnt mit der Untersuchung des Art. 7 Abs. 1 GG, der die zentrale Vorschrift für die Gestaltung des öffentlichen Schulwesens und die Kompetenzen des Staates im Bereich der Bildung und Erziehung der Kinder durch die Schule bildet. Entsprechend der

B. Gang der Untersuchung

Bedeutung der Norm für die Legitimation staatlicher Maßnahmen, die im Zusammenhang mit der Organisation des Schulwesens stehen – mithin auch für die Beurteilung der Verfassungsmäßigkeit der Ganztagsschule – bildet dieser Abschnitt einen zentralen Kern der verfassungstheoretischen Betrachtung der durch die Arbeit aufgeworfenen Fragestellung.

Nach der Darstellung und kritischen Beurteilung der umfangreichen Rechtsprechung und Literatur zum Verhältnis des elterlichen Erziehungsrechts zur staatlichen Schulhoheit folgt zur notwendigen Bestimmung der Reichweite der staatlichen Regelungskompetenz im Schulwesen aus Art. 7 Abs. 1 GG die Interpretation der Vorschrift nach den gängigen Auslegungsmethoden. Besondere Bedeutung erlangt hierbei die Auslegung nach dem Wortsinn der Norm, die den für die Betrachtung der Verfassungsmäßigkeit der Ganztagsschule weniger aussagekräftigen Auslegungsmethoden unter historischen und teleologischen Gesichtspunkten nachgestellt ist. Die hieraus gewonnenen Erkenntnisse hinsichtlich des Inhalts und der Reichweite der Regelungskompetenz des Staates im Bereich des Schulwesens aus Art. 7 Abs. 1 GG lassen sodann eine Aussage zur verfassungsrechtlichen Rechtfertigung der Einführung der Ganztagsschule auf der Grundlage dieser Ermächtigungsvorschrift zu.

Wegen der mit der Ganztagsschule verfolgten, besonders sozialstaatlich orientierten politischen Zielsetzung drängt sich die Annahme des Sozialstaatsprinzips als weitere verfassungsimmanente Schranke des Elternrechts auf, die Rechtfertigungsnorm für den Grundrechtseingriff sein könnte. Es wird daher im Weiteren ausschnittsartig und bezogen auf die spezielle Problematik der flächendeckenden Einführung der Ganztagsschule die Handlungsbefugnis des Staates im Schulwesen auf Grund sozialstaatlicher Erfordernisse betrachtet.

Da durch die Einführung der verpflichtenden Ganztagsschule nicht nur die Eltern, sondern in besonderer Weise auch die Schüler selbst betroffen sind, wird letztlich auf ihr vorrangig beeinträchtigtes Rechtsgut – die Freiheit zur Entfaltung ihrer Persönlichkeit gem. Art. 2 Abs. 1 GG – eingegangen, bevor der letzte Abschnitt eine Zusammenfassung der Ergebnisse und einen Ausblick auf die mögliche weitere Entwicklung der angesprochenen Problemkreise gibt.

C. Die Entwicklung und Konzeption der modernen Ganztagsschule

Die Aktualität der Diskussion um die Einführung der ganztägigen staatlichen Betreuung der Schüler verstellt den Blick auf die Tatsache, dass für eine Reihe von namhaften Erziehungswissenschaftlern und Bildungspädagogen bereits vor mehreren Jahrzehnten die Ganztagsschule die Schule der Zukunft darstellte, wenn sich auch diese Überzeugung in der Praxis des Schulwesens letztlich bis heute nicht hatte durchsetzen können. Die Darstellung der Entwicklung der Ganztagsschulidee in der Schulgeschichte Deutschlands bildet die Grundlage für eine Übersicht über die Organisationsform der modernen Ganztagsschule im aktuellen Reformkonzept. Die theoretische Konzeption und konkrete Ausgestaltung der neuerlich wieder in Angriff genommenen Umstellung des Schulsystems auf die Ganztagsschule ist Anknüpfungspunkt für die Überprüfung der Vereinbarkeit der Reform mit grundgesetzlichen Vorgaben.

I. Die Ganztagsschule in der Schulgeschichte Deutschlands

1. Die traditionelle Unterrichtsschule des 19. Jahrhunderts und die Ganztagsschulmodelle der frühen Reformpädagogik

Im 19. Jahrhundert war in Deutschland – wie in anderen europäischen Staaten auch – die ganztägige Organisation der Volksschule Normalität, allerdings mit ihrer ausschließlichen Ausrichtung auf Unterricht. Unterrichtet wurde von 8 bis 12 Uhr und von 14 bis 16 Uhr, was dem damals üblichen Tagesrhythmus der Arbeitswelt, vor allem der der Handwerks- und Gewerbetreibenden entsprach. Die Mittagsverpflegung erfolgte für Schüler und Lehrer nicht zentral in der Schule, sondern privat und zu Hause. Die mittägliche Unterbrechungszeit diente ganz der Mahlzeit im Familienkreis, der Pause und der Vorbereitung auf die folgenden Unterrichtsstunden. Diese „traditionelle Ganztagsschule" muss nach ihrer pädagogischen Ausrichtung und Organisation von dem aktuell angestrebten Modell der „modernen Ganztagsschule" unterschieden werden.

Beginnend mit den höheren Schulen setzte zur Jahrhundertwende eine Umwälzung des Schulwesens im Kaiserreich ein. Lange Wegzeiten zur Schule wurden von Medizinern als Überforderung der Kinder eingestuft und sollten durch die Konzentration des Unterrichts auf den Vormittag kompensiert werden. Andere Gründe, wie das Erfordernis der „Rücksichtnahme" auf die damals noch übliche

C. Die Entwicklung und Konzeption der modernen Ganztagsschule

Kinderarbeit und die Einführung des Schichtunterrichts wegen der Überfüllung der Klassen, machten auch in den Volksschulen eine Ablösung des ganztägigen Unterrichtssystems notwendig. Damit war in Deutschland das Ende der traditionellen Ganztagsschule angebrochen und aus ihr entwickelte sich die heute etablierte Halbtagsschule.

In anderen europäischen Ländern sowie dem Schulsystem der USA wurde diese Entwicklung nicht nachvollzogen. Während die deutsche Schule auch in den folgenden Jahrzehnten in ihrer Tradition als Unterrichtsschule in nunmehr halbtägiger Organisation verblieb, behielten die angelsächsischen Länder einen ganztägigen Organisationsrahmen der Schule bei. Sie nahmen aber zugleich neue Strukturelemente in das Schulwesen auf, begannen mit der Verbindung der Vermittlung von Lerninhalten mit erzieherischen Aufgaben und entwickelten ihre Schulen dadurch zur „modernen Ganztagsschule". Eine Leitfunktion nahm hierbei die amerikanische Ganztagsschule ein, die ihre schultheoretische Grundlage in der Konzeption des Philosophen und Reformpädagogen John Dewey hatte.[4]

Zeitgleich mit der Etablierung der Halbtagsschule in Deutschland forderten Reformpädagogen unter dem Einfluss dieser angelsächsischen Schulen auch für Deutschland eine Ganztagsschule, die sich jedoch von der hergebrachten Schule mit geteilter Unterrichtszeit in ihrer pädagogischen Ausrichtung erheblich unterscheiden sollte. Noch im Kaiserreich entstanden Modelle wie das der „Landeserziehungsheime" von Hermann Lietz[5] und das der „Erziehungsschule" von Ernst Kapff[6]. Während Hermann Lietz mit seinem Konzept zumindest dauerhaft

---

[4] Vgl. Dewey, Essays on school and society: 1899-1901, in: Boydston, The middle works of John Dewey Volume 1 1899-1901, S. 2 ff.; Ausführlich zum Konzept der Schule als Gemeinschaftsraum Tanner, Dewey's Laboratory School, S. 23 ff.; auch Bittner, Learning by Dewey? : Dewey und die deutsche Pädagogik, S. 19 ff., 44 ff.

[5] Lietz, Grundsätze und Einrichtungen der deutschen Land-Erziehungsheime, S. 1 ff.; ders., Die Deutsche Nationalschule: Beiträge zur Schulreform aus den deutschen Landeserziehungsheimen, S. 5 ff. Die Landeserziehungsheime sollten die kognitive Einseitigkeit und den strengen Formalismus der alten Schule überwinden und im Rahmen eines Gemeinschaftslebens im Internat in naturnaher ländlicher Umgebung ein auf die ganzheitliche Menschenbildung orientiertes pädagogisches Programm verfolgen. Zur Bedeutung der Landeserziehungsheime für die weitere Schulentwicklung und die gegenwärtige Reformbewegung vgl. Littig, Reformpädagogische Erfahrungen der Landeserziehungsheime von Hermann Lietz und ihre Bedeutung für aktuelle Schulentwicklungsprozesse: Eine Schultheoretische Studie, S. 251 ff.

[6] Ernst Kapff, Die Erziehungsschule, S. 5 ff. Hinter der Erziehungsschule steht ähnlich der Idee der Landeserziehungsheime die Forderung, die Einbuße an häuslicher Erziehung durch den Industrialismus und seine Folgen für die Familie durch die Ausweitung der Schulerziehung zu kompensieren. Kapff verzichtet jedoch auf die Unterbringung der

C. Die Entwicklung und Konzeption der modernen Ganztagsschule

in die Reformdiskussionen der späteren Jahre einging, blieb der Erziehungsschule die Bedeutung für die Praxis des Schulwesens vollständig verwehrt. Deutliche Impulse für die Ganztagsschulentwicklung gingen aber von der Wald- und Freiluftschulbewegung aus, die Ergebnis einer ins 19. Jahrhundert zurückreichenden Zusammenarbeit von Pädagogen und Medizinern war. Die Wald- und Freiluftschule hatte vorrangig die Synthese von Gesundheitsfürsorge und Bildungshilfe für gesundheitlich gefährdete Großstadtkinder zum Inhalt.[7] Ihr Konzept wurde beginnend mit der Gründung der ersten Waldschule im Jahr 1904 in den folgenden Jahren zumindest von einigen Schulen aufgegriffen.

Mit dem Ausbruch des ersten Weltkriegs verloren diese ohnehin Einzelerscheinungen gebliebenen Reformansätze jedoch völlig ihren Initialcharakter. Erst mit der Gründung der Weimarer Republik wurden erneut in geringer Anzahl ganztägig konzipierte Einrichtungen geschaffen, die anfangs ihren Grund in der sozialen Situation während der Weltwirtschaftskrise hatten, sodann aber als Landeserziehungsheime mit Tagesbetrieb unter primär pädagogischen Gesichtspunkten weitergeführt wurden.[8] Neuen Aufschwung erhielt auch die Wald- und Freiluftschulbewegung, die Anfang der 30er Jahre ihren Höhepunkt mit einer Anzahl von ca. 70 Tageswaldschulen in Deutschland erreichte.[9]

Erhebliche Unterstützung fand die Idee der Ganztagsschule in den 20er Jahren durch die durch Georg Kerschensteiner initiierte Arbeitsschulbewegung[10] und deren sozialistische Richtung in Form des Modells der Elastischen Einheitsschule[11], das von Pädagogen aus dem von Paul Oestreich geleiteten „Bund entschiedener Schulreformer" entwickelt worden ist. Im Rahmen dieser beiden pädago-

---

[7] Kinder im Internat und verlangt Einrichtungen am Rande der Stadt, wo die Vorteile der naturnahen Umgebung nutzbar bleiben, zugleich aber die Nähe zum Elternhaus erhalten bleibt und die Schüler am späten Nachmittag wieder dorthin zurückkehren.
Neufert/Bendix, Die Charlottenburger Waldschule im ersten Jahr ihres Bestehens, S. 7 ff.; Krause, Die höhere Waldschule Berlin-Charlottenburg: Ein Beitrag zur Lösung des Problems „Die neue Schule", S. 13 ff.; König, Die Waldschule, S. 1 ff.; ausführlich dazu auch Ludwig, in: Rekus, Ganztagsschule in pädagogischer Verantwortung, S. 28 (31 ff.).

[8] Appel, Handbuch Ganztagsschule, S. 18.

[9] Vgl. Triebold, Die Freiluftschulbewegung, S. 58 ff.

[10] Vgl. Kerschensteiner, Begriff der Arbeitsschule, S. 1 ff., mit einem Organisationsbeispiel für ganztägig geführte städtische Volksschulklassen S. 113 ff.; hierzu ausführlich auch Adrian, Die Schultheorie Georg Kerschensteiners, S. 72 ff.; Ludwig, Entstehung und Entwicklung der modernen Ganztagsschule in Deutschland, Bd. 1, S. 243 ff.

[11] Oestreich, Die elastische Einheitsschule – Lebens- und Produktionsschule, S. 1 ff.; ders., Die Schule zur Volkskultur, S. 1 ff.; dazu auch Kerschensteiner, Das einheitliche deutsche Schulsystem, sein Aufbau, seine Erziehungsaufgaben, S. 101 ff., 106.

C. Die Entwicklung und Konzeption der modernen Ganztagsschule

gischen Ansätze fanden bereits Schlüsselbegriffe der heutigen Ganztagsschuldiskussion wie die „Lebensschule", die „Tagesschule", die „Öffnung von Schule" und selbst die „Rhythmitisierung des Tages" Erwähnung.

Dem 1919 gegründeten „Bund der entschiedenen Schulreformer" gehörte auch Hermann Harless an, der mit seinem Vorschlag der „Tagesheimschule" als Ausweg für die Mehrheit der Schüler, die nicht in den Genuss des Internats mit seinen Möglichkeiten zur Rhythmitisierung des Schultages kamen, wesentliche Bedeutung für die weitere Diskussion in der Erziehungswissenschaft um Schulformen erlangte.[12] Die Schule sollte nach seinem Konzept von 8 bis 16.30 Uhr geöffnet sein und bei der Vermittlung von Wissen die Erfahrungen der Jugendpflege und Gruppenpädagogik berücksichtigen. Das Wort „Tagesheimschule" war noch bis in die 60er Jahre als Bezeichnung für die ganztägige Schulerziehung weit verbreitet.[13]

Auch wenn die Modelle der frühen Reformpädagogik sich zum Teil in ihren Grundlagen unterschieden, war ihnen eine Orientierung an ganzheitlicher Menschenbildung gemeinsam. Sie strebten Schulen an, die neben Mittagsmahlzeit und Freizeitangeboten vor allem auch durch eine flexible Stundenplangestaltung, eine Öffnung der Schule zum Leben und eine gewisse Schülerautonomie und Schülerselbstverantwortung charakterisiert sein sollten.

Mit dem Beginn der nationalsozialistischen Herrschaft verstummten die Forderungen der Schulreformer auf weitere Entfaltung der neuen Schulkonzepte fast vollständig.[14] Das Bildungswesen wurde nun im Sinne der Ideologie des Regimes formiert.

2. Entwicklungen nach dem 2. Weltkrieg

Nach dem zweiten Weltkrieg wurde im westlichen Deutschland institutionell und kulturell an die Weimarer Tradition angeknüpft. Die Trennung von schuli-

---

[12] Vgl. Harless, in: Oestreich/Tacke (Hrsg.), Der neue Lehrer, S. 73 ff.

[13] Z.B. Linde, Die Tagesschule, S. 58 ff.; Ballauff, Schule der Zukunft, S. 24 f.; Klinger/Rutz, Die Tagesheimschule: Grundlagen und Erfahrungen, S. 1 ff.; Schultze/Führ, Das Schulsystem in der Bundesrepublik Deutschland, S. 52. Noch heute findet sich der Begriff der Tagesheimschule als Bezeichnung von Schulen mit Ganztagsangebot in § 109 des Bayrischen Gesetzes über das Erziehungs- und Unterrichtswesen.

[14] Die Ausnahme bildeten die Weiterentwicklungen Adolf Reichweins Schule in Tiefensee und Peter Petersens Jena-Plan-Schule auch während der Zeit des Nationalsozialismus, die sich aber vornehmlich in der deutschen Exilpädagogik vollzogen. Vgl. Petersen, Der Jena-Plan einer freien allgemeinen Volksschule, S. 1 ff.; zu beiden ausführlich Salzmann, Die Sprache der Reformpädagogik als Problem ihrer Reaktualisierung: dargestellt am Beispiel von Peter Petersen und Adolf Reichwein, S. 1 ff.

C. Die Entwicklung und Konzeption der modernen Ganztagsschule

scher Bildung und familiärer Erziehung – ergänzt um ein begrenztes Angebot vorschulischer und außerschulischer Betreuung – wurde aufrechterhalten. Dennoch wurden schon bald nach Kriegsende auch die Bestrebungen zur Errichtung moderner Ganztagsschulen wieder aufgenommen. Diese standen zunächst zwar primär mit der sozialen und gesellschaftlichen Situation nach dem Ende des zweiten Weltkriegs im Zusammenhang, die eine ganztägige Betreuung der Kinder durch den Staat augenfällig erforderte. Einige Modelle erwuchsen jedoch auch aus dem Geist der Reformpädagogik. Zu nennen sind für diese Zeit vor allem die konzeptionellen Überlegungen von Herman Nohl und Lina Mayer-Kuhlenkampff aus dem Jahr 1947.[15]

Mit der Gründung des Ganztagsschulverbands „Gemeinnützige Gesellschaft Tagesheimschule" in Frankfurt am Main im Jahre 1955, aus der der noch heute agierende Ganztagsschulverband e.V. hervorging, wurden die Rufe nach einer Neuorientierung des Schulwesens unüberhörbar. Man forderte hier massiv die Ablösung der Unterrichtsschule und die Hinwendung zur erzieherisch tätigen Ganztagsschule. In der zweiten Hälfte der fünfziger Jahre setzte dann eine intensive öffentliche Diskussion um Formen ganztägiger Schulerziehung ein, die erstmals auch von empirischen Untersuchungen größeren Umfangs zu Fragen ganztägiger Schulerziehung begleitet wurden. Weitere reformpädagogische Konzepte aus der Weimarer Republik wie das der Tagesheimschule wurden zu dieser Zeit wieder aufgegriffen. Es lässt sich sagen, dass in den Jahren zwischen 1955 und 1965 alle wichtigen Formen ganztägiger Schulerziehung konzipiert und zum Teil auch realisiert wurden, die auch in der heutigen Diskussion eine Rolle spielen.[16]

Die Ablehnung außerfamiliärer institutionalisierter Erziehung saß allerdings im gesellschaftlichen Bewusstsein der Bürger und politischen Entscheidungsträger zu tief, als dass sich diese Forderungen hätten in der Praxis der Schulorganisation durchsetzen können. Diese Zurückhaltung gegenüber der Einrichtung von Ganztagsschulen erschien auch auf Grund der spezifischen zeitgeschichtlichen Konstellation nahe liegend; als Abgrenzung zur Instrumentalisierung der Kinder und Jugendlichen durch die öffentliche Erziehung im Nationalsozialismus zum einen und als Abgrenzung zum Schulsystem der neu gegründeten DDR zum anderen.

Für die Halbtagsschule in Westdeutschland wirkten zudem die akademischen Disziplinen Psychologie, Kinderheilkunde und Soziologie, die die Wichtigkeit

---

[15] Mayer-Kuhlenkampff, Die Schule 2 (1947), H. 8, 1-6; Nohl, Die Sammlung 2 (1947), S. 694 ff.; zu beiden ausführlich Ludwig, Entstehung und Entwicklung der modernen Ganztagsschule, Bd. 2, S. 364 ff., 370 ff.

[16] Ludwig, in: Rekus, Ganztagsschule in pädagogischer Verantwortung, S. 28 (37).

C. Die Entwicklung und Konzeption der modernen Ganztagsschule

des familiären, insbesondere mütterlichen Umgangs mit dem Kind in zahlreichen Studien herausstellten, legitimierend.[17] Daneben hatte die Halbtagsschule zunehmend eine wichtige Funktion für die soziale Positionierung einzelner gesellschaftlicher Gruppen übernommen.[18] Im Ergebnis sind somit auch die reformpädagogischen Bestrebungen der Nachkriegszeit ohne Erfolg geblieben. Zwar waren die Ganztagsschulen bildungspolitisch als Versuch und Angebot in geringer Zahl inzwischen fester Bestandteil des deutschen Bildungssystems geworden. Nachhaltige Impulse zur Veränderung im Schulsystem wie auch bei der Betreuung von Kindern und Jugendlichen gab es jedoch erst in den sechziger Jahren.

3. Die Bildungsreform in den 60er und 70er Jahren und ihr Scheitern

Standen ab der zweiten Hälfte der 50er Jahre noch pädagogische Konzeptionen im Vordergrund der Reformverlangen, so gewannen wenige Jahre später sozialpolitische Erwägungen wie ein erhöhter Betreuungsbedarf durch die zunehmende Erwerbstätigkeit der Mütter und die Realisierung von mehr Chancengleichheit für die Schüler aller sozialen Schichten an Bedeutung. Dabei erschien die Gesamtschule mit Ganztagscharakter, die ursprünglich wegen ihrer Nähe zum sozialistischen Gesellschaftsmodell heftig abgelehnt worden war, als die ideale Lösung.[19] Es zeigte sich, dass westdeutsche Eltern von Grund- und Hauptschulkindern sowohl ganztägige Betreuung als auch Elemente wie Mittagessen in der Schule und Hausaufgabenbetreuung durchaus als Vorteile dieser Schulform ansahen.

Auf die Initiative des Deutschen Bildungsrats, der 1968 Empfehlungen zur Erprobung von Gesamtschulen verabschiedete, und entsprechend dem Bildungsgesamtplan von 1973 wurden bis in die achtziger Jahre in Westdeutschland ca. 300 Ganztagsschulen im allgemein bildenden Schulwesen eingerichtet, wobei die Gesamtschule der Ganztagsschulentwicklung erhebliche Impulse verlieh. Ursprünglich war in dem Plan jedoch ein Anteil von 15 bis 30 Prozent aller Schu-

---

[17] Gottschall, Zeitschrift für Frauenforschung 17 (1999) 3, S. 19 ff.
[18] Vgl. dazu Ludwig, in: Holtappels, Ganztagserziehung in der Schule, S. 49 ff.
[19] Die Konzeption der ganztägig organisierten Gesamtschule geht zurück auf die Entwicklung eines Schulplans für eine Schule in Neukölln, den der Berliner Reformpädagoge Fritz Karsen zusammen mit dem Architekten Bruno Taut 1928 ausgearbeitet hatte. Dieser Entwurf sieht aus Gründen der auf Effektivität ausgerichteten Rationalität auf der Grundlage betriebswirtschaftlicher Überlegungen die Zusammenlegung verschiedener Schultypen zu einer „einheitlichen Schule" vor. Bemerkenswert ist, dass die Forderung der ganztägigen Nutzung der Schule hier vorrangig im Zusammenhang mit der Rationalisierungsidee stand. Vgl. hierzu Ludwig, Entstehung und Entwicklung der modernen Ganztagsschule, Bd. 1, S. 283 m.w.N.

C. Die Entwicklung und Konzeption der modernen Ganztagsschule

len anvisiert worden. Die tatsächliche Entwicklung blieb also weit hinter dieser Zielvorgabe zurück. Allenfalls in Berlin und Nordrhein-Westfalen wurde bei den Gesamtschulen mit Ganztagscharakter ein Anteil von über zehn Prozent erreicht.[20]

Die Ernüchterung über diese sozialpolitisch motivierte Bildungsreform, die dieser Vielzahl von Gesamtschulen mit ganztägiger Konzeption den Weg geebnet hatte, setzte Mitte der 70er Jahre ein. Die Motive der sozialen Integration und Verbesserung der Chancengleichheit durch ganztägige Schulerziehung hatten eine so beherrschende Bedeutung erhalten, dass das Spektrum der traditionellen Zielsetzungen der Schule wie die umfassende Vermittlung von Wissen und die Ausbildung von Fähigkeiten und Fertigkeiten nicht mehr angemessen zur Geltung kam. Insbesondere in aufstiegsorientierten und bürgerlichen Elternhäusern erfolgte eine Absetzbewegung von der Gesamtschule. Die damit verstärkte soziale Selektion der Schülerschaft – ebenso wie die Politik, Gesamtschulen verstärkt in den sozialen Brennpunkten anzusiedeln – verschlechterte dann die Erfolgsmöglichkeiten dieses Schultyps vor allem im Vergleich zu traditionellen Gymnasien. Die Ganztagsschuldiskussion wurde daraufhin ab 1975 nur noch losgelöst von der Gesamtschule und unter Rückbesinnung auf reformpädagogisches Denken weitergeführt, wobei sie einige Jahre später wieder Impulse durch Sozial-,[21] Freizeit-[22] und Ausländerpolitik[23] erhielt. Letztlich fanden aber die Hinweise auf die Zweckmäßigkeit und Erforderlichkeit von Ganztagsschulen trotz einer Fülle von Ergebnissen empirischer Untersuchungen kaum Beachtung.

Auch in den 80er Jahren wurde der Ausbau der Ganztagsschulen nicht fortgesetzt. Tatsächlich erschien zu dieser Zeit das Thema Ganztagsschule ideologisch belastet und war allenfalls in randständigen politischen und wissenschaftlichen Diskussionen relevant.[24] Weithin überwog in der Öffentlichkeit die Auffassung, die Ganztagsschule sei das teuerste, nicht aber sinnvollste Modell der anstehenden Schulreform.[25] Waren es in den 60er und 70er Jahren noch eher die Kultusbehörden, die sich um ganztägige Schulkonzepte und ihre bildungspolitische Realisierung kümmerten, kam der Wunsch der Umwandlung bisheriger Schulen in Ganztagsschulen nun nur noch vereinzelt von den staatlichen Schulen und privaten Schulträgern selbst, wohingegen sich die Ministerien gegenüber diesen Bestrebungen sehr zurückhaltend bis ablehnend zeigten.

---

[20] Bargel, in: Holtappels, Ganztagserziehung in der Schule, S. 67 ff.
[21] Z.B. Raab/Rademacker/Winzen, Handbuch Schulsozialarbeit, S. 33 ff., 59 ff.
[22] Z.B. Opaschowski, in: Hoyer/Kennedy, Freizeit und Schule, S. 38 (46).
[23] Z.B. Ludwig, Bildung und Erziehung 40 (1987), S. 305 ff.
[24] Gottschall/Hagemann, Aus Politik und Zeitgeschichte B 41/2002, S. 12.
[25] Appel, Handbuch Ganztagsschule, S. 20.

C. Die Entwicklung und Konzeption der modernen Ganztagsschule

4. Die Ganztagserziehung in der DDR

Während sich in den westdeutschen Ländern die Ganztagserziehung nicht durchsetzen konnte, wurde in den Gebieten der sowjetischen Besatzungszone sowie der späteren DDR unter ökonomischen und bevölkerungspolitischen Gesichtspunkten, orientiert am sowjetischen Modell eines zentral gelenkten Wohlfahrtsregimes über Krippen und Kindertageseinrichtungen ein flächendeckendes und einheitliches System staatlicher Kinderbetreuung etabliert.[26]

Im Schulsystem setzte sich der Einheitsgedanke einer weitgehend zentralen Erziehung durch den Staat fort. Durch die Verbindung von Schule und Hort sollte zunächst die ganztägige Betreuung der Kinder überhaupt sichergestellt werden. Der Besuch des Schulhorts war freiwillig, jedoch wurde diese Einrichtung auf Grund der regelmäßigen Berufstätigkeit der Mütter von ca. 80 Prozent aller Schüler der ersten vier Klassenstufen genutzt.[27] Dieser nachmittäglichen Betreuungszeit, die sowohl zur Anfertigung der Hausaufgaben unter Anleitung und Kontrolle als auch zur Festigung und Vertiefung der im Unterricht gewonnenen Erkenntnisse genutzt werden sollte, war eine gemeinsame öffentliche Mittagsversorgung zeitlich vorgeschaltet.

Auch für die älteren Schüler bestand die Möglichkeit, sich am Nachmittag aktiv zu betätigen. Sie waren angehalten, ihren Neigungen und Interessen auf sportlichem, kulturellem, gesellschaftswissenschaftlichem oder auf technischem Gebiet nachzugehen. Die zahlreichen außerunterrichtlichen und außerschulischen Arbeitsgruppen und Interessengemeinschaften, sog. Schülergesellschaften und Schülerakademien, zielten wie viele praktisch obligatorische Veranstaltungen des Jugendverbandes darauf ab, möglichst alle Kinder und Jugendliche nicht nur zu betreuen, sondern in den „ganztägigen pädagogischen Prozess" einzubeziehen.[28]

Kritiklos ist diese weit ausgebaute und eng organisierte ganztägige Betreuung und Erziehung durch die Schule jedoch nicht geblieben. Vor allem für die jüngeren Schüler wurde die Engmaschigkeit der Veranstaltungen, die zum Teil extrem lange Verweildauer im Schulhort und vor allem die Einheitlichkeit des Bildungs- und Erziehungsprozesses, die dem einzelnen Schüler wenig Raum zur freien Entfaltung seiner individuellen Persönlichkeit ließ, angemahnt.[29] Trotzdem war das System grundsätzlich von großer Akzeptanz in der Bevölkerung

---

[26] Herrlitz/Hopf/Titze, Deutsche Schulgeschichte von 1800 bis zur Gegenwart, S. 186 ff.
[27] Helwig, in: dies., Schule in der DDR, S. 5 (13).
[28] Günther/Lost/Hammer, in: Das Bildungswesen der DDR, S. 47 (68).
[29] Vgl. dazu Helwig, in: dies., Schule in der DDR, S. 5 (13) m.w.N.

C. Die Entwicklung und Konzeption der modernen Ganztagsschule

begleitet, was sich auch auf die Entwicklungen des Schulwesens in Gesamtdeutschland nach der Wiedervereinigung am 3. Oktober 1990 auswirkte.

5. Die Entwicklung der Ganztagsschulbewegung ab 1990/91

Auch wenn die Gesamtschule als Ganztagsschule in Westdeutschland als Schulform eine generelle Abwertung in der öffentlichen Meinung erlitten hatte, korrespondierte damit nicht die grundsätzliche Ablehnung von Betreuungsangeboten über die Schule hinaus. Es existierte bis in die 90er Jahre eine hohe Akzeptanz von verlässlichen pädagogischen Betreuungsangeboten für die Schulkinder über die Halbtagsschule hinaus.

Wirklich in das Bewusstsein politischer Entscheidungsträger ist das westdeutsche Defizit an Kinderbetreuung jedoch erst mit der Wiedervereinigung gerückt. Eine empirische Erhebung des Bundesministeriums für Bildung und Wissenschaft aus dem Jahr 1991[30], die auf massives Betreiben des Ganztagsschulverbandes e.V. durchgeführt wurde, zeigte die große Lücke zwischen dem Betreuungsangebot und der Nachfrage bei den Eltern. Zudem erlaubte die unterschiedliche Ausgangslage in Ost und West sowie die hohe Akzeptanz öffentlicher Erziehung der Bevölkerung des Beitrittsgebietes im Bereich des Bildungswesens keine einfache Anpassung an westdeutsche Verhältnisse.[31] So hatte die Erörterung der Einführung von Ganztagsschulen zwar wieder die Ebenen politischer Entscheidungsträger erreicht. Die seitdem andauernden Bemühungen wurden jedoch durch die im Zusammenhang mit der ungünstigen wirtschaftlichen Entwicklung entstandene Knappheit öffentlicher Ressourcen behindert und es kam nur zur Schaffung von zahlreichen Zwischenstufen auf dem Weg zu der gewünschten modernen Ganztagsschule.[32]

Den entscheidenden Anstoß für die hier untersuchte aktuelle Reformwelle unter Neuorientierung des Schulsystems auf die Ganztagsschule gab im Jahre 2001 die PISA-Studie. Mit ihr erfolgte ein unvermitteltes und übereinstimmendes Engagement in der Bildungspolitik, das noch wenige Jahre zuvor nicht denkbar gewesen wäre. Die Einrichtungsinitiative von Ganztagsschulen kam nun von Bildungspolitikern unterschiedlichster Parteien, das sich in einigen Bundesländern direkt auf die Kultusministerien mit dem Auftrag der Umsetzung zurückschlug.

---

[30] Bargel/Kuthe, Ganztagsschule – Untersuchungen zu Angebot und Nachfrage, Versorgung und Bedarf, S. 3 ff.
[31] Vgl. dazu Wiegmann, in: Geißler/Wiegmann, Schule und Erziehung in der DDR, S. 147 ff.
[32] Appel, Die Ganztagsschule, Sonderheft 1991, S. 3 ff.

C. Die Entwicklung und Konzeption der modernen Ganztagsschule

6. Zusammenfassung

Forderungen nach der Einführung von Ganztagsschulsystemen hat es schon seit Beginn des 20. Jahrhunderts gegeben – in den Reformpädagogikbewegungen des Kaiserreichs und der Weimarer Republik sowie in der Gesamtschulbewegung in den 50er und 60er Jahren der alten Bundesrepublik. Diese Reforminitiativen konnten sich jedoch nie flächendeckend durchsetzen. Die Gründe für das Scheitern der Reformen waren vielfältig und lagen vor allem in der mangelnden Akzeptanz der ganztägigen Schule in der Bevölkerung auf Grund des gelebten verfassungsrechtlichen Vorrangs der Familie bei der Kindererziehung, der in Deutschland politisch getrennten Zuständigkeit für Kinderbetreuung und Bildung, der Dreigliedrigkeit des Schulsystems sowie in den unterschiedlichen Professionalisierungsgraden und Statusdifferenzen zwischen den Berufsgruppen der Lehrer und der Erzieher. Bis auf wenige Ausnahmen, da Schulen aus rein pädagogischen Gründen und grundlegender Innovationsbereitschaft heraus mit überproportionalen Mehrheitsverhältnissen in den Gremien ihre Veränderungsprozesse hin zur reformpädagogischen Ganztagserziehung planmäßig umsetzten, sind die wenigen bestehenden Ganztagsschulen zumeist unter dem Blickwinkel sozialpolitischer Handlungszwänge auf Grund bestimmter zeitgeschichtlicher Gesellschaftssituationen eingeführt worden.

Das Halbtagsschulsystem in Deutschland in Form der reinen Unterrichtsschule blieb daher zentraler Bestandteil einer sozialpolitischen und soziokulturellen Gesamtkonstellation, die sich vom Kaiserreich Ende des 19. Jahrhunderts bis in das wieder vereinigte Deutschland zum Ende des 20. Jahrhunderts fortgesetzt hat. Die zahlreichen seit dem Anfang des 20. Jahrhundert vorgeschlagenen Reformkonzepte finden sich heute zum großen Teil in der aktuellen Debatte um die zukünftige Entwicklung des Schulwesens wieder.

II. Die Konzeption der modernen Ganztagsschule

Für die Betrachtungen der Verfassungsmäßigkeit der nunmehr erneut in Angriff genommen Umstellung des Schulsystems ist die theoretische Konzeption und konkrete Ausgestaltung der geplanten Ganztagsschule von Bedeutung. Die Bestimmung eines einheitlichen operablen Begriffs von Ganztagsschule stößt aber auf Grund der ausschließlichen Gesetzgebungszuständigkeit der Länder im Bereich des Schulwesens nach Art. 30, 70 GG und der hiermit verbundenen unterschiedlichen Ausgestaltung und Ausdifferenzierung der Schulsysteme in den einzelnen Bundesländern auf Hindernisse.

C. Die Entwicklung und Konzeption der modernen Ganztagsschule

Der Bund hat sich der Festlegung einer einheitlichen Definition, einer inhaltlichen Beschreibung und der Vorgabe von Zielen und Methoden von Schule vollständig zu enthalten. Deswegen und angesichts der Entscheidungs- und Handlungsdichte innerhalb der aktuellen Reform des Bildungswesens ist eine klare, von Übereinstimmung geprägte Vorstellung über das Konzept der modernen Ganztagsschule trotz bereits laufender Reformbewegungen in den Bundesländern bisher nicht entstanden. Vor allem besteht oft Unsicherheit darüber, wie die Organisation einer solchen Einrichtung gestaltet werden soll, welche privaten und öffentlichen Träger beteiligt sein sollen und ob die Teilnahme an außerunterrichtlichen Veranstaltungen verpflichtend sein soll oder nicht.

Vereinzelt sind seit einiger Zeit in den Schulgesetzen der Länder Definitionen der Ganztagsschule enthalten.[33] Auch hat etwa die ständige Konferenz der Kultusminister Hinweise zur Bestimmung des Begriffsinhalts der Ganztagsschule geliefert, indem sie Ende März 2003 einstimmig formuliert hat: „Unter Ganztagsschule werden Schulen verstanden, bei denen im Primar- oder Sekundarbereich I über den vormittäglichen Unterricht hinaus an mindestens drei Tagen in der Woche ein ganztägiges Angebot für die Schülerinnen und Schüler bereitgestellt wird, das täglich mindestens sieben Stunden umfasst, an allen Tagen des Ganztagsbetriebs den Schülerinnen und Schülern ein Mittagessen bereitgestellt wird, die nachmittäglichen Angebote unter Aufsicht und Verantwortung der Schulleitung organisiert und in enger Kooperation mit der Schulleitung durchgeführt werden und in einem konzeptionellen Zusammenhang mit dem Vormittagsunterricht stehen."[34]. Durch diese allgemeine Vorgabe für alle Bundesländer und die Abhängigkeit bestimmter Fördermöglichkeiten von Schulen durch Bundes- und Landesmittel von der Erfüllung dieser Voraussetzungen deutet sich eine Entwicklung hin zur weitgehend einheitlichen Organisation der Ganztagsschulen zumindest an.

Länderübergreifend weithin übereinstimmend ist jedenfalls die Idee der Ganztagsschule als Verbindung von Unterricht zur Wissensvermittlung mit Unterrichtsergänzungen wie Hausaufgabenbetreuung, themenbezogenen Vorhaben und Projekten, individuellen Förderungen und Freizeitgestaltungen mit musisch-künstlerischer Bildung und Erziehung sowie Bewegung, Spiel und Sport.[35] Die

---

[33] Z.B. § 5 b Abs. 3 S. 1 SchVG Nordrhein-Westfalen; § 23 SchulG Niedersachsen; § 19 Abs. 1 SchulG Berlin; § 18 Abs. 3 SchulG Brandenburg

[34] Beschluss der Kultusministerkonferenz vom 2. Januar 2004; wiedergegeben unter www.ganztagsschulen.org/_downloads/GTS-Bericht-2002.pdf (zuletzt am 24. Januar 2005).

[35] Ausführlich hierzu Appel, Handbuch Ganztagsschule, S. 11 ff.; Ottweiler, in: Rekus, Ganztagsschule in pädagogischer Verantwortung, S. 4 ff.; Bericht des Ministeriums für Schule, Jugend und Kinder des Landes NRW vom 6. Juni 2004 an den Landtag, Die offene Ganztagsschule in Nordrhein-Westfalen;

C. Die Entwicklung und Konzeption der modernen Ganztagsschule

Schaffung eines größeren zeitlichen Rahmens, der für die Erziehung der Kinder in der Schule der Verfügung steht, wird hierbei zumeist als Motivation für die Ausweitung des Schultages angegeben.

Es lässt sich für die nahe Zukunft also ein zwischen den Bundesländern weitgehend abgestimmtes Grundbild der Ganztagsschule zeichnen, das Aussagen zu der künftigen Gestaltung des Schulwesens, dem Konzept der Ganztagsschule und letztlich ihrer Verfassungsmäßigkeit zulässt. Kernpunkt der Beschreibungsversuche ist die Klassifikation der Ganztagsschulen ihrer Art nach in die offenen und verpflichtenden Schulen.[36]

1. Die offene Ganztagsschule

Ganztagsschulen in offener Form sehen den verpflichtenden Kernunterricht für den Vormittag vor, wobei dieser im Vergleich zur Halbtagsschule in modifizierter, d.h. in einer an die Unterrichtskonzeption der geschlossenen Ganztagsschule angelehnten Form erfolgt. Nach der Unterrichtszeit wird ein freiwilliger Mittagstisch durch die Schule zur Verfügung gestellt. Die häusliche Verpflegung, nach der die Schüler zum Unterricht zurückkehren, wird hierbei oft ermöglicht.

Am Nachmittag erfolgen Fördermaßnahmen unterschiedlicher Art, eine Hausaufgabenbetreuung unter pädagogischer Anleitung, Arbeitsgemeinschaften sowie – thematisch aufgefächert – unter Berücksichtigung des erweiterten Bildungsinhalts Kursveranstaltungen. Weiterhin finden Projektunterricht, neu entwickelte Unterrichtsfächer (z.B. praktische Ökologie, Werkstattunterricht, Umweltkunde, Familienunterricht usw.) sowie Neigungs- und Hobbykurse statt.[37] Diese Veranstaltungen und Unterrichtseinheiten sind als Angebot ausgestaltet, so dass die Teilnahme hieran den Schülern ins Belieben gestellt ist. Relativiert wird die Freiwilligkeit jedoch dadurch, dass oftmals eine verbindliche Erklärung zur Teilnahme des Schülers an einem bestimmten Nachmittagsprogramm für mindestens ein Schulhalbjahr verlangt werden muss, weil die Organisation der offenen Ganztagsschule nicht anders möglich ist.

---

[36] wiedergegeben unter www.bildungsportal.nrw.de/BP/Schule/System/Ganztagsbetreuung/InfoGTGS/Berichte/Zwischenbericht.html. (zuletzt am 3. März 2005).
Auch hierzu: Beschluss der Kultusministerkonferenz vom 2. Januar 2004; wiedergegeben unter www.ganztagsschulen.org/downloads/GTS-Bericht-2002.pdf (zuletzt am 3. März 2005).

[37] Ausführlich Ludwig, in: Rekus, Ganztagsschule in pädagogischer Verantwortung, S. 28 (41 ff.); eine Darstellung des nachmittäglichen Programms bietet auch die Veröffentlichung des Berliner Senators für Bildung, Jugend und Sport Klaus Böger: Ganztagsschule – Schule als Lern- und Lebensort –, wiedergegeben unter www.senbjs.berlin.de/bildung/ganztagsschule/ganztagsgrundschulen.pdf (zuletzt am 17. März 2005)

C. Die Entwicklung und Konzeption der modernen Ganztagsschule

Die Ganztagsschule offener Konzeption versteht sich trotz Freiwilligkeit der Nachmittagsgestaltung jedoch nicht als Erweiterung der herkömmlichen Unterrichtsschule nur um ein Betreuungsangebot, sondern legt ein Verständnis von Schule zugrunde, das sich in den Zielsetzungen schulischer Erziehung deutlich von dem traditionellen Bildungsauftrag der Schule unterscheidet.[38] Es wird davon ausgegangen, dass kindgemäße Entwicklung, kindgemäßes Erkennen und Lernen mehr Zeit brauchen als an Halbtagsschulen üblicherweise zur Verfügung steht und der Auftrag der Schule weiter gehe, als Bildung zu vermitteln.[39]

Im Zentrum steht die „ganzheitliche Erziehung" des Schülers, die eine umfangreiche Einflussnahme auf die Kindespersönlichkeit voraussetzt. So soll Schule neben der Vermittlung von Wissen etwa auch die Harmonisierung zwischenmenschlicher Beziehungen bewirken, zur Reduktion von Stresssituationen beitragen, die individuelle Zuwendung intensivieren und die soziale Einbindung der Schüler fördern.[40] Aktivitäten der Gemeinschaftsbildung, des geselligen Miteinanders, der Begegnung, Kommunikation und des Sichwohlfühlens sollen genauso fester Bestandteil von Schule sein wie die traditionellen Unterrichtsfächer auch.

Die flexible Unterrichtsplanung in einem erweiterten täglichen Zeitbudget soll es möglich machen, einer physiologisch schwankenden Leistungsbereitschaft durch rhythmitisierende Tageseinteilung zu begegnen oder aber zusätzliche Unterrichtsangebote einzubauen, die im üblichen Kanon der Stundentafel nicht berücksichtigt werden können. Dazu gehören beispielsweise die Formen des offenen Unterrichts, die Initiativen zum selbständigen Lernen, die Freiarbeit, die Wochenplanarbeit sowie handlungs- und projektorientierter Unterricht. Durch die Etablierung dieser freien Lehrformen, die Schaffung von aktuellem Lebensbezug im Unterricht und die starke Einbindung der Kinder und Jugendlichen in die schulisch organisierte Freizeitgestaltung soll die Schule nicht nur Lernraum bleiben, sondern vor allem Lebensraum werden.

Allerdings stößt die offene Ganztagsschule bei der Verwirklichung dieses Ziels auf Grenzen, die in Organisationsschwierigkeiten auf Grund der Teilnahme nicht aller Schüler an der ganztägigen Schule bestehen. Durch den Verbleib des Pflichtunterrichts am Vormittag gelingt die als eine Basis der Ganztagsschule betrachtete Auflösung des gewöhnlichen Stundentakts nicht und die angestrebten soziale Integration wird nur bei den teilnehmenden Schülern erreicht. Deswegen wird die Ganztagsschule mit offener Konzeption zum Teil nicht für ge-

---

[38] Vgl. dazu z.B. die Stellungnahme der GEW-Vorsitzenden Eva-Maria Stange, zitiert in: Schlicht, RdJB 2003, S. 5 (6 f.).
[39] Appel, Handbuch Ganztagsschule, S. 21 f.
[40] Appel, Handbuch Ganztagsschule, S. 21.

C. Die Entwicklung und Konzeption der modernen Ganztagsschule

eignet gehalten, die Ziele der Schulreformbewegung zu verwirklichen.[41] Die notwendige Identifikation der Kinder und Jugendlichen mit der Schule als Gemeinschaftsinstitution setze eine Beteiligung aller Schüler an dem Konzept voraus. In der Diskussion um die Reform des Bildungswesens wird deshalb zumeist das Modell der gebundenen Ganztagsschule favorisiert.

2. Die Ganztagsschule gebundener Konzeption

Die Ganztagsschule gebundener Konzeption trägt auch die Bezeichnungen „ganztägig rhythmitisierende Schule" oder „geschlossene Ganztagsschule" und verpflichtet alle Schüler zur Teilnahme an den angebotenen Unterrichtseinheiten und Veranstaltungen. Sie versucht, durch die Aufteilung des Kernunterrichts auf Vor- und Nachmittag ein kindgerechtes Lernen zu ermöglichen, indem der Schultag nach psychologischen und pädagogischen Erkenntnissen lerngerecht rhythmitisiert wird. Teilweise werden unter Einbeziehung fächerübergreifenden Unterrichts die 45 Minuten andauernden Stunden in Phasen zerlegt. Das Organisationsprinzip erfolgt dabei nach dem biologischen Rhythmus, den Elternwünschen, den unterrichtsorganisatorischen Prioritäten oder pädagogischen und weltanschaulichen Vorgaben. Ein Kernstück der gebundenen Ganztagsschule ist ebenfalls die Mittagsversorgung für alle Kinder in der Schule. Die Teilnahme hieran ist verpflichtend, da die Schüler nachmittags Regelunterricht oder anderweitig gefüllte Präsenzzeiten haben.

Der wesentliche Unterschied zur Ganztagsschule in offener Form ist neben der Verpflichtung zum ganztägigen Schulbesuch die Verlagerung eines Teils der Kernunterrichts auf den Nachmittag und seine regelmäßige Unterbrechung durch Freizeitgestaltung, Neigungsförderung und Betreuung. Durch diese ständigen Wechsel von Unterricht und Freizeit soll den Schülern ein Höchstmaß an Zeit zur Erholung zur Verfügung gestellt und dadurch die für den Unterricht notwendige Konzentrationsfähigkeit erhöht werden. Gebundene Freizeit findet also, zuweilen auch jahrgangs- und klassenintegriert, sowohl vormittags als auch nachmittags statt. Fördermaßnahmen unterschiedlicher Art erfolgen in der Zeitplanung an verschiedenen Stellen oder in gesondert ausgewiesenen Differenzierungsstunden.

Die folgende Tabelle gibt den schematischen Ablauf des Schultages in einer gebundenen Ganztagsschule wieder:[42]

---

[41] Vgl. etwa Holtappels, Die Zeit, Ausgabe vom 16. September 2004, S. 23, der diese Kritikpunkte zusammenfassend darstellt.

[42] Übersicht nach Holtappels, Ganztagsschule und Schulöffnung, S. 111; ähnlich Held, Aus Politik und Zeitgeschichte B 41/2002, S. 23 (24); vgl. auch der Vorschlag des Bun-

C. Die Entwicklung und Konzeption der modernen Ganztagsschule

Zeitblöcke	Lern- und Freizeitaktivitäten
6.00 – 8.00 Uhr	Frühbetreuung
Block I: 8.00 – 9.30 Uhr	Offener Anfang, Morgenkreis, Fachunterricht als gelenkte Lern- und Arbeitszeit
9.30 – 10.00 Uhr	Frühstück und aktive Spiel- bzw. Entspannungsphase
Block II: 10.00 Uhr – 11.35 Uhr	Teils gelenkte, teils differenzierte Lern- und Arbeitszeit als Einzelstunden oder Block, Förderstunden
11.35 – 11.50 Uhr	Bewegungs- und Spielpause
Block III: 11.50 – 13.25 Uhr	Differenzierte Lern- und Arbeitszeit, musischer Unterricht, Arbeitsgemeinschaften, Arbeitsstunden/Hausaufgabenhilfe
13.25 – 14.25 Uhr	Mittagspause, Mittagessen und betreute Freizeit
Block IV: 14.25 – 16.00 Uhr	Fachunterricht in gelenkter und differenzierter Form, Arbeit in Gruppen, Arbeitsgemeinschaften, Projekte, Werkstattarbeit, Erkundungen
16.00 – 18.00 Uhr	Spätbetreuung

3. Aktueller Stand der Entwicklung

Die Anzahl von derzeitig bestehenden Schulen ganztägiger Konzeption schwankt zwischen den einzelnen Bundesländern stark und erhöht sich auf Grund der mit dem Investitionsprogramm des Bundes verknüpften finanziellen Unterstützung ständig. Noch im Jahr 2002 existierte ein deutliches Nord – Süd – Gefälle in der Verteilung der Ganztagsschulen über die Bundesländer. Während in nördlichen Bundesländern zum Teil eine ausgeprägte Bewegung hin zu einer offenen Schule die Errichtung von zahlreichen Ganztagsschulen bewirkte, waren etwa in Bayern oder Baden-Württemberg Ganztagsschulen die Ausnahme. Inzwischen steigt die Zahl der Ganztagsschulen jedoch auch hier schnell an. Der aktuelle Bestand der Ganztagsschulen in den einzelnen Bundesländern sei im Folgenden tabellarisch dargestellt:[43]

---

[43] desministeriums für Bildung und Forschung für ein Gestaltungsbeispiel des Stundenplans der gebundenen Ganztagsschulen für die 6. Klasse, wiedergegeben unter www.ganztagsschulen.org/123.php; einen Zeitplan für Ganztagsgrundschulen stellt Burk, Grundschule mit festen Öffnungszeiten, S. 26 vor.
Die Zahlen entstammen den Angaben der Kultusministerien der Länder. Eine Übersicht zum Bestand der Ganztagsschulen in den einzelnen Bundesländern gibt auch Die Zeit,

C. Die Entwicklung und Konzeption der modernen Ganztagsschule

Bundesland	Ganztagsschulen	Zusätzlich: Schulen mit Ganztagsangeboten
Baden-Württemberg	347	42
Bayern	54	548
Berlin	45	64 + 30 % aller Grundschulen
Brandenburg	112	22
Bremen	3	24
Hamburg	19	85
Hessen	—	290
Mecklenburg-Vorpommern	138	—
Niedersachsen	—	319
Nordrhein-Westfalen	641	703
Rheinland-Pfalz	315	41
Saarland	—	126
Sachsen	—	1328
Sachsen-Anhalt	12	75
Schleswig-Holstein	23	160
Thüringen	144	641

Insgesamt kann für das Bundesgebiet, abgesehen vom Sonderschulbereich und einigen kirchlich, anthroposophisch oder ökologisch orientierte Bildungsstätten, bisher nicht von einem nennenswerten Anteil der Ganztagsschulen an der Zahl

---

Ausgabe vom 2. September 2004, S. 30 und Ausgabe vom 16. September 2004, S. 83; ausführlich auch Rother, Die Ganztagsschule 2001, S. 127 ff.; ders., Die Ganztagsschule 2003, S. 120 ff.

C. Die Entwicklung und Konzeption der modernen Ganztagsschule

der Grundschulen und der Schulen aller drei weiterführenden allgemeinbildenden Schulzweige gesprochen werden.

Ganztagsschulen verpflichtender Form bestehen also gegenwärtig vor allem im Sonderschulbereich für die Förderschulen. Auf Grund der besonderen Bedürfnisse der Kinder, die unter Lernschwächen, körperlichen oder geistigen Behinderungen leiden, wird die Ganztagsschule mit guten Argumenten für die geeignete Schulform gehalten. Nunmehr stellen sich für politische Entscheidungsträger in bemerkenswerter Einstimmigkeit[44] die üblichen Schularten des Bundesgebietes, also Grund-, Haupt-, Realschulen, Gymnasien und Gesamtschulen in gleicher Weise wie die Sonderschulen als geeignet dar, in der Konzeption der Ganztagsschule geführt zu werden.[45] Durch das Zusammenbringen der Schüler über den gesamten Schultag soll der Klassenverband gefestigt und somit der Effekt sozialer Integration und Interaktion verstärkt werden. Nur das ganztägige Verbleiben der Schüler in dieser Gemeinschaft sichere die Erreichung des Zwecks der Ganztagsschule. Da eine Konzentration von Ganztagsschulen ausschließlich in sozialen Brennpunkten den verfolgten Zweck der Integration von Kindern benachteiligter Bevölkerungsgruppen gefährdet, soll die Umstellung des Schulsystems auf allen Ebenen des Schulsystems flächendeckend erfolgen. Die Herstellung vergleichbarer Bildungsstände und Lebensbedingungen soll hierdurch aktiv gefördert werden.

---

[44] Dazu am Beispiel der Schulreformdiskussionen in Berlin Die Zeit, Ausgabe vom 2. September 2004, S. 29.
[45] Appel, Handbuch Ganztagsschule, S. 31.

D. Das Elternrecht als eingeschränktes Rechtsgut

Das Grundgesetz der Bundesrepublik Deutschland stellt in Art. 6 Abs. 1 GG die Ehe und Familie unter den besonderen Schutz der staatlichen Ordnung. Präzisiert im Hinblick auf den Schutz der Familie im Sinne des Zusammenlebens von Eltern mit ihren Kindern wird dies in Art. 6 Abs. 2 S. 1 GG, welcher die Pflege und Erziehung der Kinder als das natürliche Recht der Eltern und die zuvörderst ihnen obliegende Pflicht und damit die Rolle der Eltern als vorrangige Erziehungsträger festlegt. Die Vorschrift ist Ausdruck einer Grundentscheidung des Verfassungsgebers im Hinblick auf das absolute Recht der Eltern, unbeeinflusst von staatlichen Eingriffen nach eigenen Erziehungszielen auf die Entwicklung ihrer Kinder einzuwirken.

Art. 6 Abs. 2 S. 1 GG nimmt im System der Grundrechte in mehrfacher Hinsicht eine Sonderstellung ein. Er verbindet nicht nur als einziges Grundrecht mit der Ausübung des Rechts eine Grundpflicht hierzu,[46] sondern beinhaltet auch alle klassischen Grundrechtsfunktionen. Das Elternrecht ist als Freiheitsgewährleistung Abwehrrecht, enthält eine Institutsgarantie für die Erziehung durch die Eltern und stellt letztlich eine wertentscheidende Grundsatznorm dar, die für die Auslegung der anderen Vorschriften der Verfassung sowie des einfachen Gesetzesrechts eine tragende Rolle spielt. Es gerät mit Maßnahmen der Schulgesetzgeber auf Grund der staatlichen Schulhoheit gem. Art. 7 Abs. 1 GG in Konflikt, wenn die Übernahme von mehr Erziehungsverantwortung durch die Schule mittels Einführung der Ganztagsschule gefordert und vorangetrieben wird.

I. Das Elternrecht als unbeschränkbares Naturrecht?

Die Pflege und Erziehung der Kinder durch ihre Eltern sind Vorgänge, die ihren Ursprung in der durch biologische, genetische und soziale Faktoren beeinflussten Entwicklung des menschlichen Zusammenlebens und in natürlichen Notwendigkeiten haben und daher nicht erst in Form eines Rechts bzw. einer Pflicht durch die Rechtsordnung konstituiert werden. Dass der aufwachsende Mensch der Pflege und Erziehung bedarf, ist eine „natürliche Notwendigkeit", ein anthropologischer Grundsachverhalt, der angesichts seiner lebensweltlichen Evidenz keiner weiteren Begründung bedarf.[47] Die Wurzel des Eltern-Kind-Verhältnisses

---

[46] Zu den Grundpflichten im Allgemeinen und der Sonderstellung des Elternrechts Isensee, DÖV 1982, S. 609 ff.
[47] Huster, Die ethische Neutralität des Staates, S. 251; vgl. auch Quambusch, ZfJ 1988, S. 315.

D. Das Elternrecht als eingeschränktes Rechtsgut

in der maßgeblich naturgegebenen Lebenswirklichkeit verleitet dazu, dem in Art. 6 Abs. 2 S. 1 GG aufgegriffenen Pflege- und Erziehungsrecht der Eltern durch seine Verortung in einem über der Verfassung stehenden Naturrecht eine besondere Stellung innerhalb der Rechtsordnung einzuräumen. Art. 6 Abs. 2 S. 1 GG selbst nennt die Pflege und Erziehung der Kinder das „natürliche Recht" der Eltern und stützt auf den ersten Blick eine naturrechtlich orientierte Interpretation der Norm.

In der Formulierung des „natürlichen" Rechts ist die Vorschrift an Art. 120 der Weimarer Reichsverfassung angelehnt, der „die Erziehung des Nachwuchses zur leiblichen, seelischen und gesellschaftlichen Tüchtigkeit" als „oberste Pflicht und natürliches Recht der Eltern" festlegte. Tatsächlich ist dieser Wortlaut schon zur Zeit der Weimarer Reichsverfassung für einige Autoren Anlass für eine naturrechtliche Auslegung der Vorschrift gewesen. Das Elternrecht ist dabei von ihnen als vom Staat vorgefundenes, dadurch vorgegebenes und höherrangiges Recht qualifiziert worden.[48] Sie bezeichneten die Erziehung der Kinder durch ihre Eltern als nicht vom Staat, sondern von Gott gegebenes Recht[49] bzw. als Forderung der Naturrechts, die als solche vom Staat nur gesetzlich bestätigt und geschützt werden könne, aber nicht ihre Rechtsgeltung erst durch ihn erhalte.[50] Das Elternrecht des Art. 120 WRV stand nach dieser Auffassung gänzlich außerhalb der Dispositionsbefugnis des Staates und sollte daher jeder Zugriffsmöglichkeit staatlicher Organe entzogen sein.[51] Hier hat auch der Ausdruck „Elternrecht bricht Schulrecht" seinen Ursprung,[52] womit die Bedeutung der Diskussion um den naturrechtlichen Charakter des Elternrechts für die Beurteilung der Verfassungsmäßigkeit von staatlichen Maßnahmen im Bereich des Schulwesens anklingt.

---

[48] Vgl. Hickmann, Das Elternrecht in der neuen Schulverfassung, S. 1 f. und 26; Tischleder, Die Staatslehre Leos XIII, S. 86 f.; Mausbach, Kulturfragen der deutschen Verfassung, S. 44; Landé, in: Anschütz/Thoma, HbdStR II (1932), S. 723; Poetzsch-Heffter, Handkommentar der deutschen Reichsverfassung, Art. 120 Erl. 2.

[49] Hickmann, Das Elternrecht in der neuen Schulverfassung, S. 20.

[50] Tischleder, Die Staatslehre Leos XIII, S. 86 f.; dazu auch Maury, Elterliche Erziehungsgewalt und öffentliche Schulgewalt im deutschen Recht, S. 16 ff., 19; Hodes, Elternrecht und Staatsbefugnis, S. 34.

[51] Vgl. Tischleder, Die Staatslehre Leos XIII, S. 86 f., wenn er von einem grundsätzlichen Verzicht des Staates auf eine Bedrohung des Rechts spricht, die „im Voraus zur schärfsten Selbstverurteilung des Staates und zum schwersten Selbstwiderspruch" werde, „wenn er es wagen sollte, dieses von ihm selbst als schon in der Natur begründete und eben darum seiner Macht entzogene Eigenrecht der Familie dennoch anzutasten".

[52] Vgl. hierzu mit weiteren Nachweisen Gröschner, in: Dreier, Grundgesetz, Art. 7 Rn. 8.

D. Das Elternrecht als eingeschränktes Rechtsgut

Die Einordnung des Elternrechts als höherrangiges Naturrecht hätte eine weitgehende Einschränkung der Gestaltungsmöglichkeiten von Schulgesetzgebung und -verwaltung zur Folge. Als unveränderlicher natürlicher Rechtsgrundsatz wäre das elterliche Erziehungsrecht dann der menschlichen Autorität und insbesondere der staatlichen Einwirkungsbefugnis weitgehend enthoben und für alle Rechts- und Staatsinstanzen verbindlich.[53] Die Elternbefugnisse stark einschränkende Maßnahmen des Schulgesetzgebers – wie die Errichtung einer faktischen oder rechtlichen Verpflichtung zum Besuch der Ganztagsschule – müssten als naturrechtswidrig und damit einer verfassungsrechtlichen Rechtfertigung nicht zugänglich qualifiziert werden. Die Verfassungswidrigkeit der Beschneidung der erzieherischen Einwirkungsmöglichkeiten der Eltern durch eine obligatorische ganztägige Betreuung der Kinder wäre mit der Herausstellung der überragenden Bedeutung der naturrechtlichen Elternstellung indiziert.

Berücksichtigung verlangt jedoch der Umstand, dass diese extremen naturrechtlichen Theorien hinsichtlich der Auslegung des Art. 120 WRV vor dem Hintergrund des konfessionellen Kampfes gegen die Verdrängung des Einflusses der Kirche im Schulwesen durch die Art. 139 ff. WRV zu verstehen sind.[54] Das Elternrecht, insbesondere in Form des Rechts auf die Bestimmung der religiösen Ausbildung der Kinder, ist als „natürlich" und damit gegenüber der Schulhoheit des Staates höherrangig konfessionell instrumentalisiert worden und diente dadurch den Anhängern des Zentrums und Kirchenvertretern als Argument gegen die Einführung der bekenntnisfreien Schule.

Trotzdem lässt die Übernahme des Wortlautes in Art. 6 Abs. 2 S. 1 GG die naturrechtlichen Ansichten zur Interpretation des Elternrechts auch nach der Überwindung des Konflikts zwischen Kirche und Staat im Schulwesen bis zum heutigen Tag fortleben. Zwar wird nun im Hinblick auf die Auslegung des Art. 6 Abs. 2 S. 1 GG nicht mehr ausdrücklich von einer absoluten Unantastbarkeit des Elternrechts als Naturrecht durch den Staat ausgegangen. Jedoch sprechen einige Vertreter auch heute noch von dem Elternrecht als natürlichem Recht im wörtli-

---

[53] Vgl. Höffe/Demmer/Hollerbach, in: Görres-Staatslexikon Bd. 3, S. 1297 ff.; zum Charakter des Elternrechts als Naturrecht sehr ausführlich Mandl, Das Elternrecht nach der natürlichen und übernatürlichen Ordnung, S. 13 ff.; Hodes, in: Westhoff, Verfassungsrecht der deutschen Schule, S. 65 (67 ff.).

[54] Vgl. Maury, Elterliche Erziehungsgewalt und öffentliche Schulgewalt, S. 16 f.; Klumker, in: Nipperdey, Die Grundrechte und Grundpflichten der Reichsverfassung Bd. 2, S. 95 ff.; Böckenförde, in: Krautscheid/Marré, Essener Gespräche zum Thema Staat und Kirche 14, S. 54 (56); Richter, Bildungsverfassungsrecht, S. 44.

D. Das Elternrecht als eingeschränktes Rechtsgut

chen Sinne[55] und auch die Rechtsprechung erkennt das Elternrecht als zumindest mit einer naturrechtlichen Komponente ausgestattet an.[56] Gemeinsam ist diesen zum Teil in den Einzelheiten differierenden modernen naturrechtlichen Auffassungen, dass sie das Elternrecht ebenso wie Ehe und Familie als vorstaatliche Institution ansehen, die auf einem besonderen biologisch-psychologisch-sozialen Verhältnis zwischen den Eltern und ihren Kindern beruht. Dieses binde alle staatlichen Organe und müsse sich auf die Interpretation des Art. 6 Abs. 2 S. 1 GG und dessen Verhältnis zur Erziehung durch staatliche Einrichtungen auswirken. In der Konsequenz für die Beurteilung des hier untersuchten Spannungsverhältnisses zwischen Schule und Eltern bei der Erziehung der Kinder müsste dem Elternrecht als „aus dem Grundtatbestand des Elternstandes"[57] folgend ein grundsätzlicher Vorrang gegenüber allen staatlichen Gewaltrechten eingeräumt werden. Eine herkömmliche Überprüfung einer möglicherweise gerechtfertigten Einschränkung des Elternrechts nach den Maßstäben der für die Grundrechte entwickelten Dogmatik würde sich bei einer konsequenten Anwendung dieser Grundsätze verbieten.

Die naturrechtlichen Theorien sind aber sowohl im Zusammenhang mit Art. 120 WRV als auch hinsichtlich des Art. 6 Abs. 2 S. 1 GG heftiger Kritik ausgesetzt gewesen. Der naturrechtlichen Auslegung des Art. 120 WRV sind einige Autoren, vor allem Holstein und Anschütz, entschieden entgegengetreten.[58] Sie

---

[55] Maunz, in: Ehmke u.a., Festschrift für Ulrich Scheuner, S. 417 (423); Wimmer, DVBl. 1967, S. 809 (810, 812); Robbers, in: v. Mangoldt/Klein/Starck, Das Bonner Grundgesetz, Art. 6 Rn. 184; Ossenbühl, DÖV 1977, S. 801 (805 f.); ders., Das elterliche Erziehungsrecht im Sinne des Grundgesetzes, S. 47; Peters, in: Bettermann/Nipperdey/Scheuner, Die Grundrechte Bd. IV/1, S. 369 (373 f.); Mandl, Das Elternrecht nach der natürlichen und übernatürlichen Ordnung, S. 17 f.; Reuter, Kindesgrundrechte und elterliche Gewalt, S. 96.

[56] BVerfGE 29, 166 (176) Art. 6 Abs. 1 als „Grundrechtsnorm mit übergesetzlichem und vorstaatlichem Inhalt"; BVerfGE 59, 360 (376) und 60, 79 (88) „...wobei dieses ‚natürliche Recht' den Eltern nicht vom Staate verliehen worden ist, sondern von diesem als vorgegebenes Recht anerkannt wird."; BVerwGE 5, 153 (155) „natürliches und wurzeleigenes Recht der Eltern"; vgl. auch BayVerfGH, VerwRspr. 6 (1954), S. 641 (643) „vorstaatlicher Charakter"; OVG Lüneburg, VerwRspr. 8 (1956), S. 399 (400) „vorstaatliches Recht".

[57] Stein, in: Stein/Joest/Dombois, Elternrecht, S. 5 (10, 37).

[58] Holstein, AöR 12 (1927), S. 187 (192 ff.); Anschütz, Die Verfassung des Deutschen Reichs, Art. 120, S. 561 f. „Die Bezeichnung natürliches Recht will nur sagen, daß – nach Ansicht des Verfassungsgebers – das Elternrecht nicht vom Staate verliehen sei, nicht aber will sie sagen, daß es der Gesetzgebungshoheit des Staates entrückt sei."; Klumker, in: Nipperdey, Die Grundrechte und Grundpflichten der Reichsverfassung Bd.

D. Das Elternrecht als eingeschränktes Rechtsgut

wandten sich vor allem gegen die Annahme, dass die Weimarer Reichsverfassung sich abwendend von den Grundeinstellungen des alten Staates die katholischen Lehren über Elternrecht und Erziehungswesen übernommen habe.[59] Für ihre Auffassung spricht jedenfalls, dass die Formulierung des Art. 120 WRV Ergebnis der konträren Ansichten in der Nationalversammlung gewesen und ein Wille des Verfassungsgebers zur Rezeption von Gottes- oder Naturrecht nicht erkennbar ist.

Hinsichtlich der Auslegung des Elternrechts im Grundgesetz tritt ein Großteil des neueren Schrifttums der naturrechtlichen Einordnung mit verschiedenen Argumenten entgegen.[60] Es wird zum Teil von einem Verbot der naturrechtlichen Überhöhung des Elternrechts gesprochen,[61] das sich schon aus Gründen des subjektiven und objektiven Gehalts des Art. 4 GG ergebe. Dieser verlange eine weltanschaulich neutrale Interpretation des Elternrechts und weltanschaulich neutral ließe sich Naturrecht nun einmal nicht fassen.[62] Das Gebot der weltanschaulichen Neutralität aus Art. 4 Abs. 1 GG ist indes kein taugliches Argument gegen die Interpretation des Elternrechts vor einem naturrechtlichen Hintergrund. Art. 4 Abs. 1 GG umfasst in subjektiver Hinsicht unter anderem die Freiheit, eine weltanschauliche Überzeugung zu bilden und zu haben und diese Überzeugung auch zu bekennen und zu verbreiten[63] sowie die Negation dieser Freiheit, sich einer weltanschaulichen Überzeugung zu verweigern oder sie nicht zu bekennen.[64] Als Teil der objektiven Werteordnung des Grundgesetzes enthält Art. 4 Abs. 1 GG daneben den Grundsatz der staatlichen Neutralität.[65] Gefordert

---

[59] 2, S. 95 (99 f.); Maury, Elterliche Erziehungsgewalt und öffentliche Schulgewalt im deutschen Recht, S. 30 ff.
So aber Mausbach, Kulturfragen der deutschen Verfassung, S. 44.
[60] Gröschner, in: Dreier, Grundgesetz, Art. 6 Rn. 96 ff.; Coester-Waltjen, in: v. Münch/Kunig, Grundgesetz, Art. 6 Rn. 3; Gernhuber/Coester-Waltjen, Familienrecht S. 44; Schmitt-Kammler, in: Sachs, Grundgesetz, Art. 6 Rn. 2; ders., Elternrecht und schulisches Erziehungsrecht nach dem Grundgesetz, S. 14; allgemein für Ehe und Familie Pieroth/Schlink, Staatsrecht II, Rn. 635; Häberle, Verfassungsschutz in der Familie, S. 26; v. Campenhausen, Erziehungsauftrag und staatliche Schulträgerschaft, S. 30 f.; Erichsen, Elternrecht – Kindeswohl – Staatsgewalt, S. 27 f.; Stein, in: Stein/Joest/Dombois, Elternrecht, S. 5 (9).
[61] Gröschner, in: Dreier, Grundgesetz, Art. 6 Rn. 97.
[62] Gröschner, in: Dreier, Grundgesetz, Art. 6 Rn. 96; Schmitt-Kammler, in: Sachs, Grundgesetz, Art. 6 Rn. 46.
[63] Jarass, in: Jarass/Pieroth, Grundgesetz, Art. 4 Rn. 10; Mager, in: v. Münch/Kunig, Grundgesetz, Art. 4 Rn. 33 m.w.N.; BVerfGE 32, 98 (106 f.); 69, 1 (33 f.).
[64] BVerfGE 49, 375 (376); 52, 223 (238); 65, 1 (39); Pieroth/Schlink, Staatsrecht II, Rn. 516.
[65] BVerfGE 19, 206 (216); 24, 236 (246); 33, 23 (28); 42, 312 (330 ff.); 93, 1 (16 f.), Herzog, in: Maunz/Dürig, Grundgesetz, Art. 4 Rn. 19; Mager, in: v. Münch/Kunig, Grund-

D. Das Elternrecht als eingeschränktes Rechtsgut

ist die weltanschauliche Unvoreingenommenheit des Staates in allen seinen Maßnahmen gegenüber dem Einzelnen. Ein Eingriff in den Schutzbereich der Weltanschauungsfreiheit und zugleich ein Verstoß gegen das objektive Neutralitätsgebot durch den Staat im Hinblick auf Maßnahmen in der Schulverwaltung ist denkbar, wenn er die Bildung und den Bestand weltanschaulicher und moralischer Überzeugungen indoktrinierend beeinflusst.[66]

Bei der Anerkennung vorstaatlicher naturrechtlicher Elemente des Elternrechts durch Rechtsprechung, Gesetzgebung und Verwaltung liegt jedoch keine indoktrinierende Beeinflussung des Einzelnen vor. Zum einen bildet das Grundgesetz selbst schon keine wertneutrale Ordnung.[67] Zum anderen kann sich der Staat des Bekenntnisses zu den Werten und Lebenswirklichkeiten, die die Grundlage des Zusammenlebens von Menschen in der Gesellschaft bilden und in dem jeweiligen Kulturkreis ihre Verankerung haben, nicht völlig enthalten. Er ist nicht in der Lage, psychisch-biologisch-soziale Vorgänge und Verhältnisse beliebig entsprechend den Vorgaben des Grundgesetzes gelten zu lassen oder abzulehnen. Die Rechtsordnung als Ordnung des vorgegebenen gesellschaftlichen Zusammenlebens von Menschen hat keine Wahl, elementare überkommene Lebensumstände zu akzeptieren und als gültige soziale Gegebenheiten anzuerkennen. Es liegt darin kein durch Art. 4 Abs. 1 GG ausgeschlossenes Bekenntnis zu einer favorisierten Weltanschauung.

Daneben wird gegen die überhöhte Bedeutung des Elternrechts vorgebracht, dass zwar die vom Grundgesetz verwendeten Begriffe und Formulierungen zum Teil Ähnlichkeiten mit hergebrachten „naturrechtlichen" und „göttlichen" Grundsätzen aufwiesen, jedoch die Übereinstimmung mit kurialen Formeln ohne Belang sei, weil das übernommene Adjektiv inhaltlich modifiziert und variiert wurde durch die geistigen Grundtendenzen derjenigen Verfassung, deren Bestandteil es geworden war.[68] Dies betreffe das Elternrecht ebenso wie die Begriffe der Ehe und Familie. Des Weiteren sei es kritikwürdig, wenn aus der Tatsache, dass bestimmte Lebenssituationen wie die Eltern-Kind-Beziehung schon vor dem Staat existierten – somit aus deren rein tatsächlicher „Vorstaat-

---

gesetz, Art. 4 Rn. 18; ausführlich zum Gehalt des Neutralitätsgebotes Huster, Die ethische Neutralität des Staates, S. 98 ff.
[66] Pieroth/Schlink, Staatsrecht II, Rn. 528.
[67] BVerfGE 21, 362 (371 f.); 48, 127 (168).
[68] Holstein, AöR 12 (1927), S. 187 (193); dazu auch Böckenförde, in: Krautscheid/Marré, Essener Gespräche zum Thema Staat und Kirche 14, S. 54 (70); Gröschner, in: Dreier, Grundgesetz, Art. 6 Rn. 96.

D. Das Elternrecht als eingeschränktes Rechtsgut

lichkeit" – Verbindlichkeiten und Rechtswirkungen dieser Verhältnisse für die Gegenwart abgeleitet würden.[69]

Diesen Argumenten ist zum einen entgegenzustellen, dass nicht unter jeder neuen Staatsordnung Begriffe wie Ehe, Familie und Elternverantwortung einen den jeweiligen Strömungen entsprechenden Sinngehalt gewinnen. Zwar sind auch diese Verfassungsbegriffe dem „Verfassungswandel" nicht unzugänglich,[70] jedoch gehören die Familie und gerade das Elternrecht unzweifelhaft zu den grundlegendsten Einrichtungen des menschlichen Zusammenlebens überhaupt und sind daher mit einem weitgehend unverfügbaren traditionellen Bedeutungsgehalt versehen. Auf diesen hergebrachten Sinngehalt bezieht sich auch der verfassungsrechtliche Schutz dieser Institute in Art. 6 Abs. 1 und 2 GG und verbietet durch die auf den objektiv-rechtlichen Bestand gerichtete Wesensgehaltsgarantie des Art. 19 Abs. 2 GG die umfassende Anpassung der verwendeten Begriffe durch den einfachen Gesetzgeber im Zuge der Veränderung der gesellschaftlichen Anschauungen. Die Möglichkeiten des Gesetzgebers sind insbesondere im Hinblick auf die Normierung von das Elternrecht betreffenden einfachgesetzlichen Vorschriften auf die Abbildung und Entfaltung der verfassungsrechtlichen Vorgaben des Art. 6 Abs. 2 S. 1 GG beschränkt.[71]

Zum anderen verkennt die genannte Kritik, dass die Bedeutung der „Vorstaatlichkeit" für die Anhänger der naturrechtlichen Theorie nicht nur auf einer temporären Komponente, sondern auf der Annahme einer besonders intensiven und elementaren biologisch-psychologisch-sozialen Beziehung zwischen Eltern und ihren Kindern beruht.[72] Es geht hier um die weitgehende Unabhängigkeit bestimmter natürlicher Zusammenhänge von staatlicher Einwirkung. So liegt das

---

[69] Schmitt-Kammler, in: Sachs, Grundgesetz, Art. 6 Rn. 2. Er weist darauf hin, dass der Staat auf die verschiedensten schon bestehenden Lebenserscheinungen trifft und dies kein Grund für deren Geltung und Schutzwürdigkeit sein könne.

[70] Vgl. Erichsen, Elternrecht – Kindeswohl – Staatsgewalt, S. 30; für den Begriff der Familie insb. Häberle, Verfassungsschutz in der Familie, S. 24 m.w.N.

[71] In diese Richtung ebenfalls Schmitt-Kammler, Elternrecht und schulisches Erziehungsrecht nach dem Grundgesetz, S. 18 f.; Erichsen, Elternrecht – Kindeswohl – Staatsgewalt, S. 30.

[72] V. Rotteck, in: ders./Welcker, Staatslexikon Bd. 4, S. 592 (603) „Naturgefühl der Eltern"; zu der natürlich Bindung der Kinder an die Eltern vgl. auch BVerfGE 24, 119 (150); 34, 165 (184); 99 216 (232); Ossenbühl, DÖV 1977, S. 801 (806); ders., in: Das elterliche Erziehungsrecht im Sinne des Grundgesetzes, S. 46; v. Campenhausen, Erziehungsauftrag und staatliche Schulträgerschaft, S. 30; Robbers, in: v. Mangoldt/Klein/Starck, Das Bonner Grundgesetz, Art. 6 Rn. 166, 183; Böckenförde, in: Krautscheid/Marré, Essener Gespräche zum Thema Staat und Kirche 14, S. 54 (70); Stober, NVwZ 1982, S. 473 (476); Schmitt-Kammler, Elternrecht und schulisches Erziehungsrecht nach dem Grundgesetz, S. 15.

D. Das Elternrecht als eingeschränktes Rechtsgut

Hauptargument in der Tatsache, dass das Kind kraft Abstammung seine ursprüngliche und intimste Beziehung zu seinen Eltern hat, weswegen die Elternverantwortung für das Kind stärker sein muss als die sich aus dem mittelbaren Verhältnis des Kindes zur Gesellschaft ergebenden Pflichten und Rechte des Staates.[73] Insoweit ist die Kritik an den naturrechtlichen Auslegungsvarianten des Elternrechts nicht uneingeschränkt nachvollziehbar.

Zutreffend ist aber, dass der Geltungsgrund und die Schutzwürdigkeit von Familie und Elternrecht in der positivrechtlichen Verankerung dieser „vorstaatlichen" Einrichtungen im Grundgesetz und nicht in dem Vorliegen dieser naturgegebenen Einrichtungen selbst liegen.[74] Angesichts der Ungeklärtheit des Begriffs „Naturrecht"[75] und seinem Verhältnis zum positiven Recht auf Grund der Vielfalt der Naturrechtslehren wäre ihm zuviel auferlegt, wollte man eine unmittelbare Geltung des Elternrechts hieraus konstruieren.[76] Es bestimmt vielmehr der Staat mittels des Aktes der Verfassunggebung die Wirkung und Schutzwürdigkeit bestimmter Lebenserscheinungen in der Gesellschaft.[77] Nach Maßgabe einer verfassungspolitischen Grundentscheidung legt die Rechtsordnung Inhalt, Umfang und Grenzen des Elternrechts fest. Insofern kann trotz des zweifelsohne naturrechtlichen Kerns bei dem Elternrecht nicht von Naturrecht gesprochen werden. Es ist ein Recht, das seine Wirkung infolge seiner Verankerung im Grundgesetz als Grundrecht entfaltet und somit weder überstaatlich noch unbeschränkbar ist. Es existiert demnach auch kein in überstaatlichen Zusammenhängen begründetes grundsätzliches Verbot der Übernahme von mehr Erziehungsverantwortung durch den Staat, etwa bedingt durch die Einführung der Ganztagsschule.

Dennoch muss der besonderen Stellung der Erziehungsberechtigten auf Grund der „allgemeinen naturrechtlichen Idee des Elternrechts"[78], die im Wortlaut des Art. 6 Abs. 2 S. 1 GG zu Recht besonderen Ausdruck findet, bei der Beurteilung

---

[73] Geiger, Schulreform und Recht, S. 34.
[74] Diese Tatsache trotz gegenteiliger Auffassung einräumend: Robbers, in: v. Mangoldt/Klein/Starck, Das Bonner Grundgesetz, Art. 6 Rn. 185.
[75] Zu den verschiedenen Ansichten und Interpretationen vgl. Höffe/Demmer/Hollerbach, in: Görres-Staatslexikon Bd. 3, S. 1295 ff.; Wölfel, in: Kunst/Grundmann/Herzog, Evangelisches Staatslexikon Bd. 2, S. 2223 ff.
[76] BVerfGE 10, 59 (81); Gernhuber/Coester-Waltjen, Familienrecht, S. 44; Robbers, in: v. Mangoldt/Klein/Starck, Das Bonner Grundgesetz, Art. 6 Rn. 185.
[77] Vgl. BVerfGE 2, 1 (12); 6, 55 (71); 7, 198 (205); 5, 85 (139); 22, 163, (172 f.); 26, 321 (327); 29, 71 (879); 24, 119 (150); 10, 302 (322); 1, 208 (233); Schmitt-Kammler, in: Sachs, Grundgesetz, Art. 6 Rn. 2; Stein, in: Stein/Joest/Dombois, Elternrecht, S. 5 (37) „Dem Naturrecht kommt keine rechtliche, sondern nur sittliche Verbindlichkeit zu."
[78] Holstein, AöR 12 (1927), S. 187 (199).

D. Das Elternrecht als eingeschränktes Rechtsgut

der Verfassungsmäßigkeit von das Elternrecht beschränkenden schulorganisatorischen Maßnahmen Rechnung getragen werden. Für die Beachtung der besonderen Stellung dieses Grundrechts der Eltern gegenüber staatlichen Organen als Erziehungsträger bedarf es allerdings nicht der Berufung auf naturrechtliche Grundsätze oder der Annahme einer generellen Höherrangigkeit des Elternrechts gegenüber anderen Verfassungsgütern. Vielmehr muss besonderes Augenmerk auf den normativen Gehalt des elterlichen Erziehungsrechts gelegt werden, das wie alle Grundrechte neben subjektivem Abwehrrecht auch Teil der objektiven Werteordnung des Grundgesetzes[79] ist. Als Richtlinie für die Auslegung anderer Normen des Verfassungs- und einfachen Rechts hat das Elternrecht den Charakter einer wertentscheidenden Grundsatznorm.

II. Art. 6 Abs. 2 S. 1 i.V.m. Art. 6 Abs. 1 GG als wertentscheidende Grundsatznorm

1. Das Elternrecht aus Art. 6 Abs. 2 S. 1 GG und der Schutz der Familie in Art. 6 Abs. 1 GG

Art. 6 Abs. 2 S. 1 GG weist die Pflege und Erziehung der Kinder zuvörderst der Verantwortung der Eltern zu und schützt folglich die Lebensumgebung des Kindes in der elterlichen Obhut. Die Vorschrift stellt sicher, dass die Eltern an ihren eigenen Erziehungszielen orientiert und nach den eigenen Erziehungsmethoden die Entwicklung ihrer Kinder beeinflussen können. Unabdingbare Voraussetzung für die Realisierung dieses Elternrechts ist die Existenz eines Lebensbereichs, in dem Eltern und Kinder in einem engen Verhältnis verbunden sein können und der weitestgehend unbeeinflusst von staatlicher Einwirkung bleibt. Diese Funktion erfüllt traditionell die Familie, in der Pflege und Erziehung der Kinder ihren Platz haben und die als „natürliche Lernstätte"[80] die wichtigsten Voraussetzungen für die Entwicklung des Kindes zur eigenständigen Persönlichkeit schafft. Sie ist in Art. 6 Abs. 1 GG neben der Ehe unter den „besonderen Schutz der staatlichen Ordnung" gestellt.

Das Bundesverfassungsgericht gesteht den Familienmitgliedern zu, „ihre Gemeinschaft nach innen in familiärer Verantwortung und Rücksicht frei zu gestalten"[81]. Es wird hierbei eine Sphäre privater Lebensgestaltung garantiert, die der staatlichen Einwirkung entzogen ist.[82] In seiner Wirkung als Abwehrrecht, Insti-

---

[79] BVerfGE 7, 198 (205); 21, 362 (371f.), 48, 127 (168); 73, 261 (269).
[80] BVerfGE 47, 46 (70).
[81] BVerfGE 80, 81 (92).
[82] BVerfGE 21, 329 (353).

D. Das Elternrecht als eingeschränktes Rechtsgut

tutsgarantie und wertentscheidender Grundsatznorm[83] schützt und garantiert Art. 6 Abs. 1 GG mit der Familie ein Versorgungsverhältnis[84] zwischen Menschen, die in einer Lebens- und Erziehungsgemeinschaft verbunden sind, also ein Verhältnis, in dem sich die Sorge um das körperliche, geistige und seelische Wohl der Verwandten äußert.

Die Funktion der Familie i.S.d. Art. 6 Abs. 1 GG erschöpft sich freilich nicht in der Versorgung von noch in der körperlichen und geistigen Entwicklung befindlichen Kindern durch die Eltern. Geschützt ist mit der Familie vielmehr eine umfassende Beistandsgemeinschaft, die auch mit den erwachsenen Kindern fortbesteht.[85] Da sich jedoch das angesprochene Versorgungsverhältnis am intensivsten im Zusammenleben von Eltern mit ihren minderjährigen Kindern entfaltet, liegt die besondere Bedeutung des Familienschutzes für die Gemeinschaft und damit für die Auslegung anderer Vorschriften in der Rechtsordnung in dem Sozialisationswert der Personensorge- und Erziehungsleistungen, die Eltern für ihre minderjährigen Kinder erbringen. Insofern stellt das Eltern-Kind-Verhältnis für die Bestimmung des objektiven Gehalts der Norm den bedeutendsten Teil des Regelungsbereichs Familie dar. Der Schutz der Einflussnahme der Eltern auf die Entwicklung ihrer Kinder durch Pflege und Erziehung ist also nicht nur in Art. 6 Abs. 2 S. 1 GG enthalten, sondern wurzelt in der als natürliche Institution geschützten Familie[86] und bildet als Anerkennung und Förderung der seelischen und körperlichen Versorgungsleistungen innerhalb der Familie ebenfalls einen Teil des Regelungsgegenstandes des Art. 6 Abs. 1 GG. Deshalb liegt es nahe, bei der Bestimmung der Stellung des Elternrechts in der objektiven Werteordnung des Grundgesetzes beide Vorschriften als zusammengehörig zu interpretieren.[87] Dieser Auslegung steht nicht entgegen, dass hinsichtlich des subjek-

---

[83] BVerfGE 6, 55 (71f.); 31, 58 (67); 62, 323 (329). Erichsen, Elternrecht – Kindeswohl – Staatsgewalt, S. 22 f; Robbers in: v. Mangoldt/Klein/Starck, Das Bonner Grundgesetz, Art. 6 Rn. 8 m.w.N.

[84] Zum Begriff des Versorgungsverhältnisses Gröschner, in: Dreier, Grundgesetz, Art. 6 Rn. 74 m.w.N.

[85] Grundlegend BVerfGE 10, 59 (66); Pieroth, in: Jarass/Pieroth, Art. 6 Rn. 4 m.w.N.; vgl. auch BVerfGE 57, 170 (178).

[86] Peters, in: Bettermann/Nipperdey/Scheuner, Die Grundrechte Bd. IV/1, S. 369 (372).

[87] Ebenso Erichsen, Elternrecht – Kindeswohl – Staatsgewalt, S. 33; Ossenbühl, Das Elterliche Erziehungsrecht im Sinne des Grundgesetzes, S. 42; Schmitt Glaeser, Das Elterliche Erziehungsrecht in staatlicher Reglementierung, S. 54; Gernhuber/Coester-Waltjen, Familienrecht, S. 44; Fehnemann, DÖV 1978, S. 489 (490); eine soziale und rechtliche Verbindung sieht ebenfalls Robbers, in: v. Mangoldt/Klein/Starck, Das Bonner Grundgesetz, Art. 6 Rn. 17; Jeand'Heur, Verfassungsrechtliche Schutzgebote zum des Kindes und staatlichen Interventionspflichten, S. 36; vgl. auch BVerfGE 24, 119 (135); a.A. Gröschner Rn. 67, der davon ausgeht, dass es im Rahmen des Art. 6 Abs. 1 GG noch

D. Das Elternrecht als eingeschränktes Rechtsgut

tiv-rechtlichen Charakters des Familienschutzes aus Art. 6 Abs. 1 GG und des Elternrechts aus Art. 6 Abs. 2 S. 1 GG als klassische Abwehrrechte zu Recht überwiegend von zwei getrennten Schutzbereichen ausgegangen wird.[88] Beide stehen als eigenständige Freiheitsrechte in einem Spezialitätsverhältnis, was zur Folge hat, dass Art. 6 Abs. 1 GG nicht mehr einschlägig ist, wenn ein Eingriff in das Elternrecht vorliegt. Eine Berufung auf Art. 6 Abs. 2 S. 1 GG ist ausreichend, wenn ein Eingriff des Staates in Elternrechte verwaltungs- oder verfassungsgerichtlich geltend gemacht werden soll. Eine Heranziehung des Art. 6 Abs. 1 GG als Abwehrrecht gegen Störungen, Schädigungen oder sonstige Beeinträchtigungen der Familie erübrigt sich.

Bei der Beurteilung der Stellung des Elternrechts im Normengefüge des Grundgesetzes erfolgt die Interpretation des Elternrechts jedoch nicht wie bei der Inanspruchnahme als Abwehrrecht subjektiv auf der Grundlage des Selbstverständnisses der Grundrechtsträger,[89] sondern objektiv unter dem Gesichtspunkt der wesentlichen Funktion der Familie und des hier eingebundenen Elternrechts für die Gesellschaft überhaupt.[90] Die Trennung von Art. 6 Abs. 1 GG und Art. 6 Abs. 2 S. 1 GG ist für die Betrachtung des objektiven Gehalts des Elternrechts daher nicht sinnvoll. Auch das Bundesverfassungsgericht weist auf die enge Verbindung der Vorschriften hin, wenn es das Recht und die Pflicht zur Erziehung der Kinder als aus der Gemeinschaft von Eltern und Kindern – also der Familie erwachsend – bezeichnet.[91] Es ist die Bedeutung der Familie in der Gesellschaft überhaupt und damit das Verhältnis der staatlichen Gewalt zu dem familiären Gefüge zu beurteilen, das über seine Reproduktionsfunktion die viel zitierte „Keimzelle" der Gesellschaft[92] bildet. Die Interpretation des Elternrechts kann somit nicht losgelöst von der Auslegung des Art. 6 Abs. 1 GG vorgenommen werden.

---

nicht um das Elternrecht geht, sondern vor allem Ehe und Familie in ihrem Verhältnis zueinander geregelt werden.

[88] BVerfGE 31, 194 (204); Pieroth, in: Jarass/Pieroth, Grundgesetz, Art. 6 Rn. 1; Coester-Waltjen, in: v. Münch/Kunig, Grundgesetz, Art. 6 Rn. 57; diese Auffassung aufweichend aber BVerfGE 99, 216 (231), wonach der Schutz der Familie auch gewährleiste, dass „die Eltern ihr familiäres Leben nach ihren Vorstellungen planen und insbesondere in ihrer Erziehungsverantwortung entscheiden dürfen, ob und in welchem Entwicklungsstadium das Kind überwiegend von einem Elternteil allein, von beiden Eltern oder von einem Dritten betreut werden soll."

[89] Gröschner, in: Dreier, Grundgesetz, Art. 6 Rn. 37; Morlok, Selbstverständnis als Rechtskriterium, S. 99 f.

[90] Vgl. BVerfGE 36, 146 (167).

[91] BVerfGE 10, 59 (66).

[92] BVerfGE 6, 55 (71); vgl. auch BVerfGE 24, 119 (124); 99, 216 (231).

D. Das Elternrecht als eingeschränktes Rechtsgut

2. Die Stellung des Elternrechts nach Art. 6 Abs. 2 S. 1 i.V.m. Art. 6 Abs. 1 GG im objektiven Wertsystem der Grundrechte

Wie vorangehend bereits herausgestellt worden ist, schafft die Familie als Versorgungsverhältnis zwischen Verwandten und als natürliche Lernumgebung die wichtigsten Voraussetzungen für die Entwicklung des Kindes zur eigenständigen Persönlichkeit. Das Kind ist von Natur aus hilfsbedürftig und bedarf zur Entfaltung der eigenen Person der erzieherischen Lenkung und Bestimmung durch die Eltern. Diese elterliche Erziehung ist notwendige Bedingung für das „Seinkönnen" und „Mündigwerden" des Kindes.[93] Der Nutzen der Erziehungsleistung der Familie liegt also in der Sicherstellung der optimalen Lebensbedingungen des Einzelnen in den Jahren seines Heranwachsens. Mit der Gewährleistung des Elternrechts und der Familie trägt der Staat seinem Schutzauftrag Rechnung, der aus der Menschenwürde des Kindes aus Art. 1 Abs. 1 GG resultiert.[94]

Die Funktion der Familie und der Eltern erschöpft sich jedoch nicht in dieser individuellen Komponente. Ihre soziale Funktion berührt die Grundfesten der Staatsordnung, die sich über die in Familien von Eltern erzogenen Mitglieder der Gemeinschaft organisiert und konstituiert. Es werden hier wichtigste Aufgaben für die staatliche Gemeinschaft erfüllt, da im familiären Zusammenleben neben den Voraussetzungen für die ganz individuelle Persönlichkeitsentwicklung ebenfalls Verantwortungsbewusstsein, Solidarität, Gemeinsinn, Gemeinschaftsbezogenheit und Partnerschaft, also Kulturwerte gelehrt und gelernt werden. Diese Erziehungsinhalte sind durch die Einbindung in die gesellschaftliche Lebenswirklichkeit, kulturelle Prägung und Tradition im Wesentlichen am Wertebild des Grundgesetzes ausgerichtet, ohne dass der Staat vorschreibend tätig werden muss. Die Familie ist deshalb treffend als „kulturelle Erziehungszelle" im politischen Gemeinwesen bezeichnet worden, die als Gewährleistungsträger einer vom Grundgesetz für förderungswürdig gehaltenen Gesellschaftsstruktur geschützt wird.[95] Das in die Familie eingebettete Elternrecht trägt dazu bei, dass die Familie diese Aufgabe erfüllt.[96]

Eine abstrakte Feststellung dieser tragenden Funktionen von Elternrecht und Familienschutz reicht indes nicht, um dieser Bedeutung auch in der Praxis der rechtlichen Beurteilung von Kollisionsfällen, etwa des Aufeinandertreffens von

---

[93] Böckenförde, in: Krautscheid/Marré, Essener Gespräche zum Thema Staat und Kirche 14, S. 54 (63).
[94] Zu Art. 6 Abs. 2 S. 1 GG als Ausprägung des Menschenwürdeschutzes BVerfGE 24, 119 (144).
[95] Häberle, Verfassungsschutz in der Familie, S. 7.
[96] Erichsen, Elternrecht – Kindeswohl – Staatsgewalt, S. 40 m.w.N.

D. Das Elternrecht als eingeschränktes Rechtsgut

Elterninteressen und schulischem Erziehungsmandat Rechnung zu tragen. Die herausragende Relevanz des Art. 6 Abs. 2 S. 1 i.V.m. Art. 6 Abs. 1 GG muss sich auch in dem Stellenwert der Vorschriften im System der Grundrechte niederschlagen. Ungeeignet zur Herausstellung der besonderen Bedeutung des Art. 6 Abs. 2 S. 1 GG ist allerdings der im Schrifttum unternommene Versuch, dem Elternrecht Menschenrechtscharakter und damit Überstaatlichkeit bzw. Vorrangigkeit vor anderen Grundrechten zuzuschreiben. Als Menschenrecht, so wird argumentiert, hätte das Elternrecht eine die Institutsgarantie übersteigende Bedeutung und binde die staatliche Gewalt als unmittelbar geltendes objektives Recht.[97] Es könne daher nicht vom Staat entzogen werden und dürfe nur solchen Beschränkungen unterliegen, die mit der Überstaatlichkeit des Rechts vereinbar wären.

Die Einordnung des Elternrechts als Menschenrecht ist angesichts der Doppeldeutigkeit des Begriffs „Menschenrecht" fraglich. Der Begriff wird im Staatsrecht zum einen für solche Grundrechte verwendet, deren persönlicher Schutzbereich nicht auf deutsche Staatsbürger beschränkt ist[98] und die durch die Beschreibung des persönlichen Schutzbereichs im Grundgesetz abschließend bestimmt sind.[99] Dagegen sind Menschenrechte im weiteren Sinne, wie sie das Grundgesetz in Art. 1 Abs. 2 GG als Objekt des Bekenntnisses des deutschen Volkes festlegt, solche Rechte, die dem Menschen nicht verliehen werden, sondern ihm kraft seiner Natur zustehen. In diesem Sinne dienen sie nicht nur ihrem Träger, sondern sind die Grundlage jeder „guten" menschlichen Gesellschaft.[100] Menschenrechte in diesem Sinn umfassen keinen festen oder gar abgeschlossenen Kanon von Freiheits- und Gleichheitsgewährleistungen.[101]

Diese Auffassung, die mit dem Begriff des Menschenrechts arbeitet, basiert jedoch auf der zutreffenden Erkenntnis, dass es auf Grund der besonderen Bedeutung der Norm zunächst der Berücksichtigung dieser Wertung des Verfassungsgebers bei der Gesetzgebung und der Auslegung anderer Normen bedarf und zudem besondere Rechtfertigungsgründe erforderlich sind, um das Erziehungsrecht der Eltern durch staatliche Maßnahmen einzuschränken. Damit unterscheidet sich diese Meinung in ihrer Grundlage nicht von der herrschenden Auffas-

---

[97] Peters, in: Bettermann/Nipperdey/Scheuner, Die Grundrechte Bd. IV/1, S. 369 (374 f.); Wimmer, DVBl. 1967, S. 809 (810).
[98] Dreier, in: ders., Grundgesetz, Vorb. Rn 35 m.w.N.
[99] Eine Übersicht gibt Stern, Staatsrecht III/1, S. 1009 f.
[100] Jarass in: Jarass/Pieroth, Grundgesetz, Art. 1 Rn. 17; zur Idee der unveräußerlichen Menschenrechte auch Badura, Staatsrecht, S. 82.
[101] Isensee, in: Schwartländer, Modernes Freiheitsethos und christlicher Glaube, S. 70 (72); Lecheler, in: Rauscher, Christliches Menschenbild und soziale Orientierung, S. 69 (83).

D. Das Elternrecht als eingeschränktes Rechtsgut

sung, die eine dogmatische Einordnung des Elternrechts vor dem Hintergrund des Schutzes der Familie als wertentscheidende Grundsatznorm vornimmt. Zum Teil wird auch versucht, die herausragende Stellung des in der Familie verankerten Elternrechts schon aus der Formulierung eines „besonderen Schutzes" der Familie in Art. 6 Abs. 1 GG abzuleiten. Dieser dem Art. 119 Abs. 1 WRV identische Wortlaut gibt zwar Anlass zu der Annahme, für Ehe und Familie bestehe ein in seiner Qualität einzigartiger Schutzauftrag, der wesentlich weiter reicht als bei anderen Verfassungsgütern.[102] Dass dies nicht zutreffen kann, zeigt aber die Tatsache, dass selbst die grundlegendste aller Wertentscheidungen des Grundgesetzes, der Schutz der Menschenwürde in Art. 1 Abs. 1 S. 2 GG, nicht mit einem wörtlich „besonderen Schutz" verbunden, sondern schlichtweg „zu achten und zu schützen" ist.[103] Die Formulierung des besonderen Schutzes trifft keine Aussage zur Intensität des verfassungsrechtlichen Schutzes der Familie und des Elternrechts.

Ohne Bedeutung ist der Wortlaut der Norm dennoch nicht. Das Bundesverfassungsgericht folgert aus Art. 6 Abs. 1 GG einen spezifischen Schutzauftrag des Staates mit dem Inhalt, die Familie als einen geschlossenen gegen den Staat abgeschirmten und die Vielfalt rechtsstaatlicher Freiheit schützenden Autonomie- und Lebensbereich[104] vor der Beeinträchtigung durch andere Kräfte zu bewahren und auch durch geeignete Maßnahmen zu fördern.[105] Zu beachten ist dabei, dass dieser spezifische Schutzauftrag nicht mit der sog. allgemeinen Schutzpflicht des Staates gleichzusetzen ist, die in gefestigter Grundrechtsdogmatik für die objektive Seite der Freiheitsgrundrechte formuliert wird. Während diese allgemeine Schutzpflicht die Aufgabe des Staates zu Folge hat, den einzelnen Bürger vor Übergriffen Privater zu bewahren,[106] richtet sich der Schutzauftrag aus Art. 6 Abs. 1 GG ebenfalls gegen Eingriffe in die Familie sowie Entwertungen dieses Rechtsinstituts und des Elternrechts durch den Staat selbst.

Die Formulierung dieses spezifischen Schutzauftrags bringt zum Ausdruck, dass der Verfassungsgeber die Familie als eine weitgehend unverfügbare und dem

---

[102] So z.B. Robbers, in: v. Mangoldt/Klein/Starck, Das Bonner Grundgesetz, Art. 6 Rn. 20, der wegen eines besonderen Schutzes den Instituten Ehe und Familie im Abwägungsprozess mit anderen Verfassungsgütern einen grundsätzlichen Vorrang einräumen will. A.A. Pirson, in: Dolzer, Bonner Kommentar zum Grundgesetz, Art. 6 Rn. 2 (Zweitbearbeitung 1976); Maunz in: Maunz/Dürig, Grundgesetz, Art. 6 Rn. 7.
[103] Gröschner, in: Dreier, Grundgesetz, Art. 6 Rn. 2.
[104] BVerfGE 91, 130 (134); vgl. auch BVerfGE 24, 119 (135); 17, 38 (50); 78, 38 (50).
[105] BVerfGE 6, 55, (76); 87, 1 (35).
[106] Vgl. Badura, Staatsrecht, S. 107; Isensee, in: Isensee/Kirchhof, HbdStR V, § 111 Rn. 116, 137; Dreier, in: ders., Grundgesetz, Vorb. Rn. 62.

D. Das Elternrecht als eingeschränktes Rechtsgut

Verfassungsstaat vorgegebene Lebenserscheinung anerkennt, die in dieser Eigenschaft einen konstitutiven und mithin unverzichtbaren Teil des Verfassungsganzen bildet.[107] Die Bedeutung des Schutzauftrages für den Charakter des Art. 6 Abs. 1 GG als Auslegungsrichtlinie für andere Verfassungsvorschriften liegt somit nicht in der „Besonderheit" des Schutzes der Familie und des inbegriffenen Elternrechts, sondern in der Selbstverpflichtung des Staates auf Grund einer vorgehend getroffenen politischen Wertentscheidung. Die Vorschrift des Art. 6 Abs. 2 S. 1 GG ist also in seiner unlöslichen Verbindung zum Schutz der Familie eine zentrale Leitlinie, die das Grundgesetz für die Auslegung und Anwendung von Rechtsvorschriften und die Organisation des gesellschaftlichen Zusammenlebens vorgibt und muss im Kollisionsfall mit anderen Verfassungsgütern entsprechend dieser Bedeutung auch Berücksichtigung finden. Sie beeinflusst die Auslegung von einfachgesetzlichen und verfassungsrechtlichen Normen aus diesem Kontext und hat daher den Charakter einer wertentscheidenden Grundsatznorm.[108]

Zweifelsohne kann diese Ausstrahlungswirkung des Familienschutzes mit dem Elternrecht auf die Rechtsordnung nicht als absolut unveränderlich und unabhängig von der Entwicklung der gesellschaftlichen Lebenswirklichkeit bezeichnet werden. Das Elternrecht in seiner Verbindung mit dem Schutz der Ehe und Familie in Art. 6 Abs. 1 GG unterliegt in seinem Inhalt dem gesellschaftlichen Wandel der Zeit und nimmt an den Entwicklungs- und Wachstumsprozessen der Verfassung teil.[109] Dies darf aber nicht darüber hinwegtäuschen, dass die Zunahme von modernen Lebensgemeinschaften von Eltern und Kindern sowie räumlich getrennten Eltern-Kind-Beziehungen bei gleichzeitigem Rückgang der Eheschließungen keine Auswirkungen auf die überragende Bedeutung der elterlichen Erziehung hat. Im Gegenteil muss den Eltern in der immer globaler und für Kinder unüberschaubarer werdenden Welt und der Zunahme der Handlungsmöglichkeiten jedes Einzelnen der Schaffung einer verlässlichen, sicheren und von Staatsinteressen weitgehend unbeeinflussten Entwicklungsumgebung in der Familie unter der Obhut der Eltern besondere Priorität beigemessen werden. Das in der Entwicklung befindliche Kind ist, anders als vor wenigen Jahrzehnten, einer Flut von Informationen und Werten ausgesetzt, die es ihm schwer ma-

---

[107] Häberle, Verfassungsschutz in der Familie, S. 1 f.
[108] BVerfGE 4, 52 (57); 6, 55 (72 f.); Pieroth, in: Jarass/Pieroth, Grundgesetz, Art. 6 Rn. 31; Robbers, in: v. Mangoldt/Klein/Starck, Das Bonner Grundgesetz, Art. 6 Rn. 8; Maunz, in: Maunz/Dürig, Grundgesetz, Art. 6 Rn. 1; Coester-Waltjen, in: v. Münch/Kunig, Grundgesetz, Art. 6 Rn. 1, 65; Kannengießer, in: Schmidt Bleibtreu/Klein, Grundgesetz, Art. 6 Rn. 1.
[109] Eine kurze Übersicht über die Veränderung der Familienstruktur gibt Gröschner, in: Dreier, Grundgesetz, Art. 6 Rn. 13; Häberle, Verfassungsschutz in der Familie, S. 24.

D. Das Elternrecht als eingeschränktes Rechtsgut

chen, eine Auswahl für das eigene Leben zu treffen. Hier muss der elterliche Gestaltungsspielraum, die eigenen Vorstellungen zu vermitteln, unangetastet bleiben, solange eine Einflussnahme durch den Staat nicht unbedingt notwendig wird, um Gefahren für die körperliche sowie die geistig-seelische Integrität des Kindes abzuwehren.

III. Das Elternrecht als Abwehrrecht

Während das Elternrecht als wertentscheidende Grundsatznorm die Position des Art. 6 Abs. 2 S. 1 GG im System der Grundrechte und seine Ausstrahlungswirkung auf andere Verfassungsvorschriften und einfachgesetzliche Normen betrifft, verleiht es den Eltern in der Eigenschaft als klassisches Grundrecht eine individuelle Rechtsposition, die ihnen bei Eingriffen in ihre Erziehungs- und Pflegeverantwortung eine Möglichkeit zur Abwehr dieser Einwirkung zur Verfügung stellt. Art. 6 Abs. 2 S. 1 GG enthält ein klassisches Abwehrrecht gegen staatliches Handeln.[110]

Trotz fast wörtlicher Übernahme der Vorschrift aus Art. 120 WRV ist diese Funktion erst mit der Aufnahme des Elternrechts in das Grundgesetz hinzugetreten. In der Weimarer Reichsverfassung war es nicht unter die Freiheitsrechte des Einzelnen eingereiht, sondern hatte seinen systematischen Ort am Beginn der verbürgenden und programmatischen Regelungen über das Gemeinschaftsleben in unmittelbarem Bezug zur Familie. Art. 120 WRV wurde von der herrschenden Meinung lediglich als Institutsgarantie angesehen.[111]

Auf Grund der aus der Zeit des Nationalsozialismus gewonnen Erfahrung mit der Vereinnahmung der Kinder durch eine zentral und staatlich vorgenommene gemeinschaftliche Erziehung unter Zurückdrängung der Eltern aus der Erziehungsverantwortung ist man dazu gekommen, das Elternrecht als ein über den Status einer Institutsgarantie hinausgehendes subjektives Recht anzuerkennen.[112] Die nur programmatische Erwähnung der Bedeutung der elterlichen Erziehung hatte nicht vermocht, eine Einbindung der Kinder in den von totalitären und na-

---

[110] BVerfGE 4, 52 (57); 6, 55 (71); 7, 320 (323); 24, 119 (135, 138); 31, 194 (204); 47, 46 (69 f.); Badura, in: Maunz/Dürig, Grundgesetz, Art. 6 Rn. 97; Coester-Waltjen, in: v. Münch/Kunig, Grundgesetz, Art. 6 Rn. 61; Erichsen, Elternrecht – Kindeswohl – Staatsgewalt, S. 16, 30.
[111] Anschütz, Die Verfassung des deutschen Reichs, Art. 120, S. 569.
[112] Erichsen, Elternrecht – Kindeswohl – Staatsgewalt, S. 30; vgl. auch Schmitt Glaeser, Das elterliche Erziehungsrecht in staatlicher Reglementierung, S. 37 m.w.N.; v. Campenhausen, Erziehungsauftrag und staatliche Schulträgerschaft, S. 31 m.w.N.; Stein, in: Stein/Joest/Dombois, Elternrecht, S. 5 (6 f.): Elternrecht als „Schutzklausel gegenüber dem staatlichen Erziehungsmonopol".

D. Das Elternrecht als eingeschränktes Rechtsgut

tionalsozialistischen Ideologien gelenkten schulischen und außerschulischen staatlichen Erziehungsapparat zu verhindern. Der Parlamentarische Rat sah sich daher veranlasst, mit der Aufnahme des Familienschutzes und Elternrechts als natürliches Recht in das Grundgesetz und der Konstitution eines subjektiven Abwehrrechts der Eltern eine betonte Abwendung von der Tendenz dieser Zeit, den erzieherischen Einfluss der Eltern durch staatliche Gemeinschaftserziehung zu ersetzen, vorzunehmen. Die Sorge um die Entwicklung der Kindespersönlichkeit sollte nunmehr durch das Grundgesetz eindeutig den Eltern zugewiesen und die Konzentration der Einflussnahme auf die Entwicklung der Kindespersönlichkeiten in staatlicher Hand für alle Zeit ausgeschlossen werden. Den Eltern steht nunmehr mit Art. 6 Abs. 2 S. 1 GG ein Freiheitsgrundrecht zu Verfügung, auf Grund dessen sie Beeinträchtigung ihrer Vorrangstellung bei der Pflege und Erziehung der Kinder wirksam abwehren können, sofern die hoheitliche Maßnahme nicht durch Art. 6 Abs. 2 S. 2 GG oder kollidierendes Verfassungsrecht gerechtfertigt werden kann.

In der Funktion des Abwehrrechts hat Art. 6 Abs. 2 S. 1 GG die verfassungs- und verwaltungsrechtliche Rechtsprechung regelmäßig dann beschäftigt, wenn Eltern ihre Rechtsstellung durch die Durchführung verschiedener schulorganisatorischer Maßnahmen gefährdet oder beeinträchtigt sahen.[113] Die Vorschrift bildet das zentrale Grundrecht, das den Eltern im Fall der Kollision ihrer eigenen Interessen bezüglich des Lebens mit dem Kind und dessen Entwicklung mit dem Erziehungsanspruch des Staates im Schulwesen zur Geltendmachung und Durchsetzung der Rechtsposition zur Verfügung steht. Art. 6 Abs. 2 S. 1 GG kommt daher größte Relevanz auch für die Beurteilung der Verfassungsmäßigkeit der Ganztagsschule zu, deren Einführung weit über die Wirkung einfacher schulorganisatorischer Umgestaltungen im bestehenden Schulsystem hinausgeht. Gerade bei der Ablösung des Halbtagsschulsystems und den damit verbundenen Veränderungen für das familiäre Leben wie etwa der Verknappung der Zeit des Umgangs mit den Kindern und der verstärkten Einflussnahme der Ganztagsschule auf die elterlichen Erziehungsziele und -inhalte stellt sich die Frage nach der Reichweite des Gestaltungsspielraums der Eltern aus Art. 6 Abs. 2 S. 1 GG, den Grenzen des Schutzbereichs und damit den Zugriffsmöglichkeiten des Schulgesetzgebers auf die Pflege und Erziehung der Kinder.

---

[113] Z.B. BVerwGE 6, 101 ff. – Schulhoheit; BVerwGE 79, 298 ff. – Schulbuch; BVerfGE 34, 165 ff. – Förderstufe; BVerfGE 41, 29 ff. – Simultanschule, BVerfGE 45, 400 ff. – Oberstufenreform; BVerfGE 47, 46 ff. – Sexualkundeunterricht; BVerfGE 58, 257ff. – Schulentlassung; BVerfGE 59, 360 ff. – Schweigepflicht des Schülerberaters; BVerfGE 93, 1 ff. – Kruzifix; BVerfGE 98, 218 ff. – Rechtschreibereform.

D. Das Elternrecht als eingeschränktes Rechtsgut

1. Die Pflege und Erziehung i.S.d. Art. 6 Abs. 2 S. 1 GG

Nach dem Wortlaut des Grundrechts sind die Pflege und die Erziehung der Kinder das natürliche Recht der Eltern und die ihnen zuvörderst obliegende Pflicht. Der Inhalt des Schutzbereichs des Art. 6 Abs. 2 S. 1 GG, mithin die Reichweite des geschützten elterlichen Gestaltungsbereichs ist maßgeblich anhand der Auslegung der Kernbegriffe der Pflege und Erziehung zu bestimmen. Definitionen für beide Begriffe sind auf Grund der Bedeutung des Grundrechts, der Häufigkeit der Beschäftigung der Rechtsprechung mit der Thematik und letztlich wegen ihrer Nähe zur Erziehungswissenschaft vielfach versucht worden. Dabei wird unter Pflege ganz übereinstimmend die Sorge für das körperliche Wohl des Kindes, unter Erziehung die für die seelisch-geistige Entwicklung verstanden.[114]

Die nähere, über diese allgemein gefasste Beschreibung hinausgehende Bestimmung dieses Pflichten- und Rechtskreises erfolgt jedoch sehr unterschiedlich. Zum Teil werden Pflege und Erziehung zusammengefasst und ohne inhaltliche Differenzierung als einheitlicher Begriff verstanden.[115] Auf Grund mangelnder Abgrenzbarkeit in der Lebenswirklichkeit bestünde keine Notwendigkeit einer juristischen Begriffstrennung zwischen Pflege und Erziehung und das Elternrecht umfasse daher in einem einheitlichen Schutzbereich die körperliche Versorgung des Kindes ebenso wie die Förderung der geistigen Fähigkeiten und die Vermittlung von für das gesellschaftliche Zusammenleben erforderlichen Kenntnissen und Erfahrungen.[116]

Nach richtiger Ansicht kann indes der Inhalt der Pflege auch in der Praxis von dem der Erziehung differenziert und als die Zusammenfassung aller Maßnahmen umschrieben werden, die erforderlich sind, um dem Kind alle zur bestmöglichen körperlichen Entwicklung notwendigen Voraussetzungen zu bieten. Dazu zählen vor allem die Ernährung, Kleidung und die Sorge für die gesundheitliche und körperliche Entwicklung. Ob die Eltern als Grundrechtsträger und Sorge-

---

[114] Pieroth, in: Jarass/Pieroth, Grundgesetz, Art. 6 Rn. 32; Coester-Waltjen, in: v. Münch/Kunig, Grundgesetz, Art. 6 Rn. 63; Peters, in: Bettermann/Nipperdey/Scheuner, Die Grundrechte Bd. IV/1, S. 369 (381); Böckenförde, in: Krautscheid/Marré, Essener Gespräche zum Thema Staat und Kirche 14, S. 54 (59).

[115] Badura, in: Maunz/Dürig: Grundgesetz, Art. 6 Rn. 107; Zacher, in: Isensee/Kirchhof, HbdStR VI, § 134 Rn. 65; Jestaedt, in: Dolzer, Bonner Kommentar zum Grundgesetz, Art. 6 Abs. 2 und 3 Rn. 102; Coester-Waltjen, in: v. Münch/Kunig, Grundgesetz, Art. 6 Rn. 63; Robbers, in: v. Mangoldt/Klein/Starck, Das Bonner Grundgesetz, Art. 6 Rn. 143.

[116] So wohl BVerfGE 57, 361 (383), wo undifferenziert den Eltern die umfassende Verantwortung für die Lebens- und Entwicklungsbedingungen des Kindes zugewiesen wird.

D. Das Elternrecht als eingeschränktes Rechtsgut

verpflichtete der Pflege der Kinder nachkommen, lässt sich dabei am Vorliegen des Kindeswohls erkennen, das anhand des leiblichen Zustands des Kindes zumeist ohne Schwierigkeit bestimmt werden kann.[117] Die Grenzen der elterlichen Befugnisse und die Voraussetzungen für ein staatliches Eingreifen sind durch das Erfordernis der Wahrung des Kindeswohls somit klar bestimmt.

In dieser Objektivierbarkeit der elterlichen Sorge um die körperliche Integrität des Kindes unterscheidet sich die Pflege von der Erziehung. Die Erkennbarkeit von Miss- oder Fehlgebrauch der elterlichen Befugnisse am leiblichen Kindeswohl fehlt bei der Wahrnehmung von Erziehungsaufgaben weitgehend. Zwar kann das Ziel von Erziehung mit dem Bundesverfassungsgericht als „die Entwicklung des Kindes zu einer dem Menschenbild des Grundgesetzes entsprechenden eigenverantwortlichen Persönlichkeit innerhalb der sozialen Gemeinschaft"[118] formuliert werden. Welche einzelnen Handlungen vorgenommen und Voraussetzungen geschaffen werden müssen, um dieses Ziel zu erreichen, lässt sich jedoch nicht eindeutig festlegen. Vorbestimmt ist dadurch nur, dass Erziehung so zu gestalten ist, dass sie die Fähigkeiten des Kindes zur Selbstentscheidung und Selbstverantwortung erreicht.[119] Entsprechend schwer fällt im Vergleich zur Pflege die Formulierung einer Definition für Erziehung.

Ganz ungeachtet der in den Erziehungswissenschaften verwendeten Erklärungen sind im juristischen Schrifttum eine Vielzahl verschiedener Beschreibungen für Erziehung vorgenommen worden. Schon in Art. 120 WRV als Begriff enthalten, standen die Erziehung und ihre Wesensmerkmale bereits zur Zeit der Weimarer Republik bei der Auslegung der Vorschrift in Diskussion. Hier verstand man unter dem Begriff etwa die persönliche als Formung des Kindes gewollte Einwirkungen der Eltern einerseits und andererseits die ungewollte Einwirkung durch das Leben in der Familie an sich, das das Leben des Kindes mitumfasst, formt und gestaltet.[120]

Für Art. 6 Abs. 2 S. 1 GG erfolgte eine der ersten Definitionen für Erziehung als „die Gesamtheit der seelisch-geistigen Einwirkungen, die auf das Kind bewusst und absichtlich ausgeübt werden, um die vorhandene Begabung zu entfalten und zu entwickeln sowie den jungen Menschen nach Auffassungen und Wertmaßstäben der Eltern und sonstigen Erziehungsberechtigten zur vollwertigen Persön-

---

[117] Gröschner, in: Dreier, Grundgesetz, Art. 6 Rn. 109.
[118] BVerfGE 24, 119 (144).
[119] Böckenförde, in: Krautscheid/Marré, Essener Gespräche zum Thema Staat und Kirche 14, S. 54 (65).
[120] Vgl. Klumker, in: Nipperdey, Die Grundrechte und Grundpflichten der Reichsverfassung Bd. 2, S. 95.

D. Das Elternrecht als eingeschränktes Rechtsgut

lichkeit und zum lebenstüchtigen Glied der Gemeinschaft zu formen".[121] Zu Unrecht wird hier jedoch die unbewusste elterliche Einwirkung durch das Leben der Eltern mit dem Kind in der Familie vernachlässigt – ebenso wie bei der von Art. 6 Abs. 2 S. 1 GG gelösten allgemeinen Definition, die Erziehung als ein „pädagogisches Handeln, das auf Haltung und Charakter, auf Eigenschaften und Einstellungen eines Menschen gerichtet ist"[122] bezeichnet. Überzeugender ist daher die im Schrifttum zumeist gebrauchte Formulierung, die Erziehung ganz allgemein als formende seelisch-geistige Einwirkung der Eltern auf die Kinder sieht, die die Anlagen und Fähigkeiten des Kindes zur Entfaltung bringt und das Kind zur Reife und Selbstbestimmung führt.[123] Das Erziehungsrecht der Eltern besteht also fokussiert auf das Erziehungsziel im Kern darin, die Kräfte des Kindes zu wecken, seine werdende, wachsende, reifende Persönlichkeit zu entwickeln und das Kind in seine Grundrechte hineinwachsen zu lassen.

Allen Definitionen und Beschreibungsansätzen ist gemeinsam, dass sich durch sie – anders als bei der Auslegung der Pflege – keine exakten Inhalte für Erziehung formulieren lassen. Der Erziehungshoheit der Eltern sind deswegen weitaus weniger enge Schranken gesetzt, als dem Recht auf die Pflege der Kinder. Zwar bestimmt das Kindeswohl auch hier die äußere Grenze der elterlichen Erziehungsmacht, jedoch ist ihre Freiheit zur von staatlichen Einwirkungen unbeeinflussten Wahl der Erziehungsmethoden und der speziellen Erziehungsziele auf Grund der mangelnden Objektivierbarkeit der Erziehungsleistung der Eltern sehr weitreichend. Ob im Einzelfall die eigenverantwortliche Erziehungstätigkeit der Eltern tatsächlich zu optimalen Entwicklungsbedingungen für das Kind führt, obliegt nicht der Überprüfungsbefugnis des Staates. Er muss im Interesse des natürlichen Erziehungsrechts der Eltern in Kauf nehmen, dass Kinder Nachteile erleiden, die bei Einschaltung des Staates vielleicht hätten vermieden werden können.[124] Lediglich Nachteile für die Kindesentwicklung reichen nicht aus, um ein staatliches Eingreifen zu rechtfertigen. Die Eltern können in eigener Verantwortung darüber entscheiden, was im konkreten Fall dem Wohl des Kindes entspricht. Hinsichtlich der Bestimmung des Kindeswohls selbst besteht ein Interpretationsprimat der Eltern.[125]

---

[121] Peters, in: Bettermann/Nipperdey/Scheuner, Die Grundrechte Bd. IV/1, S. 369 (381).
[122] Heitger, in: Görres-Staatslexikon Bd. 1, S. 387.
[123] Ossenbühl, Das elterliche Erziehungsrecht im Sinne des Grundgesetzes, S. 47 m.w.N.
[124] BVerfGE 34, 165 (184); vgl. auch BVerfGE 24, 119 (144 f.); 60, 79 (94); Diederichsen, FamRZ 1978, S. 461 (469).
[125] Ossenbühl, DÖV 1977, S. 801 (806); Oppermann, in: Verhandlungen des 51. Deutschen Juristentages Band I, S. C 100; Gröschner, in: Dreier, Grundgesetz, Art. 6 Rn. 101; kritisch Böckenförde, in: Krautscheid/Marré, Essener Gespräche zum Thema Staat und Kirche 14, S. 54 (72 f.).

D. Das Elternrecht als eingeschränktes Rechtsgut

Aus der Verbindung dieser Besonderheiten bei dem Begriff Erziehung ergibt sich, dass Art. 6 Abs. 2 S. 1 GG den Eltern einen sehr großen Gestaltungsspielraum bei der Festlegung der Erziehungsziele und –methoden eröffnet,[126] während der Verantwortung für die körperliche Integrität des Kindes enge, objektiv bestimmbare Grenzen gesetzt sind. Die unterschiedliche Reichweite dieser beiden Bestandteile Pflege und Erziehung des Schutzbereichs des Art. 6 Abs. 2 S. 1 GG muss sich auf der Ebene der verfassungsrechtlichen Rechtfertigung von staatlichen Eingriffen in das Elternrecht niederschlagen.[127] Insbesondere bei schulorganisatorischen Maßnahmen des Staates, die weniger die Pflege- als vor allem die Erziehungshoheit der Eltern betreffen, ist dem Recht der Eltern als vorrangige Erziehungsträger in verfassungsgemäßer Weise Rechnung zu tragen.

2. Eltern i.S.d. Art. 6 Abs. 2 S. 1 GG

Träger des Elternrechts sind zunächst die leibliche Mutter und der leibliche Vater, denn der Verfassunggeber geht davon aus, dass diejenigen, die einem Kind das Leben geben, von Natur aus bereit und berufen sind, die Verantwortung für seine Pflege und Erziehung zu übernehmen.[128] Auf den Umstand, dass das Kind ehelich ist, kommt es dabei nicht an.[129] Daneben werden Adoptivverhältnisse vom persönlichen Schutzbereich der Norm erfasst, da hier davon auszugehen ist, dass eine familiäre Lebensgemeinschaft der Adoptiveltern mit dem Kind besteht und die entsprechenden Personen zur dauerhaften Wahrnehmung der elterlichen Sorge bereit und in der Lage sind.[130] Die Pflegeeltern unterfallen dagegen auf

---

[126] Das Bundesverfassungsgericht formuliert dazu: „Die Eltern haben das Recht und die Pflicht, die Pflege und Erziehung ihrer Kinder nach ihren eigenen Vorstellungen frei und, vorbehaltlich des Art. 7 GG, mit Vorrang vor anderen Erziehungsträgern zu gestalten. Die freie Entscheidung der Eltern darüber, wie sie dieser Elternverantwortung gerecht werden wollen, ist durch ein Grundrecht gegen staatliche Eingriffe geschützt, soweit solche Eingriffe nicht durch das Wächteramt der staatlichen Gemeinschaft im Sinne des Art 6 Abs. 2 Satz 2 GG gedeckt sind." BVerfGE 47, 46 (70); 31, 194 (204 f.).

[127] Ähnlich auch Gröschner, in: Dreier, Grundgesetz, Art. 6 Rn. 109, der den Unterschied zwischen Pflege und Erziehung in der Umkehr der Begründungslast sieht. Während Erziehungsmaßnahmen der Eltern grundsätzlich keiner Begründung bedürften, seien unterlassene oder mit körperlicher Beeinträchtigung verbundene Pflegemaßnahmen grundsätzlich begründungsbedürftig.

[128] BVerfGE 24, 119 (150).

[129] St.Rspr.; vgl. nur BVerfGE 92, 158 (177) m.w.N.

[130] BVerfGE 24, 119 (150); Coester-Waltjen, in: v. Münch/Kunig, Grundgesetz, Art. 6 Rn. 71 m.w.N. zur Gegenmeinung.

D. Das Elternrecht als eingeschränktes Rechtsgut

Grund der Ausrichtung des Verhältnisses auf eine bestimmte Zeit nicht dem Elternbegriff des Art. 6 Abs. 2 S. 1 GG.[131] Wer anstelle der natürlichen oder Adoptiveltern die Befugnis zur Pflege und Erziehung der Kinder aus Art. 6 Abs. 2 S. 1 GG wahrnehmen kann, entscheidet der Gesetzgeber. Ihm sind bei der Bestimmung der verantwortlichen Personen aber insoweit Grenzen gesetzt, als die Ausübung des Elternrechts durch eine Person, die weder leiblicher Elternteil ist noch im Adoptivverhältnis zu dem Kind steht, an ihr Zusammenleben mit dem Kind in einer familiären Lebensgemeinschaft gebunden ist. Auch wenn in neuerer Rechtsprechung die Versagung des Elternrechts für den nicht mit der Mutter und dem gemeinsamen nichtehelichen Kind zusammenlebenden Vater vom Bundesverfassungsgericht als Verstoß gegen Art. 6 Abs. 2 S. 1 GG bewertet wurde,[132] kann von diesem Erfordernis hier nicht abgesehen werden. Dem leiblichen Elternteil kommt die Vermutung des Bemühens um das Kindeswohl auf Grund seiner natürlichen Gebundenheit an das Kind zugute, die bei sonstigen Personen nicht greift. Zum Schutz des Kindeswohls muss die tatsächliche Verbundenheit in der täglichen Lebensumgebung die Mindestvoraussetzung an die pflegende Person sein, damit ihr Elternrechte übertragen werden können.

3. Eigenes Recht der Eltern aus Art. 6 Abs. 2 S. 1 GG

Die Interpretation des Elternrechts wird zumeist unter dem Blickwinkel der Fremdnützigkeit, mithin der Gewährleistung optimaler Entwicklungsbedingungen für das Kind vorgenommen. Tatsächlich deutet das Wächteramt des Staates aus Art. 6 Abs. 2 S. 2 GG, das zur Wahrung des Kindeswohls die Kontrolle der elterlichen Erziehungs- und Pflegetätigkeit verlangt, den hauptsächlichen Normzweck des Art. 6 Abs. 2 S. 1 GG an. Vorrangig ist beabsichtigt, die menschenwürdegerechte Entwicklung des Kindes sicherzustellen. Die Verfassung geht davon aus, dass diese im Familienverband, d.h. im Zusammenleben der Eltern mit ihren Kindern die optimalen Bedingungen erfährt. Die Interessen des Kindes werden am besten von ihren Eltern wahrgenommen.[133]

Das Recht der Eltern ist daher vorrangig als ein Recht anzusehen, das um des Vorteils des Kindes willen eingerichtet ist. Seine Abwehrfunktion bezieht sich auf die Möglichkeit der Eltern, treuhänderisch im Hinblick auf das Wohl des Kindes Angriffe auf dessen abgeschirmte und geschützte Lebens- und Entwick-

---

[131] BVerfGE 79, 51 (60); a.A. BSGE 68, 171 (176); Erichsen, Elternrecht – Kindeswohl – Staatsgewalt, S. 28.
[132] BVerfGE 92, 158 (176 f.); offengelassen noch BVerfGE 84, 168 (179).
[133] BVerfGE 34, 165 (184).

D. Das Elternrecht als eingeschränktes Rechtsgut

lungsumgebung abzuwehren. Diese Auslegung des Elternrechts ist weitgehend unumstritten, auch wenn im Einzelnen über den Begriff des treuhänderischen Rechts diskutiert wird.[134]

Nicht einheitlich wird dagegen die Frage beurteilt, ob sich aus Art. 6 Abs. 1 S. 2 GG auch ein eigennütziges Recht der Eltern formulieren lässt, das seinen Anknüpfungspunkt ausschließlich in dem Bedürfnis der Eltern nach dem Umgang mit ihren Kindern, ihrer Pflege und Erziehung hat. Auf Grund der offensichtlichen Ausrichtung des Inhalts des Elternrechts am Kindeswohl und der Begrenzung der elterlichen Gestaltungsmacht durch die Pflicht zur Wahrung der geistigen und körperlichen Integrität des Kindes wird teilweise eine ausschließliche Fremdnützigkeit des Art. 6 Abs. 2 S. 1 GG angenommen.[135] Eine Wirkung des Art. 6 Abs. 2 S. 1 GG als Freiheitsrecht der Eltern soll danach nicht in Betracht kommen. Einige Stimmen sprechen bei der Pflege und Erziehung der Kinder sogar von einem den Eltern nur von der Gesellschaft übertragenen Amt.[136] Das Bundesverfassungsgericht hat die Frage, ob das elterliche Erziehungsrecht als Konkretisierung des in Art. 2 Abs. 1 GG gewährleisteten Rechts auf die freie Entfaltung der Persönlichkeit anzusehen ist und damit ein eigenes Recht der Eltern enthält, offengelassen.[137]

Eine Auslegung des Art. 6 Abs. 2 S. 1 GG als nur fremdnütziges Abwehrrecht der Eltern kann jedoch nicht überzeugen, da das Grundgesetz gerade nicht nur

---

[134] Zum Begriff des Elternrechts als treuhänderisches Recht vgl. BVerfGE 59, 167 (377); 56, 363 (382, 384); Saladin, in: Dutoit u.a., Festschrift für Hans Hinderling, S. 175 (199); Oppermann, in: Verhandlungen des 51. Deutschen Juristentages Band 1, S. C 100; Ossenbühl, DÖV 1977, S. 801 (806); ders., Das Elterliche Erziehungsrecht im Sinne des Grundgesetzes, S. 49 f.; Böckenförde, in: Krautscheid/Marré, Essener Gespräche zum Thema Staat und Kirche 14, S. 54 (64); Maunz, in: Maunz/Dürig, Grundgesetz, Art. 6 Rn. 25; kritisch Fehnemann, AöR 105 (1980), S. 529 (533 f.).

[135] BVerfGE 59, 360 (376); 60, 79 (88); auch BVerfGE 72, 155 (172); Badura, in: Maunz/Dürig, Grundgesetz, Art. 6 Rn. 109; Giesen, JZ 1982, S. 817 (821); Gusy, JA 1986, S. 183 (185); OLG Hamm, DAVorm. 1981, S. 921 (925); Simitis, in: Goldstein/Freud/Solnit, Jenseits des Kindeswohls, 1974, S. 93 (109); Isensee, DÖV 1982, S. 609 (614); vgl. auch der Entwurf der Bundesregierung zur Regelung des Rechts der elterlichen Sorge, BT-Drucks. 7/2060, S. 13.

[136] Saladin, in: Dutoit, Festschrift für Hans Hinderling, S. 175 (198); Habscheid, FamRZ 1957, S. 109 (111) unter Bezug auf Müller-Freienfels, Die Vertretung beim Rechtsgeschäft, 1955, S. 179 ff.; vgl. auch 2. Familienbericht der Bundesregierung, BT-Drucks. 7/3502, S. 120 wo die Erziehung der Kinder als gesamtgesellschaftliche Aufgabe bezeichnet wird, deren Wahrnehmung die Gesellschaft lediglich den Familien und außerfamiliären pädagogischen Einrichtungen übertrage. Gegen diese Interpretation strikt Ossenbühl, Das elterliche Erziehungsrecht im Sinne des Grundgesetzes, S. 52.

[137] BVerfGE 4, 52 (56).

D. Das Elternrecht als eingeschränktes Rechtsgut

eine Elternpflicht normiert, sondern ausdrücklich das Recht der Eltern erwähnt und zudem im Gegensatz zur entsprechenden Bestimmung der Weimarer Reichsverfassung dieses Recht der Eltern der Pflicht zur Ausübung der elterlichen Sorge in der Norm voranstellt.[138] In Art. 120 WRV kommt die im gesellschaftlichen Interesse stehende ausschließliche Ausrichtung der Norm auf das Kindeswohl zum Ausdruck. Hätte der Verfassungsgeber Art. 6 Abs. 2 S. 1 GG nur um des Schutzes der Kindesentwicklung willen normieren wollen, wäre eine Übernahme des Elternrechts und insbesondere seine Hervorhebung gegenüber der Pflicht in der Vorschrift nicht angezeigt gewesen. Der Parlamentarische Rat hat sich aber von dieser Interpretation abgewandt und damit ebenfalls ein eigennütziges Freiheitsrecht der Eltern konstituiert.

Eine ausschließlich am Kindeswohl orientierte Betrachtungsweise übersieht zudem die Bedeutung des ungestörten Eltern-Kind-Verhältnisses für die Eltern als Erzeuger und damit naturgegeben am engsten mit dem Kind verbundenen Personen. Der Umgang mit dem Kind und die Fürsorge für das Kind sind natürliche Bedürfnisse der Eltern und psychologische Grundbausteine des menschlichen Zusammenlebens, die das Überleben des Kindes nach der Geburt bis zur Selbständigkeit sichern. Ob deswegen der Begriff des Naturrechts strapaziert werden muss, mag bezweifelt werden. Sicher ist aber, dass das Bedürfnis der Eltern nach dem Umgang mit ihren Kindern ein integraler und wesentlicher Teil der Entfaltung des Menschen ist.[139] Die Pflege und Erziehung der Kinder besitzen nicht nur eine altruistische Ausrichtung sondern sind zugleich geeignet, dem dazu Berufenen Befriedigung in der Erfüllung der gestellten Aufgabe, in dem Erfolg vermittelter Zuwendung zu gewähren.[140] Ein Objekt der Zuwendung zu besitzen, das Kind zur Persönlichkeit wachsen zu sehen und es zu schützen sind elementare Bedürfnisse, die nicht nur in Verhaltensforschung und Psychoanalytik einhellig anerkannt sind.[141] Nicht ohne Grund sieht die Rechtsprechung den Zweck des elterlichen Umgangsrechts auch in der Erfüllung des Liebebedürfnis-

---

[138] Böckenförde, in: Krautscheid/Marré, Essener Gespräche zum Thema Staat und Kirche 14, S. 54 (57); Erichsen, Elternrecht – Kindeswohl – Staatsgewalt, S. 34.

[139] Ebenso Robbers, in: v. Mangoldt/Klein/Starck, Das Bonner Grundgesetz, Art. 6 Rn. 189; Richter, in: Denninger, Kommentar zum Grundgesetz, Art. 6 Rn. 34; Peters, in: Bettermann/Nipperdey/Scheuner, Die Grundrechte Bd. IV/1, S. 369 (382, 385, 391). In die gleiche Richtung weist Häberle, Verfassungsschutz in der Familie, S. 1, wenn er die Familie als eine mögliche Form, Mensch zu sein und Persönlichkeit zu entfalten bezeichnet.

[140] Erichsen, Elternrecht – Kindeswohl – Staatsgewalt, S. 32; ders., in: Achterberg/Krawietz/Wyduckel, Recht und Staat im sozialen Wandel, S. 721 (723).

[141] Dazu Lüderitz, AcP 178 (1978), S. 263 (267); Quambusch, RdJB 1973, S. 205 (207) mit zahlreichen Nachweisen zu den individual- und sozialpsychologischen Hintergründen dieser Erscheinung.

D. Das Elternrecht als eingeschränktes Rechtsgut

ses beider Teile.[142] Das Elternrecht aus Art. 6 Abs. 2 S. 1 GG ist daher nach richtiger Ansicht auch als Spezialisierung des Rechts auf die freie Entfaltung der Persönlichkeit gem. Art. 2 Abs. 1 GG anzusehen. Es hat neben der treuhänderischen eine eigennützige Dimension und verknüpft hierin ein eigenes Freiheitsrecht der Eltern mit dem Schutzgebot für das Kind. In dieser Verbindung ist, wie ebenso in der Verbindung der Grundpflicht mit dem Grundrecht, Art. 6 Abs. 2 S. 1 GG einmalig.[143]

Bei der Beurteilung der Verfassungsmäßigkeit der Ganztagsschule ist dieses eigene Recht der Eltern aus Art. 6 Abs. 2 S. 1 GG von größter Bedeutung. Für die Überprüfung der sowohl zeitlichen als auch inhaltlichen Ausdehnung der schulischen Erziehungstätigkeit vor dem Hintergrund des Elternrechts ist nicht die Frage, ob Elternhaus oder Ganztagsschule im Einzelfall die besten Voraussetzungen für eine kindgerechte Betreuung bieten, von Interesse. Vielmehr wird die Herauslösung des Kindes aus dem Familienverband und damit die Beschränkung der Möglichkeit der Eltern, mit ihren Kindern Umgang zu pflegen und den Tagesablauf unbeeinflusst von schulischer Einwirkung zu planen, problematisiert. Die ausschließlich kindeswohlorientierte Auslegung des Art. 6 Abs. 2 S. 1 GG und die hieraus folgende Beschränkung des Abwehrrechts auf die Durchsetzung der Belange des Kindes hat eine erhebliche Schutzbereichsverkürzung zur Folge, die gerade in dem Fall der Kollision elterlicher und staatlicher Interessen im Schulwesen dem verfassungsrechtlichen Wertgehalt des Art. 6 Abs. 2 S. 1 GG, der auch ein Freiheitsrecht der Eltern um ihrer selbst willen enthält, zuwiderlaufen würden. Insofern gewährt das „Recht" in Art. 6 Abs. 2 S. 1 GG einen Anspruch gegen den Staat auf die Berücksichtigung des Entfaltungsbedürfnisses der Eltern bei der Einführung der Ganztagsschule.

IV. Institutsgarantie des Elternrechts

Der subjektiv-rechtliche Abwehrgehalt des Elternrechts wird gegenüber dem Gesetzgeber verstärkt durch eine Institutsgarantie, die für die Kindererziehung durch die Eltern besteht.[144] Diese Einrichtungsgewährleistung hängt eng mit der staatlichen Anerkennung des Elternrechts als vorgegebenes Seinsverhältnis zu-

---

[142] BVerfGE 31, 194 (206); vgl. auch BGHZ 42, 364 (371); 51, 219 (222).
[143] Vgl. auch Gröschner, in: Dreier, Grundgesetz, Art. 6 Rn. 113, der eine Verbindung der Entwurfskompetenzen (der erzieherischen der Eltern und der allgemein menschlichen des Kindes) sieht.
[144] Jestaedt, in: Dolzer, Bonner Kommentar zum Grundgesetz, Art. 6 Abs. 2 und 3 Rn. 11; Isensee, Subsidiarität und Verfassungsrecht, S. 86; Coester-Waltjen, in: v. Münch/Kunig, Grundgesetz, Art. 6 Rn. 58; Ossenbühl, Das elterliche Erziehungsrecht im Sinne des Grundgesetzes, S. 43.

D. Das Elternrecht als eingeschränktes Rechtsgut

sammen, die es dem Staat unmöglich macht, den Kernbereich des Eltern-Kind-Verhältnisses anzutasten. Dieser Normenkern[145] des Elternrechts wird durch die Institutsgarantie gegen nur politisch motivierte Zugriffe des Gesetzgebers abgeschirmt. Auch wenn im Einzelnen die rechtlichen und tatsächlichen Gegebenheiten im Zusammenleben von Eltern mit ihren Kindern und bezüglich der elterlichen Sorge für das Kind der gesetzlichen Gestaltung bedürfen, sind die wesentlichen einfachgesetzlichen, vor allem bürgerlich-rechtlichen Vorschriften, die dieses Verhältnis berühren, vor der Aufhebung und der grundlegenden Umgestaltung geschützt. In Verbindung mit Art. 19 Abs. 2 GG wird das natürliche Elternrecht mithin als Institut in seinem Fortbestand gesichert.[146]

V. Art. 6 Abs. 2 S. 1 GG als Grundrecht und Grundpflicht

Die bisherigen Betrachtungen bezogen sich auf das „Recht" der Eltern als objektive Wertentscheidung und subjektives Abwehrrecht. Art. 6 Abs. 2 S. 1 GG enthält jedoch nicht nur ein klassisches Grundrecht, sondern seine Verbindung mit einer durch die Verleihung des Rechts uno actu mitverliehene Grundpflicht zur Wahrnehmung dieses Freiheitsrechts. Das Grundgesetz verknüpft das umfassende Erziehungsrecht der Eltern ausdrücklich mit der Pflicht zur Ausübung desselben, die zuvörderst ihnen obliegen soll. Ohne die Konstitution dieser Pflege- und Erziehungspflicht durch die besondere Erwähnung im Grundgesetz könnte kaum dem Umstand Rechnung getragen werden, dass die Menschenwürde und das Recht des Kindes auf die freie Entfaltung der Persönlichkeit sowie der körperlichen Unversehrtheit aus Art. 1 Abs. 1, 2 Abs. 1 und Abs. 2 S. 1 GG des staatlichen Schutzes bedürfen, da die Pflicht sich auf Grund der auch eigennützigen Ausrichtung des Elternrechts als Konkretisierung des Rechts auf die freie Entfaltung der Persönlichkeit der Eltern nicht schon etwa aus der Gebundenheit der Ausübung des Elternrechts an das Kindeswohl selbst ergibt.[147]

Das Elternrecht ist also Grundrecht und Grundpflicht zugleich.[148] Dabei ist die Pflicht allerdings nicht als eine das Recht begrenzende Schranke anzusehen,

---

[145] BVerfGE 6, 55 (71).
[146] Erichsen, Elternrecht – Kindeswohl – Staatsgewalt, S. 30; Ossenbühl, Das Elterliche Erziehungsrecht im Sinne des Grundgesetzes, S. 43, 126; a.A. Schmitt-Kammler, Elternrecht und schulisches Erziehungsrecht nach dem Grundgesetz, S. 18 f.
[147] A.A. Erichsen, Elternrecht – Kindeswohl – Staatsgewalt, S. 34, der eine altruistische Ausrichtung des Elternrechts annimmt, die allein schon die Pflicht der Eltern zur Pflege und Erziehung der Kinder konstituiere.
[148] BVerfGE 24, 119 (143); 56, 363 (382); 59, 360 (376); Schmitt-Kammler, in: Sachs, Grundgesetz, Art. 6 Rn. 47; Pieroth, in: Jarass/Pieroth, Grundgesetz, Art. 6 Rn. 31; Ossenbühl, Das elterliche Erziehungsrecht im Sinne des Grundgesetzes, S. 43; Stober,

D. Das Elternrecht als eingeschränktes Rechtsgut

sondern als ein wesensbestimmender Bestandteil dieses Elternrechts.[149] Deshalb muss sie von den Grundpflichten nach dem allgemeinen juristischen Sprachgebrauch unterschieden werden, die wie Grundrechtsschranken wirken und damit in der Lage sind, durch die Verfassung geschützte Freiheitsrechte zu verkürzen. Zu dieser Art der Grundpflichten des Bürgers gehören etwa die Sozialpflichtigkeit des Eigentums gem. Art. 14 Abs. 2 GG, die Wehrpflicht gem. Art. 12 a Abs. 1 und die im Grundgesetz nicht explizit erwähnten staatsbürgerlichen Verbindlichkeiten wie die Schul-, Steuer-, Schöffen- und Zeugenpflicht.[150]

Die Pflicht zur Pflege und Erziehung der Kinder in Art. 6 Abs. 2 S. 1 GG ist eine ausschließlich dem Kinde zugute kommende Verantwortung, nicht aber eine den Staat berechtigende und somit ihm unmittelbar gegenüber bestehende Verbindlichkeit der Eltern. Insofern kann aus Art. 6 Abs. 2 S. 1 GG keine Duldungspflicht der Eltern abgeleitet werden, die sich darauf bezieht, den Staat als Erziehungsträger anzuerkennen und staatliche Erziehungsmaßnahmen hinzunehmen.[151] Die am Kindeswohl orientierte elterliche Pflicht zur Pflege und Erziehung der Kinder bildet nur den Anknüpfungspunkt für den in Art. 6 Abs. 2 S. 2 GG enthaltenen qualifizierten Gesetzesvorbehalt, aus welchem der Staat bei Vernachlässigung der Aufgaben durch die Erziehungsträger hoheitlich tätig werden kann.

Um der inneren Verbundenheit zwischen Recht und Pflicht bei Art. 6 Abs. 2 S. 1 GG Ausdruck zu verleihen, hat das Bundesverfassungsgericht auf der Grundlage der Vorarbeiten von Stein[152] angeregt, das Elternrecht treffender als Elternverantwortung zu bezeichnen.[153] Dieser Begriff ist vom Schrifttum dankbar aufgenommen und inhaltlich weiter konkretisiert worden.[154] Er gibt zutreffend die Einheitlichkeit dieses Rechtsinstituts und die daraus resultierende besondere Struktur des Art. 6 Abs. 2 S. 1 GG gegenüber anderen Grundrechten wieder. Für

---

[149] Grundpflichten und Grundgesetz, S. 35; Zacher, in: Isensee/Kirchhof, HbdStR VI, § 134 Rn. 3; Böckenförde, in: Krautscheid/Marré, Essener Gespräche zum Thema Staat und Kirche 14, S. 54 (68), Giesen, JZ 1982, S. 817 (821).
St. Rspr. seit BVerfGE 10, 59 (67, 76 ff.).
[150] Ausführlich zu den staatsbürgerlichen Grundpflichten in diesem Sinne Hofmann, in: Isensee/Kirchhof, HbdStR V, § 114 Rn. 17 ff.; Stern, Staatsrecht II, S. 880; Isensee, DÖV 1982, S. 609 ff.
[151] So aber Stober, Grundrechte und Grundpflichten, S. 36 f.
[152] Stein, in: Stein/Joest/Dombois, Elternrecht, S. 5 (10).
[153] BVerfGE 10, 59 (67,76 ff.); 24, 119 (143), 56, 363 (381 f.); 68, 176 (190).
[154] Vgl. Jestaedt, in: Listl/Pirson, Handbuch des Staatskirchenrechts, S. 371 (377); Robbers, in: v. Mangoldt/Klein/Starck, Das Bonner Grundgesetz, Art. 6 Rn. 143 ff.; Ossenbühl, das elterliche Erziehungsrecht im Sinne des Grundgesetzes, S. 51; Giesen, JZ 1982, S. 817 (821); Klein, Der Staat 14 (1975), S. 153 (156); Schmitt Glaeser, DÖV 1978, S. 629 (633); Gröschner, in: Dreier, Grundgesetz, Art. 6 Rn. 98 ff.

D. Das Elternrecht als eingeschränktes Rechtsgut

die Betrachtung der Verfassungsmäßigkeit der Ganztagsschule soll jedoch hier auch weiterhin der Begriff des Elternrechts verwendet werden, da die Verpflichtung der Eltern zur Pflege und Erziehung der Kinder in diesem Zusammenhang ohne wesentliche Bedeutung ist.

Die unlösliche innere Verbindung von Recht und Pflicht bei Art. 6 Abs. 2 S. 1 GG hat zur Folge, dass das Elternrecht keine anderen Freiheitsrechten vergleichbare negative Freiheit beinhaltet, nach der auch das Unterlassen der geschützten Handlung vom Schutzbereich der Norm erfasst ist. Es gibt mithin kein Recht zur Nichtausübung der Pflege und Erziehung des Kindes; das Bestehen des Rechts ist an seine Inanspruchnahme gebunden. Eltern, die sich der Verantwortung entziehen, können sich nicht auf das Elternrecht berufen.[155]

VI. Die Anwendbarkeit des Elternrechts im Schulwesen

Dass Maßnahmen der Gesetzgebung und Verwaltung im Bereich des die Erziehungstätigkeit der Eltern und ihr Interesse an der Beeinflussung der Persönlichkeitsentwicklung ihres Kindes tangieren und auch beeinträchtigen können, liegt auf der Hand. Ob sich diese jedenfalls faktischen Auswirkungen auf den Handlungs- und Entscheidungsspielraum der Eltern regelmäßig auch verfassungsrechtlich in der Beurteilung der Grundrechtsverletzung durch den Schulgesetzgeber oder Träger der Schulverwaltung niederschlagen kann, ist abhängig davon, ob das Elternrecht aus Art. 6 Abs. 2 S. 1 GG im Schulwesen, das Art. 7 Abs. 1 GG in seiner Gesamtheit unter die Aufsicht des Staates stellt, überhaupt Anwendung findet. Die Frage ob und wie weit das Elternrecht in den Schulbereich hineinreicht ist also grundsätzlich entscheidend für die Feststellung, dass eine schulorganisatorische Maßnahme wegen der tatsächlichen Einschnitte in die Ausübung der elterlichen Erziehungstätigkeit überhaupt die Qualität eines Grundrechtseingriffs aufweisen kann. Nur unter der Prämisse, dass Art. 6 Abs. 2 S. 1 GG ein nicht nur auf die häusliche Pflege und Erziehung beschränktes Freiheitsrecht der Eltern gewährleistet, sondern darüber hinaus die Erziehung des Kindes in der Schule mit umfasst, ist ein Grundrechtseingriff der staatlichen Entscheidungsträger im Bereich der Schulgesetzgebung und -verwaltung in das Elternrecht denkbar.

Für die Feststellung eines Grundrechtseingriffs bei Überprüfung der Verfassungsmäßigkeit der Einführung der Ganztagsschule ist zwar die Anwendbarkeit des Elternrechts im Schulwesen nicht unmittelbar entscheidungserheblich.

---

[155] BVerfGE 24, 119 (143); 72, 155 (172); Erichsen, Elternrecht – Kindeswohl – Staatsgewalt, S. 36; Schmitt-Kammler, Elternrecht und schulisches Erziehungsrecht nach dem Grundgesetz, S. 27.

D. Das Elternrecht als eingeschränktes Rechtsgut

Schon durch die starke zeitliche Ausdehnung des täglichen Schulbesuchs ist die Verknappung der Zeit der Eltern mit den Kindern und hiermit verbunden die Beeinträchtigung des gewohnten Eltern-Kind-Verhältnisses mit seinem Schwerpunkt im ungestörten familiären Lebensumfeld offensichtlich, womit durch die Ganztagsschule auch die ohne Zweifel von Art. 6 Abs. 2 S. 1 GG erfasste häusliche elterliche Erziehung betroffen ist.

Für bestimmte inhaltliche Problemstellungen, wie etwa die Frage nach der Abgrenzung der vorrangigen elterlichen Zuständigkeit für die Erziehung von einer möglichen Kompetenz der Schule zur Gestaltung von verpflichtender Freizeit und ausgeprägter individueller Förderung von Schülern auch über den Unterrichtsstoff hinaus, ist das Thema der Anwendbarkeit des Elternrechts im Schulbereich dennoch von Bedeutung und verlangt nach Klarstellung. Die Diskussion um die Stellung des Elternrechts im Schulwesen reicht in die Zeit der Weimarer Republik zurück.

1. Schulwesen und Elternrecht in der Weimarer Reichsverfassung

In der Weimarer Reichsverfassung wurden erstmals Andeutungen des Verhältnisses der elterlichen Erziehungsgewalt zur staatlichen Schulgewalt kodifiziert, indem zum einen das Elternrecht über Art. 120 WRV als Novum in der deutschen Verfassungsgeschichte normativ festgeschrieben und zum anderen der staatliche Einfluss auf die Jugenderziehung – etwa durch die Einführung der Schulbesuchspflicht in Art. 145 WRV, die Erschwerung der Errichtung von Privatschulen durch Art. 147 Abs. 2 WRV und die Erklärung der Simultanschule als Regelschule durch Art. 146 WRV – deutlich verstärkt wurde.

Bei der völligen Neuregelung des Bildungswesens stand man im Jahr 1919 vor der Herausforderung, den verschiedenen einflussreichen und weltanschaulich in unversöhnlicher Gegensätzlichkeit zueinander stehenden Interessengruppen Rechnung zu tragen. Insbesondere der Festschreibung und Erweiterung der staatlichen Schulhoheit wurde seitens der Kirche und der Interessenvertreter der Privatschulen heftige Kritik entgegengesetzt. In diesem Konflikt war die Diskussion um die Anwendbarkeit des Elternrechts in Fragen der schulischen Erziehung eingebettet, da die vor allem konfessionell orientierte Opposition zur mehrheitlichen Meinung in der Weimarer Nationalversammlung die einzige Möglichkeit zur rechtlichen Fundierung ihrer Auffassung über das Verhältnis von Kirche und Staat in der Schule in der naturrechtlichen Auslegung des Art. 120 WRV sah. Nur wenn sie mit dem Argument, das Elternrecht sei dem positiven Recht entzogenes göttliches Naturrecht und verbiete daher jede staatliche Hoheitsmacht in der Schule, durchdringen konnte, wäre nach Auffassung vor

D. Das Elternrecht als eingeschränktes Rechtsgut

allem der katholischen Kirche diese Zurückdrängung ihres Einflusses im Schulwesen durch die Weimarer Reichsverfassung möglicherweise aufzuhalten gewesen.[156] So wurden vor diesem Hintergrund bezüglich der Anwendbarkeit des Elternrechts im Schulwesen letztlich zwei gegensätzliche Auffassungen vertreten, die entweder das Schulrecht dem Elternrecht gänzlich unterordneten oder das Elternrecht dem Staatsrecht zur Disposition stellten und damit ein Hineinreichen der elterlichen Bestimmungsbefugnis in die Schule ablehnten.

Seitens der katholischen Schulrechtslehre wurde dem Staat ein originäres Erziehungsrecht abgesprochen und Art. 120 WRV folgerichtig den Bestimmungen über Bildung und Schule aus Art. 142 ff. WRV übergeordnet. Aus dieser Auffassung folgte konsequent der Anspruch der Eltern auf die Gestaltung des Schulwesens nach Maßgabe eines abstrakten Elternrechts sowie des konkreten Elternwillens, damals insbesondere hinsichtlich der konfessionellen Gliederung des Volksschulwesens. Fast schon symbolisch wurde für diese Meinung der Ausspruch „Elternrecht bricht Schulrecht"[157]. Das Elternrecht endete hiernach nicht vor den Toren der Schule, sondern setzte sich in ihnen fort.[158]

Auf der anderen Seite ist aus rechtspositivistischer Sicht ein originäres Erziehungsrecht der Eltern bestritten worden, so dass Art. 120 WRV den anderen Grundrechten der Verfassung gleich der inhaltlichen Gestaltungsbefugnis des Staates unterstellt sein sollte.[159] Das Elternrecht stellte danach weder Natur- noch Gottes-, sondern von der staatlichen Macht verliehenes Recht dar. Damit war klargestellt, dass die Betätigung des Rechts sich nur in dem Rahmen bewegen könne, den der staatliche Wille vorgebe.[160] Der naturrechtlichen Auslegung des Art. 120 WRV wurde die Formel „Schulrecht überhöht Elternrecht"[161] entgegengehalten. Auf Grund der separaten Stellung des Elternrechts in Art. 120 WRV von den Bestimmungen über das Schulwesen in den Art. 143 ff. WRV und unter Widerlegung der naturrechtlichen Begründung des Elternrechts ging man davon aus, dass die elterliche Erziehungsbefugnis weitgehend auf den Bereich der häuslichen Erziehung beschränkt war und in der Schule das Erzie-

---

[156] Zum Elternrecht als Kampfplatz für die Auseinandersetzung zwischen Staat und Kirche um die Schulhoheit Maury, Elterliche Erziehungsgewalt und öffentliche Schulgewalt, S. 16; siehe auch die obigen Ausführungen zur Naturrechtsdiskussion, D. I., S. 22.
[157] Diese Formulierung entstammt einem Hirtenbrief des Erzbischofs Faulhaber vom 29. Januar 1919, siehe Hickmann, Das Elternrecht in der neuen Schulverfassung, S. 20.
[158] Hodes, in: Westhoff, Verfassungsrecht der deutschen Schule, S. 63 ff. m.w.N.
[159] Anschütz, Die Verfassung des deutschen Reichs, Art. 120, S. 562.
[160] Maury, Elterliche Erziehungsgewalt und öffentliche Schulgewalt, S. 35 f.
[161] Anschütz, Die Verfassung des deutschen Reichs, Art. 120, S. 563.

D. Das Elternrecht als eingeschränktes Rechtsgut

hungsmonopol beim Staat lag.[162] Der Staat erkenne nur insoweit ein Elternrecht an, als er das Unterrichtswesen nicht selbst übernommen habe,[163] weshalb die Anwendung des Elternrechts im Schulwesen auf die drei in der Verfassung ausdrücklich vorgesehen Fälle der Art. 146 Abs. 2, 147 Abs. 2 und 149 Abs. 2 WRV beschränkt sein sollte. Dieser Auffassung kam in der verfassungsrechtlichen Diskussion ein erhebliches Übergewicht zu, so dass für die Weimarer Reichsverfassung die Frage nach der Anwendbarkeit des Elternrechts im Schulbereich verneint werden muss.

2. Die Anwendbarkeit des Elternrechts im Schulwesen nach dem Grundgesetz

In den Verhandlungen des Parlamentarischen Rates ist bei der Ausarbeitung des Grundgesetzes von der Mehrheit der Abgeordneten ebenfalls im Zusammenhang mit der die Debatten beherrschenden Problematik der Konfessionsschule die Erstreckung des Elternrechts des Art. 6 Abs. 2 S. 1 GG auf das Schulwesen abgelehnt worden. Trotz der Einwände der Fraktionen der CDU/CSU, der DP und des Zentrums entschied sich der Parlamentarische Rat entgegen der ursprünglichen Absicht[164] gegen die Verankerung des Elternrechts in den Vorschriften über das Schulwesen.[165]

Im Grundgesetz liegt mithin ähnlich wie in der Reichsverfassung eine systematische Trennung beider Regelungsbereiche durch die Normierung des Elternrechts in Art. 6 Abs. 2 S. 1 GG zum einen und des Schulwesens in Art. 7 GG zum anderen vor, weshalb in der Anfangszeit der Geltung des Bonner Grundgesetzes das Separationsprinzip mitunter noch vertreten wurde. Anknüpfend an die herrschende Meinung zur Zeit der Weimarer Reichsverfassung wurde angenommen, dass das Elternrecht denjenigen Teil nicht umfasse, der die Schulerziehung betrifft.[166] Es sei, so ist vereinzelt noch im neueren Schrifttum zu lesen, nur insoweit garantiert, als nicht der Staat zum Wohle des Kindes die Erziehung im schulischen Bereich auf Grund des Art. 7 Abs. 1 GG bestimme.[167]

---

[162] Landé, in: Anschütz/Thoma, HbdStR II (1932), S. 690 (720, 723); Poetzsch-Heffter, Handkommentar der deutschen Reichsverfassung, Art. 120 Erl. 1.
[163] Vgl. Nachweise bei Wimmer, DVBl. 1967, S. 809 (812) in FN. 20.
[164] Vgl. v. Doemming/Füßlein/Matz, JöR 1 (1951), S. 1 (104).
[165] Vgl. v. Doemming/Füßlein/Matz, JöR 1 (1951), S. 1 (102 ff., 109 f.).
[166] Hessischer StGH, DÖV 1958, S. 464; Richter, Bildungsverfassungsrecht, S. 45 f.; ähnlich Preuß, RdJB 1976, S. 267 (268 f.).
[167] Stober, Grundrechte und Grundpflichten, S. 37; im Ergebnis ebenso Schmitt-Kammler, in: Sachs, Art. 7 Rn. 36; ders., Elternrecht und schulisches Erziehungsrecht nach dem Grundgesetz, S. 52 f.

D. Das Elternrecht als eingeschränktes Rechtsgut

Diese Fortsetzung der schroffen und trennenden Gegenüberstellung von Elternrecht und staatlicher Schulhoheit aus der Weimarer Zeit wurde durch das Bundesverfassungsgericht im Jahr 1972 mit der Feststellung, dass das Grundgesetz die Schule nicht zur ausschließlichen Staatsangelegenheit erklärt habe und das staatliche Bestimmungsrecht im Schulwesen durch das in Art. 6 Abs. 2 S. 1 GG gewährleistete Elternrecht begrenzt werde, eindeutig zurückgewiesen.[168] Es könne aus Art. 7 Abs. 2 und 5 GG, die den Eltern gewisse Rechte im Hinblick auf die weltanschauliche Erziehung in der Schule sichern, nicht geschlossen werden, dass dieser Artikel des Grundgesetzes als lex specialis allein abschließend die Reichweite des Elternrechts im Schulwesen regele.[169] Art. 7 Abs. 1 GG müsse im Sinnzusammenhang mit den übrigen Vorschriften der Verfassung, so auch Art. 6 Abs. 2 S. 1 GG gelesen werden, mit denen er eine innere Einheit bilde. Sich abwendend von der Vorstellung einer grundsätzlich unbeschränkten staatlichen Schulhoheit erkennt das Bundesverfassungsgericht, dass das Grundgesetz innerhalb des Gesamtbereichs Erziehung das individualrechtliche Moment verstärkt hat und den Eltern, auch soweit sich die Erziehung in der Schule vollzieht, einen größeren Einfluss einräumt, der sich in Art. 6 Abs. 2 S. 1 GG zu einer grundrechtlich gesicherten Position verdichtet.[170]

Das Hineinwirken des Elternrechts in den Schulbereich wird seitdem in ständiger Rechtsprechung anerkannt.[171] Damit ist die Beschränkung der familiären Erziehung auf den häuslichen Bereich letztlich aufgegeben und demgegenüber festgestellt worden, dass die elterliche Einwirkungsbefugnis die Gesamterziehung des Kindes umgreift und diese durch die Schule, ihren Unterricht und ihre Erziehung betroffen wird. Zu Recht schloss sich der überwiegende Teil des Schrifttums der in dieser Hinsicht überzeugenden Rechtsprechung an und geht seitdem ganz selbstverständlich vom Hineinreichen des Elternrechts in das Schulwesen aus.[172] Das Grundgesetz gehe durch die Ablehnung des staatlichen Schulmonopols, die Anerkennung des elterlichen Erziehungsrechts als Grundrecht, die verfassungsrechtliche Garantie der Privatschulen und die Anerken-

---

[168] BVerfGE 34, 165 (182).
[169] BVerfGE 34, 165 (183).
[170] Vgl. BVerfGE 34, 165 (183).
[171] BVerfGE 59, 360 (378 f.); vgl. auch BVerfGE 41, 29 (44); 47, 46 (74); 52, 223 (235 f.); BVerwGE 5, 153 (155 f.); 18, 40 (42); BVerwG, NJW 1981, S. 1056; BVerwG, NJW 1982, S. 1410 (1411); OVG Berlin DVBl. 1973, S. 273 (274).
[172] Vgl. nur Pieroth, in: Jarass/Pieroth, Grundgesetz, Art. 7 Rn. 5; Badura, in: Maunz/Dürig, Grundgesetz, Art. 6 Rn. 130; Gröschner, in: Dreier, Grundgesetz, Art. 7 Rn. 59; Faller, EuGRZ 1981, 611 (615); Fehnemann, DÖV 1978, S. 489 (493); Maunz, in: Ehmke u.a., Festschrift für Ulrich Scheuner, S. 417 (424 f., 428); Böckenförde, in: Krautscheid/Marré, Essener Gespräche zum Thema Staat und Kirche 14, S. 54 (81); Oppermann, in: Verhandlungen des 51. Deutschen Juristentages Band I, S. C 98.

D. Das Elternrecht als eingeschränktes Rechtsgut

nung der Eigenrechte der Erziehungsträger im Schulwesen über die Regelung der WRV hinaus.[173] Einige Stimmen gehen sogar noch weiter und vertreten die Auffassung, dass sich mit Beginn der Schulzeit das Elternrecht erweitert, weil nun auf die Eltern auch die Sorge zukommt, dass die Schule mit ihren Erziehungsbemühungen nicht ihr eigenes Bemühen zerstört oder beeinträchtigt.[174] Wenn auch diese Bewertung zu weit geht, da die inhaltliche Reichweite des Schutzbereichs eines Grundrechts nicht von der Intensität des Grundrechtseingriffs oder der Veränderung der Gefährdungslage für das geschützte Rechtsgut abhängig ist, steht jedenfalls der Annahme eines Grundrechtseingriffs in Art. 6 Abs. 2 S. 1 GG durch schulorganisatorische Maßnahmen – so auch im Zusammenhang mit der Einführung der Ganztagsschule – nicht die inhaltliche Beschränkung des Schutzbereichs auf die häusliche Umgebung des Eltern-Kind-Verhältnisses entgegen.

3. Die elterliche Mitwirkung in der Schule

Die Feststellung, dass das Elternrecht in das Schulwesen hineinreicht, wirft die Fragen auf, ob Art. 6 Abs. 2 S. 1 GG über seine Abwehrfunktion gegenüber staatlichen Maßnahmen hinaus in Form von Beteiligungsrechten aktiv zur Geltung kommt und sich möglicherweise das Elternrecht im Schulwesen in dieser kollektiven Mitwirkung erschöpft. Angesprochen ist hiermit die Dimension des Elternrechts als Teilhaberecht. Ein umfassendes elterliches Bestimmungsrecht über die Schule ist jedenfalls auf Grund der in Art. 7 Abs. 1 GG festgelegten staatlichen Schulaufsicht ausgeschlossen. Eine zu weit gehende Mitbestimmung der Eltern würde auch auf Grund der Anzahl verschiedener Elterninteressen zur Funktionsunfähigkeit des Schulsystems führen.[175] Die Beteiligung der Eltern an den Entscheidungen über schulorganisatorische Fragen wie etwa der Unterrichtsgestaltung, der Überarbeitung der Zeit- und Lehrpläne sowie der Festlegung von Erziehungszielen ist dagegen durchaus erforderlich und denkbar.

Von einigen Stimmen im Schrifttum wird unter Annahme einer „kollektiven Dimension" des Art. 6 Abs. 2 S. 1 GG die Beteiligung der Eltern in Form von Gremien und Elternvertretungen als Teil der Gewährleistungen des Elternrechts betrachtet. Unter der Bezeichnung als „pädagogisches Elternrecht"[176], das neben

---

[173] Stein, in: Stein/Joest/Dombois, Elternrecht, S. 5 (6).
[174] Geiger, FamRZ 1979, S. 457 (460).
[175] Böckenförde, in: Krautscheid/Marré, Essener Gespräche zum Thema Staat und Kirche 14, S. 54 (81).
[176] Stein, in: Stein/Joest/Dombois, Elternrecht, S. 5 (13, 44); Wimmer, DVBl 1967, S. 809 ff; Faller, EuGRZ 1981, S. 611 (615 f.).

D. Das Elternrecht als eingeschränktes Rechtsgut

dem konfessionellen Elternrecht alle auf die Schule bezogenen individuell und gemeinschaftlich auszuübenden, aus Art. 6 Abs. 2 S. 1 GG erwachsenden Befugnisse zusammenfasse, wird ein aus der Wechselbeziehung von Schule und Eltern erwachsendes Recht auf Beteiligung und Mitverantwortung an der Schule abgeleitet, das der positiven Fixierung bedürfe und wirksam nur im Zusammenschluss ausübbar sei.[177] Das Bundesverfassungsgericht lässt die Frage nach einem kollektiven Elternrecht offen und bemerkt in seiner Entscheidung zur Schweigepflicht der Schülerberater nur, die Frage des Hineinwirkens des Elternrechts in den Schulbereich über die Befugnisse aus Art. 7 Abs. 2 und 5 GG hinaus hänge maßgeblich mit der Frage zusammen, ob das Elternrecht ein reines Individualrecht ist oder Art. 6 Abs. 2 S. 1 GG eine gemeinschaftliche elterliche Mitwirkung in schulischen Angelegenheiten umfasst.[178]

Gegen die Annahme eines kollektiven Elternrechts spricht jedoch, dass Art. 6 Abs. 2 S. 1 GG ein Individualgrundrecht ist, das sich unmittelbar auf die Pflege und Erziehung des eigenen Kindes unter Berücksichtigung dessen spezieller Bedürfnisse bezieht. Als subjektives statusbegründendes Recht Einzelner kann es nicht durch Mehrheitsbildung ausgeübt werden. Eine Wahrnehmung des Elternrechts „zur gesamten Hand" oder „kraft Delegation" ist auf Grund der Einzelfallabhängigkeit der elterlichen Interessenlagen bezüglich des Wohles ihres jeweils eigenen Kindes per se ausgeschlossen.[179] Für diese individualrechtliche Interpretation des Art. 6 Abs. 2 S. 1 GG spricht auch, dass für die Eltern des Kindes das Bundesverfassungsgericht nunmehr annimmt, das Recht aus Art. 6 Abs. 2 S. 1 GG stehe jedem Elternteil einzeln zu,[180] während in früheren Entscheidungen noch von einer gemeinsamen Ausübung des Elternrechts durch Mutter und Vater gesprochen wurde.[181] Eine kollektive Wahrnehmung des Rechts zusammen mit Eltern anderer Kinder erscheint vor diesem Hintergrund erst recht ausgeschlossen.

Auch wenn das Elternrecht keine kollektive Dimension besitzt, ist seine Bedeutung im Zusammenhang mit der staatlichen Schulorganisation nicht auf die negatorische Funktion in Form der Abwehr von Eingriffen auf die häusliche Erziehungsumgebung beschränkt. Es wirkt zwar vornehmlich begrenzend auf die Gestaltungsmacht des Staates, indem es den äußeren Rahmen für seine Einflussnahme auf das häusliche Erziehungs- und Pflegeverhältnis vorgibt. Beim Hin-

---

[177] V. Campenhausen, Erziehungsauftrag und staatliche Schulträgerschaft, S. 33 ff., 40 f. m.w.N.; für ein kollektives Elternrecht auch Oppermann, in: Verhandlungen des 51. Deutschen Juristentages Band I, S. C 103; Faller, EuGRZ 1981, S. 611 (616).
[178] So BVerfGE 59, 360 (378);
[179] So zu Recht Geiger, FamRZ 1979, S. 457 (461).
[180] BVerfGE 47, 46 (76); auch 59, 360 (380).
[181] BVerfGE 10, 59 (67 ff.); 31, 194 (205).

D. Das Elternrecht als eingeschränktes Rechtsgut

einreichen in das Schulwesen kommt ihm jedoch darüber hinaus – bezogen auf die Wahrnehmung der individuellen Interessen des Kindes durch seine Eltern – auch der Charakter eines Mitwirkungsrechts mit Teilhabecharakter zu[182] und es hat dadurch Auswirkungen auf die innere Gestaltung und Organisation der Schule. Art. 6 Abs. 2 S. 1 GG begründet hiernach eine Pflicht des staatlichen Schulträgers zur Zusammenarbeit mit den Eltern dann, wenn es um den speziellen Fall der Entwicklung des eigenen Kindes geht. Hier erwächst aus dem Elternrecht im Bereich des Schulwesens zunächst ihr Anspruch, die Arbeit der Schule an und mit den eigenen Kindern zu beobachten, Informationen über die Vorgänge innerhalb der Schule zu erhalten, soweit sie für das eigene Kind von Bedeutung sind, der Anspruch auf Dialog und Kooperation mit den Lehrern des Kindes sowie das grundsätzliches Recht auf Kritik und auf Verbescheidung der eigenen Wünsche.[183] Eine umfassende Elternbeteiligung in diesem Sinne erweist sich im Übrigen auch in der Frage der Einführung ganztägigen Unterrichts als unbedingt erforderlich.[184]

Dieses elterliche Recht in der Schule, das ihrer natürlichen, durch das Grundgesetz garantierten Erziehungsbefugnis innewohnt, ist jedoch von dem Erfordernis der generellen Mitbeteiligung der Eltern an der Schulorganisation in Form von Gremien strikt zu trennen.[185] Organisierte Elternvertretungen können zwar der Schule gegenüber Interessen der Eltern wahrnehmen und haben so gestaltenden Einfluss auf die Schulorganisation und die sonstigen Maßnahmen des Schulgesetzgebers bzw. der Schulverwaltung. Eine Ausübung des in Art. 6 Abs. 2 S. 1 GG garantierten individuellen Freiheits- und Abwehrrechts ist aber durch sie nicht möglich. Die in den Schulgesetzen der Länder festgelegten kollektiven Artikulations- und Mitbestimmungsrechte der Eltern sind also nicht Ausfluss des Elternrechts, sondern in erster Linie eine Einrichtung zur Ordnung des Schulwesens,[186] stellen also Formen partizipatorischer Mitwirkung der Eltern an Aufgaben der Schulverwaltung und Schulorganisation dar, deren Inhalt und Umfang sich nach Maßgabe demokratisch legitimierter verfassungsrechtlicher oder gesetzgeberischer Entscheidungen bestimmen.[187] Die kollektive Beteiligung der

---

[182] Richter, Bildungsverfassungrecht, S. 47; Dietze, NJW 1982, S. 1353 (1357); Evers, JR 1976, S. 265.
[183] Ausführlich zu den aus dem individuellen Elternrecht erwachsenden Ansprüchen der Eltern in der Schule Fehnemann, AöR 105 (1980), S. 529 (540 ff.)
[184] Ebenso Ludwig, in: Rekus, Ganztagsschule in pädagogischer Verantwortung, S. 28 (43).
[185] Maunz, in: Ehmke u.a., Festschrift für Ulrich Scheuner, S. 417 (420).
[186] Peters, in: Bettermann/Nipperdey/Scheuner: Die Grundrechte Bd. VI/1, S. 369 (385).
[187] Böckenförde, in: Krautscheid/Marré, Essener Gespräche zum Thema Staat und Kirche 14, S. 54 (92 f.).

D. Das Elternrecht als eingeschränktes Rechtsgut

Eltern in Gremien entspringt ebenso wie die Mitsprache der Lehrer aus dem Ansatzpunkt der Selbstverwaltung der Schule und ihrer demokratischen Organisation. Die konkrete Anwendung des Elternrechts aus Art. 6 Abs. 2 S. 1 GG als Teilhaberecht im Bereich der staatlichen Gestaltungshoheit in der Schule erfolgt mithin nicht durch die Einräumung von kollektiven Mitwirkungsbefugnissen, sondern in Form der individuellen Beteiligung an der schulischen Entwicklung und Erziehung des eigenen Kindes.

Das praktische Erfordernis, die Rechtsausübung einer Vielzahl von Eltern mit einem ungestörten Ablauf der Arbeit in der Schule zu vereinbaren, setzt natürlich die Aufrechterhaltung einer gewissen Ordnung voraus. Die individuelle Beteiligung kann deshalb durch Veranstaltungen erfolgen, bei denen die Ansprüche mehrerer Eltern zugleich erfüllt werden, etwa zu Elterninformationstagen oder -versammlungen. Das Recht auf Information, Mitsprache oder Anhörung bleibt aber auch dann ein individuelles Recht, wenn es von mehren Eltern zur gleichen Zeit wahrgenommen wird, beispielsweise weil alle Eltern und Kinder in einer bestimmten Sache in gleicher Weise individuell betroffen sind. Eine kollektive Ausübung liegt dabei nicht vor.

Auf Grund dieser Erkenntnisse muss auch die Frage verneint werden, ob generell dem Elternrecht durch eine schulrechtlich eröffnete Möglichkeit zur kollektiven Mitwirkung der Eltern in der Schule Genüge getan werden kann.[188] Eine solche Betrachtungsweise konstituiert zum einen in verfassungsrechtlich bedenklicher Weise eine der Präklusion im Verwaltungsrecht nahekommende Ausschlusswirkung für die Abwehr staatlicher Eingriffe in das im Schulwesen anwendbare elterliche Erziehungsrecht, wenn die Eltern im Entscheidungsfindungsprozess die Möglichkeit zu Mitwirkung hatten. Der basale Charakter der Norm als klassisches negatorisches Abwehrrecht und als wertentscheidende Grundsatznorm wäre hierdurch grundsätzlich in Frage gestellt. Zum anderen führt die Annahme einer nur kollektiven Ausübung der Elternbefugnisse im Schulwesen im Ergebnis zu einer Aushöhlung des individuellen Elternrechts, wenn dieses auf Grund von Mitwirkungsregelungen den Entscheidungen repräsentativer elterlicher Gremien unterworfen wird. Die Abwehrfunktion des Art. 6 Abs. 2 S. 1 GG, die selbst Beeinträchtigungen durch den parlamentarischen Gesetzgeber standhält, würde dadurch beschnitten, dass sich der Einzelne gruppenunmittelbaren kollektiven Entscheidungen beugen muss.[189]

---

[188] Zur Kompensation materieller Entscheidungsbefugnisse durch die Einräumung verfahrensrechtlicher Mitwirkungsbefugnisse Erichsen, VerwArch 69 (1978), S. 387 (390 f.) m.w.N.; Böckenförde, in: Krautscheid/Marré, Essener Gespräche zum Thema Staat und Kirche 14, S. 54 (81, 90 f.) m.w.N.; Richter, Bildungsverfassungsrecht, S. 47.
[189] Fehnemann, AöR 105 (1980), S. 529 (539) m.w.N.

D. Das Elternrecht als eingeschränktes Rechtsgut

Die kollektive elterliche Mitwirkung in der Schule in Form gewählter Gremien wie etwa dem Elternbeirat folgt somit nicht aus Art. 6 Abs. 2 S. 1 GG, sondern ist Ausprägung des vielfach landesrechtlich[190] für das Schulwesen konkretisierten Demokratiegebots. Im Hinblick auf die Beeinflussung der Entwicklung des eigenen Kindes in der Schule erhält jedoch das Elternrecht die Dimension eines Teilhaberechts und bedingt vor allem Anhörungs-, Informations- und Mitspracherechte, wobei es immer bei der individuellen Ausübung des Rechts bleibt. Ein Eingriff in das Elternrecht durch die Einführung der Ganztagsschule kann mithin nicht deshalb ausgeschlossen werden, weil die Schule die aktive Beteiligung der Eltern am Schulalltag anstrebt.

---

[190] §§ 31 f. SchulG Thüringen; §§ 55 ff. SchulG Baden-Württemberg; §§ 55 ff. SchulG Sachsen-Anhalt; §§ 88 ff. SchulG Niedersachsen; § 36 Abs. 2 SchOG Saarland i.V.m. den Vorschriften des SchulG Saarland; §§ 60 ff. SchulG Bremen; §§ 68 ff. SchulG Hamburg; §§ 88 ff. SchulG Berlin; §§ 45 ff. SchulG Sachsen; § 72 SchulG Hessen; §§ 55, 74 ff. SchulG Mecklenburg-Vorpommern; §§ 46, 74 ff. SchulG Brandenburg; Art. 64 ff. BayEUG; §§ 61 ff. des Entwurfes des SchulG Nordrhein-Westfalen; §§ 98 ff. SchulG Schleswig-Holstein; §§ 37 ff. SchulG Rheinland-Pfalz.

E. Der Eingriff in den Schutzbereich des Elternrechts durch die Einführung der Ganztagsschule

I. Schulorganisation als Grundrechtseingriff

Eingriffe in das Elternrecht aus Art. 6 Abs. 2 S. 1 GG sind sowohl alle staatlichen Maßnahmen, die das Elternrecht im Verhältnis zum Kind beschränken als auch Beschränkungen im Verhältnis der Eltern untereinander.[191] Während Eingriffe in das Recht eines Elternteils im Verhältnis zum anderen zumeist in der familiengerichtlichen Zuweisung oder Aufteilung des elterlichen Sorgerechts für das gemeinsame Kind liegen,[192] betreffen schulorganisatorische staatliche Maßnahmen in der Regel die Beziehung der Eltern zu ihrem Kind. Die Familie als Erziehungsraum, ihr Behagen oder Unbehagen hängen maßgeblich davon ab, in welchem seelischen Klima sich die Arbeit und das Leben in der Schule vollziehen. Schon in frühester Rechtsprechung stellt das Bundesverwaltungsgericht fest, dass die Gestaltung des deutschen Schulrechts, insbesondere die im jeweiligen Landesrecht verankerte Schulpflicht, „bereits einen derart starken staatlichen Eingriff in den Bereich der Erziehung" bedeutet, „daß die geistige und haltungsmäßige Prägung der Kinder, die Entfaltung der Persönlichkeit, zu einem ganz entscheidenden Teil außerhalb des Elternhauses bestimmt wird"[193]. Gerade weil die wesentlichen Grundlagen für die geistige und seelische Entwicklung des Menschen, für die Ausprägung seiner sozialen und kommunikativen Fähigkeiten und auch den späteren beruflichen Erfolg oder Misserfolg in den ersten beiden Lebensjahrzehnten gelegt werden, hat die Schule einen bedeutenden Einfluss auf die Entwicklung der Kindespersönlichkeit.

Die allgemeine Schulpflicht, die nur durch die Privatschulfreiheit gem. Art. 7 Abs. 4 GG aufgelockerte Monopolstellung des Staates im Schulwesen, das Verwiesensein von Eltern und Kindern auf das staatliche Leistungsangebot und das Ausmaß, in welchem die Schule die individuelle Lebensgestaltung und die Entwicklungschancen der Kinder beeinflusst, zeigen deutlich, dass im Bereich des Schulwesens in weitem Ausmaß hoheitliche Maßnahmen gegeben sind, die Eltern und Kindern die Wahrnehmung grundrechtlich verbürgter Handlungen und

---

[191] Pieroth, in: Jarass/Pieroth, Grundgesetz, Art. 6 Rn. 35.
[192] Vgl. BVerfGE 61, 358 (371 ff.); 84, 168 (179 ff.)
[193] BVerwGE 5, 153 (155).

E. Der Eingriff in den Schutzbereich des Elternrechts

Verhaltensweisen erschweren oder gar unmöglich machen. Sie weisen damit die Kriterien auf, die einen Grundrechtseingriff markieren.[194] Der Annahme, dass schulorganisatorische Maßnahmen grundsätzlich Eingriffe in Art. 6 Abs. 2 S. 1 GG darstellen können, kann nicht entgegengehalten werden, dass sie etwa nur eine Konkretisierung und Ausgestaltung des Elternrechts darstellen.[195] Zweifelsohne haben – insbesondere familienrechtliche – Vorschriften des einfachen Gesetzesrechts zum Teil die Ehe und Familie sowie das Elternrecht ausgestaltende Wirkung. Das Schutzgut „Elternrecht" ist zwar einer Konkretisierung und näheren Ausgestaltung, nicht aber wie etwa nach Art. 14 Abs. 1 S. 2 GG das Eigentum[196] einer echten inhaltlichen Veränderung durch den Gesetzgeber ausgesetzt. Der Inhalt des Elternrechts ist durch das Grundgesetz im Sinne einer umfassenden und vorrangigen Zuständigkeit der Eltern für die Pflege und Erziehung der Kinder klar bestimmt und wird durch die natürliche Verbindung der Eltern zu ihren Kindern gekennzeichnet. In diesem Gehalt soll die elterliche Erziehungsbefugnis durch Art. 6 Abs. 2 S. 1 GG geschützt sein. Die verfassungsrechtlich verankerte Vorrangstellung der Eltern bei der Pflege und Erziehung der Kinder und die Vorbehaltlosigkeit des Grundrechts sind Ausdruck einer verfassungsrechtlichen Wertentscheidung, die der Gesetzgeber nicht durch die Modifikation des Schutzbereichs unterlaufen kann. Einer inhaltlichen Veränderung durch das einfache Gesetzesrecht ist das Elternrecht nicht zugänglich. Schulorganisatorische Maßnahmen gestalten mithin das Elternrecht aus Art. 6 Abs. 2 S. 1 GG nicht aus, sondern stellen Grundrechtseingriffe dar, wenn sie die elterliche Erziehungstätigkeit erschweren oder unmöglich machen.

---

[194] Ausführlich zu Begriff und Dogmatik des Grundrechtseingriffs Isensee, in: Isensee/Kirchhof, HbdStR V, § 111 Rn. 58 ff.; Badura, Staatsrecht, S. 111 f.; Starck, in: v. Mangoldt/Klein/Starck, Das Bonner Grundgesetz, Art. 1 Rn. 231; v. Münch, in: v. Münch/Kunig, Grundgesetz, Vorb. Art. 1 – 19 Rn. 51a m.w.N.

[195] In diese Richtung Evers, JR 1976, S. 265, der zwar den Eingriffscharakter von Maßnahmen des Schulgesetzgebers anerkennt, jedoch etwa davor warnt, die Schulpflicht ausschließlich als Eingriff in Grundrechte zu betrachten und ihre gestaltende Wirkung auf die Realität der Eltern und Kindern gewährleisteten Freiheit zu vernachlässigen. Der Gesetzgeber gestalte durch Regelungen im Schulwesen das Elternrecht aus und wirke nicht in jedem Falle als hoheitliche Beeinträchtigung eines geschützten Freiheitsbereichs.

[196] Zur Bestimmung des Inhalts und der Schranken des Eigentums durch den Gesetzgeber Ipsen, Staatsrecht II, Rn. 680 ff.; Pieroth/Schlink, Staatsrecht II, Rn. 928 ff.; Jarass in: Jarass/Pieroth, Grundgesetz, Art. 14 Rn. 35 m.w.N.

II. Eingriff in das Elternrecht durch die Einführung der Ganztagsschule

Die Umstellung des Schulsystems durch die flächendeckende Einführung der Ganztagsschule hat die inhaltliche und zeitliche Ausweitung der Schule zur Folge. Die Verstärkung der durch die Schulpflicht bewirkten außerfamiliären Prägung ist aus vorrangig sozialpolitischen Gründen auch ausdrücklich angestrebt. Die Forderung, die Schule müsse zum Lebensort der Kinder werden,[197] zeigt die Intensität der Einwirkungen auf die Familie als Lebensort der Kinder und indiziert einen weitgreifenden Eingriff in das Elternrecht.

Neben dem Ziel der Integration und Förderung von Schülern aus sozial benachteiligten Familien erfordert auch die Verbindung des klassischen Unterrichts mit modernen schulischen Elementen wie etwa der Freizeitbegleitung einen zeitlich ausgedehnten Tagesablauf. Die Erweiterung der unterrichtlichen und außerunterrichtlichen Veranstaltungen kann im bisherigen Zeitrahmen der Halbtagsschule organisatorisch nicht ermöglicht werden. Die Anzahl der Stunden, die die Kinder außerhalb der familiären Umgebung in der Schule verbringen, erhöht sich damit wesentlich. Gleichzeitig verringert sich die Zeit, die den Eltern für den Umgang mit den Kindern und ihre Erziehung zur Verfügung steht. Es kommt für die Zeit der Abwesenheit des Kindes vom Elternhaus zur faktischen Unmöglichkeit der Wahrnehmung des Grundrechts aus Art. 6 Abs. 2 S. 1 GG, die – da der Grundrechtsschutz auf die materielle Gewährleistung des Freiheitsbereichs gerichtet ist –[198] einen Grundrechtseingriff zur Folge hat. Ob die Eltern genau in dieser Zeit tatsächlich bewusste Erziehungsmaßnahmen vornehmen würden, ist nicht von Bedeutung, da sich Erziehung schon durch das Leben des Kindes in der Familie vollzieht und auch in dieser Form dem Elternrecht aus Art. 6 Abs. 2 S. 1 GG unterliegt.

Ein Eingriff in Art. 6 Abs. 2 S. 1 GG durch die Einführung der Ganztagsschule kann nicht etwa deswegen verneint werden, weil in einigen Fällen für den Schüler die Erziehung in der Ganztagsschule objektiv besser ist, als der Aufenthalt in einem möglicherweise mit sozialen Problemen belasteten familiären Umfeld, das nicht die Gewähr für die optimale Entwicklung des Kindes bietet. Zum einen verleiht das Grundgesetz dem Staat nicht die Befugnis, im Sinne einer optimalen Entwicklung des Kindes in das Elternrecht einzugreifen. Er darf seine Erziehung, so wird für die Reichweite des Wächteramts aus Art. 6 Abs. 2 S. 2

---

[197] Vgl. z.B. die Veröffentlichung des Ministeriums für Bildung, Frauen und Jugend des Landes Rheinland-Pfalz, unter www.mfbj.rlp.de/Bildung/Bildung.htm (zuletzt am 24. Januar 2005)

[198] Dietze, NJW 1982, S. 1353 (1357).

GG festgestellt, nicht an die Stelle der elterlichen setzen.[199] Zum anderen berücksichtigt diese Auffassung nicht, dass es sich bei dem Elternrecht nicht nur um ein fremdnütziges Recht handelt, das um des Wohles des Kindes willen besteht, welches möglicherweise in einigen Fällen durch die Ausdehnung der Schulzeit Förderung findet. Der Umgang mit den Kindern ist ein natürliches Bedürfnis der Eltern, das in Art. 6 Abs. 2 S. 1 GG ebenso wie die Wahrung und Förderung des Kindeswohls berücksichtigt wird.[200] Die zeitliche Ausdehnung der Schule über den ganzen Tag greift mithin in das Elternrecht aus Art. 6 Abs. 2 S. 1 GG ein.

Neben der temporalen Erweiterung des Unterrichts besteht die eigentliche Besonderheit der Ganztagsschule darin, dass sie im Gegensatz zur herkömmlichen halbtägigen Unterrichtsschule Inhalte in den Tagesablauf aufnimmt, die an sich den Wesenskern der elterlichen Erziehung ausmachen. Mit der Durchführung von individuellen Neigungsförderungen, Kreativ-, Spiel- und Sportkursen und modernen Unterrichtsfächern, die sich ausschließlich mit der allgemeinen und individuellen Persönlichkeitsentwicklung befassen, verlässt die staatliche Schule in ihrer Zielstellung den Bereich der Wissensvermittlung und begibt sich auf das Gebiet der allgemeinen Jugendfürsorge, die in Problemfamilien als Ersatz für die elterliche Erziehung dient. Die Forderung, „Ganztagsschulen haben für Lernen, Verpflegung, Gesundheit, Spielen und Erholung, Begegnung und Kommunikation, Ruhe und Rückzug zu sorgen."[201], bringt diese qualitative Erweiterung der Schultätigkeit zum Ausdruck.

Die Ganztagsschule übernimmt also Erziehungsaufgaben, die bisher im familiären Lebensumfeld des Kindes, also vorrangig durch die Eltern in Form der bewussten und zielgerichteten sowie unbewussten Einwirkung auf die Entwicklung des Kindes erfüllt werden. Sie tritt nunmehr in der Bestimmung von Erziehungszielen, -methoden und -inhalten mit den Eltern in unmittelbare Konkurrenz, wobei die Schule auf Grund des langen Schultages gegenüber dem zeitlich begrenzten Umgang der Eltern mit den Kindern faktisch privilegiert ist. Die Werte und Verhaltensweisen, die sich das Kind im Laufe seiner Entwicklung zu Eigen macht, können bei einem ganztägigen Aufenthalt des Kindes in der Schule kaum noch maßgeblich von den Eltern mitbestimmt werden. Ihre Möglichkeit, entsprechend ihrem Recht aus Art. 6 Abs. 2 S. 1 GG nach den eigenen Vorstellungen erzieherisch tätig zu werden wird somit nicht nur zeitlich, sondern ebenso inhaltlich stark beschränkt.

---

[199] Dazu unten F. I. 2., S. 69 ff.
[200] Dazu oben D. III. 3., S. 43 ff.
[201] GEW Schulexpertin Marianne Demmer, zitiert in: Schlicht, RdJB 2003, S. 5 (7).

E. Der Eingriff in den Schutzbereich des Elternrechts

III. Eingriff trotz Freiwilligkeit der Ganztagsschule?

Die als Angebot ausgestaltete offene Ganztagsschule stellt keinen Eingriff in das elterliche Erziehungsrecht dar,[202] solange der Unterricht so gestaltet ist, dass den nicht am Ganztagsprogramm teilnehmenden Schülern keine Nachteile in Form von vielen Freistunden und ungünstigen Unterrichtszeiten entstehen und ihr Pflichtaufenthalt nicht dadurch automatisch mit verlängert wird. Der Behauptung eines staatlichen Eingriffs in Art. 6 Abs. 2 S. 1 GG durch die Einführung der Ganztagsschule durch die aktuelle Schulreform wird deshalb der Einwand entgegengehalten, dass eine rechtliche Verpflichtung zum Besuch der Ganztagsschule auch bei flächendeckender Umstellung des Schulsystems derzeit nicht vorgesehen sei und sich daher Eltern und Schüler nach eigener Entscheidung dieser Schulform entziehen könnten.[203] Die Freiwilligkeit der Ganztagsschule gehört zu den Hauptargumenten, die für ihre verbreitete Einführung in der Bundesrepublik Deutschland in die Diskussion eingebracht werden.

Wenn auch zur Zeit in den meisten Schulgesetzen der deutschen Bundesländer noch kein rechtlicher Zwang zum Besuch der Ganztagsschule formuliert ist, erscheinen angesichts der aufgezeigten intensiven Eingriffe in das Elternrecht bei Fortgang der jetzigen Reformentwicklung diese Nonchalance bei der Beurteilung der Umstellung des Schulsystems und die unreflektierte breite Akzeptanz der Einführung der Ganztagsschule bedenklich. Die jüngst ergangene Entscheidung des Bundesverfassungsgerichts zur Verfassungsmäßigkeit der Grundschule mit festen Öffnungszeiten in Sachsen-Anhalt[204] zeigt, dass die Diskussion über die rechtlichen Auswirkungen der zeitlichen Ausweitung der Schule nicht nur hypothetischer Natur ist, sondern die politischen Reformforderungen zur Umstellung des Schulsystems auch gegen den massiven Protest von Teilen der betroffenen Bevölkerungsgruppen in der Praxis zum Teil schon umgesetzt und von der Rechtsprechung gebilligt wurden. Die Einführung der Grundschule mit festen Öffnungszeiten im Landesschulgesetz Sachsen-Anhalts sowie die Entscheidung des Bundesverfassungsgericht zeigen eine Tendenz, die die Schulgesetz-

---

[202] Vgl. Pieroth, DVBl. 1994, S. 949 (956); Ossenbühl, Das elterliche Erziehungsrecht im Sinne des Grundgesetzes, S. 139.

[203] Z.B. Appel, Handbuch Ganztagsschule, S. 14, der jedoch ebenfalls die deutliche Tendenz zur starken Vermehrung von Ganztagsschulen sieht; vgl. auch S. 40.

[204] BVerfG, DVBl. 2002, S. 971 ff. Das Bundesverfassungsgericht hatte sich in dieser Entscheidung mit § 4 Abs. 1 und § 36 Abs. 3 SchulG Sachsen-Anhalt zu befassen, die bestimmten, dass die öffentlichen Grundschulen mit festen Öffnungszeiten zu führen sind und die Teilnahme an den schulischen Veranstaltungen während der gesamten Öffnungszeit für alle Schüler verpflichtend ist. Einwände der Eltern, die ihr Erziehungsrecht aus Art. 6 Abs. 2 S. 1 GG verletzt sahen, wies das Gericht unter Hinweis auf pädagogische Erfordernisse zurück.

geber anderer Länder bereits aufgegriffen und die Möglichkeit verankert haben, die Grundschulen in Schulen mit festen Öffnungszeiten umzuwandeln.[205] Auch unabhängig von den Entwicklungen im Grundschulbereich sind hinsichtlich der flächendeckenden Einführung der Ganztagsschule für die weiterführenden Schulen in den Schulgesetzen der Länder vor allem durch Änderungsgesetze der letzten Jahre verstärkt Regelungen getroffen worden. Während einige Bundesländer dabei ausdrücklich die Freiwilligkeit der Ganztagsangebote festlegen,[206] sehen andere diese nur noch als Regelfall vor und gestatten die Einrichtung der verpflichtenden Ganztagsschule als Ausnahme.[207] Zum Teil wird jedoch sogar die Einrichtung der verpflichtenden Ganztagsschule ohne weiteres zugelassen.[208] Sowohl judikatives als auch legisatives Handeln deuten mithin den angestrebten Zustand des Bildungswesens in wenigen Jahren an und widerlegen das politische Zweckargument, es werde nicht zu einer Verpflichtung zum Besuch der Ganztagsschule kommen.[209]

Dieser Verlauf zeigt deutlich die Perspektiven, die bei einer schrittweisen Einführung der Ganztagsschule allein auf Grund der allmählichen Gewöhnung und der damit verbundenen Minimierung des Widerstandes auf politischen und gesellschaftlichen Ebenen offen stehen. Auf Grund des überaus großen politischen Engagements auch auf der Ebene des Bundes ist die Tendenz in der Bildungspolitik sichtbar, hier auf längere Sicht durch die Umstellung auf die ganztägige Unterrichtung eine Ablösung des herkömmlichen Schulsystems zu erreichen. Die Beschäftigung mit der Verfassungsmäßigkeit der Schulreform muss vor der Schaffung einer unumgänglichen Legitimität durch faktische Bestandskraft erfolgen.

---

[205] Z.B. § 39 Abs. 3 SchulG Mecklenburg-Vorpommern; vgl. auch Burk, Grundschule mit festen Öffnungszeiten, S. 11.

[206] Z.B. § 11 SchulG Thüringen; § 39 Abs. 1 SchulG Mecklenburg-Vorpommern; § 5 Abs. 5 SchulG Schleswig-Holstein; § 13 Abs. 2 SchulG Hamburg; § 17 Abs. 1 SchulG Sachsen; § 19 Abs. 2 S. 2 SchulG Berlin; §§ 106 Abs. 1 , 109 S. 1 Bayrisches Gesetz über das Erziehungs- und Unterrichtswesen.

[207] Z.B. § 23 Abs. 1 S. 3 SchulG Niedersachsen; § 18 Abs. 3 SchulG Brandenburg.

[208] § 12 Abs. 1 SchulG Sachsen-Anhalt.

[209] Die Vorgehensweise der schrittweisen Einführung der Ganztagsschule erinnert an die Kulissenpolitik, die bei der Einführung der umstrittenen Förderstufe in Hessen praktiziert wurde. Gegen den starken Protest zahlreicher Eltern, der zur für die Ordnung des Schulwesens grundlegenden Entscheidung des Bundesverfassungsgerichts führte, wurde 1955 die Förderstufe auf freiwilliger Basis eingeführt, um sodann ab 1969 vom hessischen Schulgesetzgeber als obligatorische Schulform festgelegt zu werden. Zum Ganzen: Schorb, RdJB 1980, S. 171 ff.; Ricker, RdJB 1985, S. 443 ff.; BVerfGE 34, 165 ff.

E. Der Eingriff in den Schutzbereich des Elternrechts

Ein weiterer Aspekt, der für die Annahme eines Grundrechtseingriffs trotz momentan noch weit verbreiteter Freiwilligkeit der Ganztagsschule spricht, ist ebenfalls faktischer Natur und bezieht sich auf ihre flächendeckende Einführung. Der Verwaltungsvereinbarung des Bundes und der Länder zufolge soll zunächst jede vierte Schule in das Ganztagssystem überführt werden. Die Zielstellung liegt jedoch in der flächendeckenden Verbreitung und somit weit über dieser Zahl. In Gebieten mit geringer Besiedelungs- und damit auch geringer Schuldichte entsteht aber schon bei Erreichung dieses Zwischenziels für viele Schüler ein faktischer Zwang zum Besuch der Ganztagsschule, da die vorhandenen Halbtagsschulen, die mit der neuen Schulform in Konkurrenz treten, geschlossen oder notwendig umstrukturiert werden.[210] Dieser Effekt wird umso mehr verstärkt, als in nächsten Jahren mit stark rückläufigen Schülerzahlen zu rechnen ist.[211] Die konkrete Ausübung des Elternrechts in Form der Wahl der traditionellen Halbtagsschule als geeignete Schulform für das eigene Kind wird in diesen Gebieten nur unter Inkaufnahme langer Anfahrtswege und daher unter erheblichem Zeit- und Kostenaufwand möglich sein. Dieser tatsächliche Zwang führt ebenso zur Beeinträchtigung der elterlichen Erziehungstätigkeit und muss als Eingriff in das Elternrecht qualifiziert werden.[212]

Die Behauptung, es werde sich bei den zukünftigen Ganztagsschulen nur um Angebotsschulen handeln, womit ein Eingriff in Freiheitsrechte von Eltern und Kindern ausgeschlossen sei, ist auf Grund dieser Zusammenhänge unzutreffend. Insofern lohnt die Betrachtung der Einführung der Ganztagsschule in verfassungsrechtlicher Hinsicht nicht nur, sondern ist erforderlich, um schwer umkehrbare, grundrechtsbeschränkende Entwicklungen vermeiden zu können.

---

[210] Diese Bedenken sind in der Vergangenheit schon bei der Einführung der Gesamtschule im Saarland erhoben worden, VerfGH Saarland, DÖV 1988, S. 126 f.

[211] Aussagekräftig hierzu sind die Angaben der Schülerzahlen für alle allgemein bildenden Schulen und deren Veränderungsraten; wiedergegeben unter www.destatis.de/basis/d/biwiku/schultab5.php (zuletzt am 24. Januar 2005)

[212] Hier wird der moderne, weite Eingriffsbegriff der Grundrechtsdogmatik angewandt, der auch das geschützte Rechtsgut mittelbar und faktisch beeinträchtigendes staatliches Handeln als rechtfertigungsbedürftigen Eingriff einstuft. Vgl. hierzu Isensee, in: Isensee/Kirchhoff, HbdStR V, § 111 Rn. 63; Jarass in: Jarass/Pieroth, Grundgesetz, Vorb. vor Art. 1 Rn. 26 f.; Pieroth/Schlink, Staatsrecht II, Rn. 240; speziell zum mittelbaren Grundrechtseingriff ausführlich Bleckmann/Eckhoff, DVBl. 1988, S. 373 ff.; Schwabe, DVBl. 1988, S. 1055 ff.

E. Der Eingriff in den Schutzbereich des Elternrechts

IV. Zusammenfassung zum Grundrechtseingriff in Art. 6 Abs. 2 S. 1 GG

Die Ganztagsschule erweitert den Schultag zeitlich und dehnt die pädagogische Arbeit inhaltlich in Richtung der den Eltern zugewiesenen Gesamterziehung der Kinder aus. Die durch Art. 6 Abs. 2 S. 1 GG gewährleistete Freiheit der Eltern, maßgeblich und vor anderen Erziehungsträgern vorrangig formend auf die Entwicklung ihrer Kinder Einfluss zu nehmen, wird stark verkürzt, wenn ein faktischer oder rechtlicher Zwang zum Besuch der Ganztagsschule konstituiert wird. Die Vorschriften der Landesschulgesetze zur Einführung der Ganztagsschule, die einen solchen Zwang bereits für den Grundschulbereich oder die weiterführenden Schulen vorsehen, greifen daher als Akte hoheitlicher Gewalt bereits in das Elternrecht aus Art. 6 Abs. 2 S. 1 GG ein. Bei Fortgang der Schulreform wird diese Analyse flächendeckend für alle deutschen Bundesländer zutreffen. Dieser Grundrechtseingriff bedarf für seine Vereinbarkeit mit der Verfassungsordnung des Grundgesetzes der verfassungsrechtlichen Rechtfertigung.

F. Die verfassungsrechtliche Rechtfertigung des Eingriffs in das Elternrecht

Die Beschneidung elterlicher Rechte durch schulorganisatorische Maßnahmen wie die Umstellung des Schulsystems auf die Ganztagsschule findet verfassungsrechtlich nur dann Rechtfertigung, wenn das Grundgesetz eine staatliche Einwirkung dieser Art in das natürliche Elternrecht aus Art. 6 Abs. 2 S. 1 GG in Form eines Gesetzesvorbehalts vorsieht oder kollidierende Verfassungsgüter ein Eingreifen staatlicher Organe legitimieren. Einem Gesetzesvorbehalt unterliegt das Elternrecht auf Grund der Konstitution eines staatlichen Wächteramts zur Kontrolle der elterlichen Erziehungstätigkeit aus Art. 6 Abs. 2 S. 2 GG. Eine weitere Beschränkung erfährt es durch Art. 7 Abs. 1 GG als kollidierendes Verfassungsrecht, der das gesamte Schulwesen unter die Aufsicht des Staates stellt.

I. Die Rechtfertigung des Eingriffs durch Art. 6 Abs. 2 S. 2 GG

1. Das staatliche Wächteramt als Grundrechtsschranke für das Elternrecht

Die Betätigung der Pflege und Erziehung der Kinder durch ihre Eltern wird durch die Bestimmung eines sog. Wächteramts in Art. 6 Abs. 2 S. 2 GG unter die Aufsicht des Staates gestellt. Hintergrund der Vorschrift ist, dass trotz der überragenden Bedeutung der Eltern-Kind-Beziehung und des Elternrechts aus Art. 6 Abs. 2 S. 1 GG als verfassungsrechtliche Verankerung dieses Verhältnisses den Eltern keine unbeschränkte Einwirkungsbefugnis auf die Kindespersönlichkeit zugesprochen werden kann. Der aus Art. 1 Abs. 1 S. 2 GG sowie Art. 2 Abs. 2 S. 1 GG folgende Schutzauftrag des Staates bezüglich der Menschenwürde und körperlichen Unversehrtheit des Kindes gebietet eine Einschränkung des Elternrechts dort, wo das Kindeswohl in der von staatlicher Einflussnahme freien Gemeinschaft mit den Eltern gefährdet oder beeinträchtigt ist.[213] Damit erfolgt keine Relativierung, wohl aber eine Beschränkung der elterlichen Befugnisse.

Das Wächteramt dient vorrangig der Abwehr von Missbrauchshandlungen der Eltern dem Kind gegenüber, enthält daneben aber ebenso eine Gewährfunktion hinsichtlich der Information, Beobachtung, Unterstützung und vorbeugenden

---

[213] Vgl. BVerfGE 24, 119 (144).

F. Die verfassungsrechtliche Rechtfertigung des Eingriffs in das Elternrecht

Abwehr drohender Gefahren,[214] so dass die Ausübung des Elternrechts entsprechend seiner inhaltlichen Bindung an das Kindeswohl einer umfassenden Kontrolle des Staates unterliegt. Wörtlich bestimmt Art. 6 Abs. 2 S. 2 GG, dass die staatliche Gemeinschaft über die Betätigung der elterlichen Pflege und Erziehung der Kinder wacht und weist in dieser Formulierung zunächst nicht auf einen Gesetzesvorbehalt hin, sondern erinnert an die Staatsaufsicht im formaljuristischen Sinn.[215]

Grundrechtsdogmatisch kommt der Vorschrift aber legitimierende Wirkung bezüglich der in Elternrechte eingreifenden staatlichen Maßnahmen zu. Sie enthält eine Ermächtigung staatlicher Hoheitsmacht, unter Beeinträchtigung der elterlichen Erziehungsbefugnis selbst bei der Pflege und Erziehung der Kinder tätig zu werden, sofern eine Vernachlässigung bzw. der Nichtgebrauch der elterlichen Pflichten gegeben oder zu befürchten ist. Die Durchsetzung des elterlichen Abwehrrechts gegen staatliche Eingriffe in das geschützte familiäre Pflege- und Erziehungsumfeld aus Art. 6 Abs. 2 S. 1 GG kann somit nur dann gelingen, wenn die Maßnahmen des Staates nicht durch das Wächteramt des Art. 6 Abs. 2 S. 2 GG gerechtfertigt werden können.[216] Mit der Wesentlichkeitsrechtsprechung des Bundesverfassungsgerichts ist davon auszugehen, dass solche Eingriffe in die freie Erziehungstätigkeit der Eltern auf der Grundlage des Wächteramts einem formellen Gesetz vorbehalten sind.[217] Art. 6 Abs. 2 S. 2 GG ist als Gesetzesvorbehalt für Eingriffe in die Freiheitsgewährleistungen des Art. 6 Abs. 2 S. 1 GG zu qualifizieren.

Einen eigenen Erziehungsanspruch des Staates, der etwa dem der Eltern gleichgeordnet ist, konstituiert jedoch die Norm nicht. Das Grundgesetz verzichtet in Abwendung von der Regelung in Art. 120 WRV auf die Festlegung von Erziehungszielen. Die Eltern sollen das Recht haben, die Pflege und Erziehung der Kinder nach ihren eigenen Vorstellungen frei zu gestalten und sie genießen insoweit Vorrang vor anderen Erziehungsträgern.[218] Eine eigenständige, der Freiheitsgarantie des Art. 6 Abs. 2 S. 1 GG vorausgehende Überwachungsfunktion des Staates ist auf Grund dieser bundesverfassungsgerichtlich festgestellten Gewährleistung undenkbar. Das staatliche Wächteramt hat einen dem Elternrecht

---

[214] Böckenförde, in: Krautscheid/Marré, Essener Gespräche zum Thema Staat und Kirche 14, S. 54 (73).
[215] Zu den verschiedenen Ausprägungen des Begriffs der Aufsicht im staatsrechtlichen Sinn Kirchhof, in: Isensee/Kirchhof, HbdStR III, § 59 Rn. 202 f.
[216] Vgl. dazu BVerfGE 4, 52 (57); 7, 320 (323); 24, 119 (138); auch BVerfGE 31, 194 (203).
[217] Gröschner, in: Dreier, Grundgesetz, Art. 6 Rn. 117 m.w.N.
[218] BVerfGE 24, 119 (143); 31, 194 (204); 47, 46 (69 f.).

F. Die verfassungsrechtliche Rechtfertigung des Eingriffs in das Elternrecht

akzessorischen, sekundären, subsidiären Charakter[219] und tritt erst dann ein, wenn die Eltern selbst nicht oder nicht mehr in der Lage sind, die Erziehungsaufgabe angemessen zu erfüllen und daraus Schaden für das Kind droht oder bereits eingetreten ist.[220]

In diesem Fall ist auch der Staat bei der Übernahme von Pflege- und Erziehungsmaßnahmen strikt dem Kindeswohl verpflichtet.[221] Die notwendigen Eingriffe in das Elternrecht müssen der Sicherstellung der bestmöglichen Pflege und Erziehung des Kindes dienen und dürfen zudem nur erfolgen, wenn ein Nichtgebrauch oder Missbrauch des Erziehungsrechts durch die Eltern gegeben ist. Auf Grund dieser Bindung der Eingriffsermächtigung aus Art. 6 Abs. 2 S. 2 GG an das Kindeswohl handelt es sich bei der Norm um einen qualifizierten Gesetzesvorbehalt.[222] Der Unterschied zur klassischen Form des Gesetzesvorbehalts, der dem Gesetzgeber die Auswahl der mit der Einschränkung des Grundrechts verfolgten politischen Ziele überlässt, besteht im imperativen Charakter des Art. 6 Abs. 2 S. 2 GG. Dem Staat ist die Wahrnehmung des Wächteramts auferlegt, d.h. das „Ob" seiner Ausübung steht nicht im Ermessen des Hoheitsträgers. Diese staatliche Verpflichtung korrespondiert insofern mit dem Pflichtcharakter des Elternrechts aus Art. 6 Abs. 2 S. 1 GG. Sowohl das Elternrecht als auch das staatliche Wächteramt nehmen in der allgemeinen Grundrechtsdogmatik daher eine Sonderstellung ein.

2. Die rechtfertigende Wirkung des Art. 6 Abs. 2 S. 2 GG für schulorganisatorische Maßnahmen

Trotz der Eigenschaft des Art. 6 Abs. 2 S. 2 GG als Gesetzesvorbehalt und seiner daraus folgenden generellen Geeignetheit zur Legitimation staatlicher Eingriffe in das Elternrecht stellt sich hinsichtlich des speziellen Falls der Überprüfung der Verfassungsmäßigkeit der Ganztagsschule die Frage, ob die Norm auch die Grundlage für die verfassungsrechtliche Rechtfertigung von schulorganisatorischen Maßnahmen sein kann. Diese Annahme ist zumindest der Auffassung inhärent, die aus dem Wächteramt des Staates auch eine staatliche Schutzpflicht für die Bildungsmöglichkeiten der Kinder folgert.[223]

---

[219] Jestaedt, DVBl. 1997, S. 693 (696).
[220] Ausführlich dazu Ossenbühl, Das elterliche Erziehungsrecht im Sinne des Grundgesetzes, S. 68 ff.
[221] BVerfGE 10, 59 (84); 24, 119 (144).
[222] Ebenso Erichsen, Elternrecht – Kindeswohl – Staatsgewalt, S. 47 f.; Jestaedt, DVBl. 1997, S. 693 (696).
[223] BVerfGE 60, 79 (88); Beaucamp, LKV 2003, S. 18.

F. Die verfassungsrechtliche Rechtfertigung des Eingriffs in das Elternrecht

Da das Elternrecht aus Art. 6 Abs. 2 S. 1 GG die umfassende, sich auf die Gesamtheit der Entwicklung ihrer Kinder beziehende Aufgabe der Eltern zum Gegenstand hat,[224] daher die Erziehung des Kindes sowohl innerhalb als auch außerhalb der Schule umfasst und sich das staatliche Wächteramt auf die gesamte Erziehungstätigkeit der Eltern bezieht, kann Art. 6 Abs. 2 S. 2 GG tatsächlich auch die Ermächtigungsgrundlage für staatliches Eingreifen in die Einflussnahme der Eltern auf die schulische Entwicklung des Kindes darstellen. Liegt die Befürchtung nahe, dass elterliche Pflege- oder Erziehungsmaßnahmen die Möglichkeit des Kindes, der Schulbildung in seiner Leistungsfähigkeit entsprechender Weise teilhaftig zu werden, verhindern oder beeinträchtigen, ist der Staat aus Art. 6 Abs. 2 S. 2 GG angehalten, von seiner Eingriffsbefugnis Gebrauch zu machen. Das Wächteramt kann mit der staatlichen Aufsicht über die Schule gewissermaßen räumlich zusammenfallen. Insofern ist es auch zutreffend, wenn im Schrifttum angemerkt wird, dass das Wächteramt mit der staatlichen Schulaufsicht in besonders enge Beziehung trete, wenn es um die Abwehr von Überschreitungen des Elternrechts in der Schule gehe.[225]

Dennoch darf diese Konstellation der Abwehr von Gefahren für das Kindeswohl auf der Grundlage des Wächteramts des Staates nicht mit dem staatlichen Handeln zur Organisation und Strukturierung des Schulwesens unter Berührung des Elternrechts verwechselt werden. Art. 6 Abs. 2 S. 2 GG kann nicht als Eingriffsermächtigung herangezogen werden, wenn die verfassungsrechtliche Rechtfertigung von Maßnahmen des Schulgesetzgebers in Frage steht. Der Grund hierfür liegt in der Zielsetzung der Norm. Das staatliche Wächteramt hat den Zweck, Überschreitungen oder Missbräuche der elterlichen Befugnisse zur Pflege und Erziehung der Kinder zurückzuweisen. Inhaltlich beschränkt sich die Eingriffsbefugnis aus dem Wächteramt also auf die Abwehr von Gefahren, die dem Kind von Seiten der vorrangig zu Erziehung berufenen Eltern drohen. Solche Eingriffshandlungen, die dem Kind weder physisch, noch psychisch Schaden zufügen, jedoch für die optimale Kindesentwicklung nicht geeignet sind, werden von der staatlichen Ordnung zugunsten des von staatlichen Einwirkungen unbeeinflussten Eltern-Kind-Verhältnisses hingenommen.[226] Das Wächteramt entfaltet für diesen Fall keine rechtfertigende Wirkung für die Übernahme der Pflege und Erziehung des Kindes durch staatliche Erziehungsträger. Es legitimiert nicht zu dirigierenden Eingriffen in das elterliche Erziehungsrecht, sondern dient lediglich der Verhinderung von Missbrauch der elterlichen Personensorge,[227] wobei

---

[224] BVerfGE 44, 29 (44).
[225] Maunz, in: Ehmke u.a., Festschrift für Ulrich Scheuner, S. 417 (425).
[226] Vgl. BVerfGE 24, 119 (144 f.) vgl. auch BVerfGE 34, 165 (184); 60, 79 (94); Diederichsen, FamRZ 1978, S. 461 (469).
[227] Ossenbühl, DÖV 1977, S. 801 (806).

F. Die verfassungsrechtliche Rechtfertigung des Eingriffs in das Elternrecht

nicht die Verpflichtung, dem Kind eine nach Auffassung des Staates bessere Erziehung zu geben, sondern die Pflicht, objektive Verletzungen des Kindeswohls zu verhüten, Inhalt des staatlichen Wächteramts ist.[228] Der Staat soll selbst in der Situation der elterlichen „Unvollkommenheit" seine Erziehung nicht an die Stelle der elterlichen setzen.[229]

Mit dieser Erkenntnis steht ebenfalls fest, dass erst recht dann, wenn die Erziehungstätigkeit der einzelnen Erziehungsträger gar nicht in Frage gestellt ist – also weder ein Miss- oder Nichtgebrauch des elterlichen Erziehungsrechts vorliegt, noch das Kind Nachteile für die eigene Entwicklung in der elterlichen Umgebung erleidet – der Staat keine die Eltern in ihrer Position beeinträchtigenden Maßnahmen auf der Grundlage des Art. 6 Abs. 2 S. 2 GG treffen darf. Bei schulorganisatorischen Maßnahmen steht gerade nicht die Korrektur missbräuchlicher oder von in sonstiger Weise kindeswohlgefährdender elterlicher Erziehung im Vordergrund. Die Schulgesetzgebung und -verwaltung handelt auf Grund gesamtgesellschaftlicher Erfordernisse und individueller Eigenschaften und Fähigkeiten des Schülers selbst, wie etwa bei der Zusammenlegung von Schulen auf Grund zurückgehender Geburtenraten, der Änderung von Unterrichtsmethoden und -inhalten auf Grund des Fortgangs der pädagogischen Forschung oder auch die Umsetzung bzw. Nichtversetzung von Schülern wegen fehlender Leistungsfähigkeit. Der Anknüpfungspunkt des Tätigwerdens von Schulgesetzgebung und -verwaltung ist somit gerade nicht die individuelle Wahrnehmung der Erziehungspflicht und Pflege durch die Eltern. Maßnahmen des Staates im Bereich des Schulwesens finden für den Fall, dass sie in das natürliche Recht der Eltern auf die Pflege und Erziehung ihrer Kinder eingreifen, keine Rechtfertigung auf der Grundlage des qualifizierten Gesetzesvorbehalts des Art. 6 Abs. 2 S. 2 GG.

3. Die verfassungsrechtliche Rechtfertigung der Ganztagsschule durch das staatliche Wächteramt?

Für die Einführung der Ganztagsschule als weitgreifende und für das Schulwesen in Deutschland überaus bedeutsame Maßnahme der Schulgesetzgeber gelten diese Maßgaben entsprechend. Auch hier entfaltet Art. 6 Abs. 2 S. 2 GG keine legitimierende Wirkung für die Eingriffe in Elternrechte, die mit dieser Reform des Schulwesens verbunden sind. Zwar wird mitunter vorgebracht, dass die

---

[228] BVerfGE 10, 59 (84); 60, 79 (91); Geiger, FamRZ 1979, S. 457; Schlie, Elterliches Erziehungsrecht und staatliche Schulaufsicht im Grundgesetz, S. 54.
[229] Vgl. für Art. 120 WRV Anschütz, Die Verfassung des deutschen Reichs, Art 120, S. 562: „Die staatliche Gemeinschaft soll die Erziehung des Nachwuchses überwachen, nicht übernehmen."

F. Die verfassungsrechtliche Rechtfertigung des Eingriffs in das Elternrecht

Ganztagsschule unter anderem eingerichtet werde, um nachweisbare defizitäre Entwicklungen der Erziehungsleistung der Eltern aufzufangen,[230] weshalb der Schluss ihrer Rechtfertigung aus dem Wächteramt nahe zu liegen scheint. Art. 6 Abs. 2 S. 2 GG taugt indes nicht zur Rechtfertigung von allgemeinen bildungspolitisch motivierten Organisationsmaßnahmen der Schulgesetzgeber wie die Einführung der Ganztagsschule, die losgelöst vom Einzelfall der defizitären Pflege- und Erziehungssituation in einer Familie mit Wirkung für eine Vielzahl von Betroffenen vorgenommen wird. Art. 6 Abs. 2 S. 2 GG stellt ganz individuell auf den Missbrauch der elterlichen Befugnisse im einzelnen Fall ab, während die Schulreform mit der Einführung der Ganztagsschule unter anderem ein gesamtgesellschaftliches Problem der Kindererziehung zu lösen versucht. Sie lässt sich mithin nicht unter den Tatbestand subsumieren, der dem staatlichen Eingreifen aus dem Wächteramt vorausgesetzt ist. Für die Einführung der Ganztagsschule entfaltet Art. 6 Abs. 2 S. 2 GG keine rechtfertigende Wirkung.

II. Art. 7 Abs. 1 GG als Schranke des elterlichen Erziehungsrechts

Das Wächteramt des Staates aus Art. 6 Abs. 2 S. 2 GG, neben dem die Verfassung keinen weiteren Gesetzesvorbehalt zur Beschränkung des Elternrechts kennt, taugt als Ermächtigungsgrundlage für die Einführung der Ganztagsschule durch die Gesetzgeber der Länder nicht. Der Eingriff in den elterlichen Handlungsfreiraum durch die temporale und inhaltliche Ausweitung der Schule kann daher letztlich nur auf Grund von der Verfassung immanenten Schranken zugelassen sein. Trotz ernst zu nehmender, dogmatisch zutreffend begründeter Gegenargumente einer Minderheit im Schrifttum[231] wenden die h.M. und Rechtsprechung verfassungsimmanente Schranken auch dann an, wenn für ein Grundrecht ein Gesetzesvorbehalt existiert, dieser auf Grund seiner Qualifiziertheit

---

[230] Geiger, FamRZ 1979, S. 457 f.; Schlicht, RdJB 2003, S. 5 (7). Ausführlich hierzu unten F. II. 4. b. (3) (a), S. 121 f.

[231] Nach der Argumentation der Mindermeinung können verfassungsimmanente Schranken dann nicht mehr legitimierend wirken, wenn das Grundgesetz durch die Festlegung eines Gesetzesvorbehalts alle Voraussetzungen abschließend festgelegt hat, unter denen das betroffene Grundrecht beschränkt werden soll. Ausführlich dazu Pieroth, AöR 114 (1989), S. 422 (444); Pieroth/Schlink, Staatsrecht II, Rn. 331. Eine konsequente Anwendung dieser zwar grundrechtsdogmatisch überzeugenden, jedenfalls aber von der herrschenden Meinung fast vollständig zurückgedrängten Auffassung ist jedoch für diese praxisorientierte Betrachtung der Verfassungsmäßigkeit der Ganztagsschule nicht angezeigt.

F. Die verfassungsrechtliche Rechtfertigung des Eingriffs in das Elternrecht

aber den vorliegenden staatlichen Eingriff in die Freiheitsgewährleistung nicht rechtfertigen kann.[232]

Als eine solche verfassungsimmanente Grundrechtsschranke rückt zunächst Art. 7 Abs. 1 GG als Vorschrift über die Verantwortlichkeit des Staates für das gesamte Schulwesen in das Blickfeld. Die Norm bildet die zentrale Vorschrift, die nach ganz einhelliger Auffassung das Elternrecht im Schulwesen beschränkt und staatliche Maßnahmen in diesem Bereich, die in Grundrechte eingreifen, rechtfertigt. Der Inhalt der höchstrichterlichen Rechtsprechung und die sich an die grundlegenden Entscheidungen anlehnenden Stellungnahmen der Literatur geben jedoch Anlass zu Kritik und Zweifel an der Verfassungsmäßigkeit der dort entwickelten Dogmatik zu Art. 7 Abs. 1 GG. Die Fragen, ob Art. 7 Abs. 1 GG als verfassungsimmanente Grundrechtsschranke des Elternrechts aus Art. 6 Abs. 2 S. 1 GG grundsätzlich in Betracht kommt, wie die Anwendung der Norm in der Rechtsprechungspraxis vorgenommen wird und ob sie im speziellen Fall der Einführung der Ganztagsschule als Rechtfertigungsgrundlage herangezogen werden kann, finden im folgenden Abschnitt Erläuterung.

1. Art. 7 Abs. 1 GG als verfassungsimmanente Grundrechtsschranke

Unter verfassungsimmanenten Grundrechtsschranken sind in erster Linie kollidierende Grundrechte Dritter zu verstehen.[233] Ist die Grundrechtsausübung eines Grundrechtsinhabers mit der eines anderen Grundrechtsberechtigten nicht vereinbar, wird das eine Grundrecht zur Schranke des anderen. Voraussetzung ist dabei, dass das kollidierende Grundrecht einen normativen Gehalt besitzt, der strukturell in Gegensatz zu den abwehrrechtlichen Eingriffsverboten treten kann, wie etwa im Fall der staatlichen Schutzpflichten.[234]

Trotz seiner Stellung im Grundrechtskatalog gehört Art. 7 Abs. 1 GG systematisch nicht zu den Grundrechten, sondern ist eine Kompetenz- und Organisationsnorm mit der Besonderheit, dass als Kompetenzträger nur der „Staat" genannt wird und sich sowohl die Verbands- als auch die Organkompetenz aus weiteren Normen ergeben.[235] Die Vorschrift enthält ihrem Wortlaut nach zunächst nur die Kompetenz des Staates, bei der Regelung des Schulwesens überhaupt tätig zu werden. Die Qualität des Art. 7 Abs. 1 GG als verfassungsimma-

---

[232] BVerfGE 66, 116 (136); BVerwGE 87, 37 (45); Lerche, in: Isensee/Kirchhof, HbdStR V, § 122 Rn. 23, 46 f.; Jarass, in: Jarass/Pieroth, Grundgesetz, Vorb. vor Art. 1 Rn. 47; Peters, in: Bettermann/Nipperdey/Scheuner, Die Grundrechte Bd. IV/1, S. 369 (384).
[233] Vgl. nur BVerfGE 28, 243 (261); 47, 46 (76); 67, 213 (228); 84, 212 (228) st. Rspr.
[234] Dazu Sachs in: ders., Grundgesetz, vor Art. 1 Rn. 129.
[235] Pieroth, DVBl. 1994, S. 949 (951).

F. Die verfassungsrechtliche Rechtfertigung des Eingriffs in das Elternrecht

nente Schranke und somit die Möglichkeit, den Eingriff in das Elternrecht durch die Einführung der Ganztagsschule unter Heranziehung der staatlichen Schulaufsicht als Ermächtigungsgrundlage zu rechtfertigen, ist nicht ohne weiteres ersichtlich.

a. Kompetenznormen als verfassungsimmanente Grundrechtsschranken?

Verfassungsimmanente Grundrechtsschranken können sich nach ständiger Rechtsprechung nicht nur aus Grundrechten Dritter, sondern auch aus sonstigen verfassungsrechtlich geschützten Gütern ergeben.[236] Die in Grundrechten geschützte Freiheit könne – so das Bundesverfassungsgericht – mit Verfassungsbestimmungen aller Art kollidieren, denn ein geordnetes menschliches Zusammenleben setze nicht nur die gegenseitige Rücksichtnahme der Bürger, sondern auch eine funktionierende staatliche Ordnung voraus, welche die Effektivität des Grundrechtsschutzes überhaupt erst sicherstelle.[237] Solche Verfassungsgüter liegen aber in der Regel nicht bereits in bloßen Kompetenz-, Ermächtigungs- und Organisationsvorschriften.[238] Weist eine Vorschrift des Grundgesetzes nur darauf hin, dass ein Träger hoheitlicher Staatsgewalt überhaupt tätig werden kann, sein Handeln mithin von der Verfassungsordnung nicht generell ausgeschlossen ist, so liegt hierin noch keine Aussage über die Voraussetzungen, unter denen die gesetzgeberische Tätigkeit zu erfolgen hat. Die reinen Kompetenznormen des Grundgesetzes erheben die Gegenstände möglichen staatlichen Handelns nicht per se zu materiell-rechtlichen Handlungsaufträgen oder sonstigen Wertentscheidungen. Für die Rechtfertigung einer Grundrechtsbeschränkung über eine Kompetenznorm des Grundgesetzes ist notwendig, dass aus der Bestimmung über deren unmittelbaren normativen Gehalt hinaus eine verfassungsrechtliche Grundentscheidung oder ein Rechtswert von verfassungsrechtlichem Rang entnommen werden kann.[239] Damit Kompetenznormen des Grundgesetzes ebenso wie den Grundrechten Dritter eine grundrechtsbeschränkende Wirkung beigemessen werden kann, müssen diese folglich über die Regelung der Zuständigkeit eines Teils der hoheitlichen Staatsgewalt in Abgrenzung zu einem anderen hinaus materielle Gehalte besitzen.

Art. 7 Abs. 1 GG kann daher nur dann grundrechtsbeschränkendes kollidierendes Verfassungsrecht darstellen und Rechtfertigungsgrundlage für Eingriffe in

---

[236] BVerfGE 28, 243 (261); 67, 213 (228); 83, 130 (138).
[237] BVerfGE 81, 278 (292); vgl. auch BVerwGE 87, 37 (45).
[238] Degenhart, in: Sachs, Grundgesetz, Art. 70 Rn. 59; Jarass, in: Jarass/Pieroth, Grundgesetz, Vorb. zu Art. 1 Rn. 46; BVerfGE 69, 1 (60); BVerwG, DVBl. 1982, S. 199 (200); zu restriktiv wohl Pieroth/Schlink, Staatsrecht II, Rn. 334.
[239] BVerfGE 69, 1 (60).

F. Die verfassungsrechtliche Rechtfertigung des Eingriffs in das Elternrecht

das Elternrecht durch die Einführung der Ganztagsschule sein, wenn die Verfassung die staatliche Schulaufsicht nicht nur zulässt, sondern ihr einen verfassungsrechtlichen Rang ähnlich den Grundrechten verleiht. Dem Wortlaut nach sind zwar mit der staatlichen Aufsicht keine materiellen Regelungsgehalte verbunden. Ungeachtet dessen kommt Art. 7 Abs. 1 GG im Unterschied zu den meisten anderen Kompetenznormen des Grundgesetzes eine besondere Stellung in der Verfassungsordnung zu.

b. Der materiell-rechtliche Regelungsgehalt des Art. 7 Abs. 1 GG

Nach ganz einhelliger Auffassung beinhaltet Art. 7 Abs. 1 GG über die Festlegung der generellen Handlungszuständigkeit des Staates im Schulwesen hinaus die verfassungsrechtliche Grundlage für einen eigenen, von der Befugnis der Eltern aus Art. 6 Abs. 2 S. 1 GG unabhängigen Erziehungsauftrag der Schule.[240] Die staatliche Schule soll ihren eigenen Beitrag dazu leisten, den einzelnen Schüler zu einem selbstverantwortlichen Mitglied der Gesellschaft heranzubilden und bekommt dafür einen „wurzeleigenen", gegenüber dem Elternrecht abgegrenzten Bereich des Erziehungswesens zugewiesen, über den er disponieren kann.[241] Das Grundgesetz geht von der Notwendigkeit dieses eigenen staatlichen Erziehungsanspruches und einer besonderen Bedeutung dieses staatlichen Handelns für die Entwicklung und Erhaltung des demokratisch-rechtsstaatlich organisierten Gemeinschaftslebens aus.[242]

Neben diesem Erziehungsauftrag wird durch Art. 7 Abs. 1 GG dem Staat der Verfassungsauftrag zur Gewährleistung eines leistungsfähigen Schulwesens, sei es durch die Errichtung und den Betrieb eines öffentlichen Schulwesens oder durch die Überwachung privater Schulen übertragen.[243] Das „Wie" der Ausübung der hoheitlicher Regelungsbefugnis auf der Grundlage der Kompetenzzuweisung in Art. 7 Abs. 1 GG, ihr Inhalt und ihre Grenzen werden durch die Vorschrift selbst mit umrissen, womit sie über den normativen Gehalt einer ausschließlichen Zuständigkeitsregelung hinausgeht. Im Unterschied zu sonstigen Kompetenznormen des Grundgesetzes verleiht Art. 7 Abs. 1 GG dem Staat nicht

---

[240] BVerfGE 34, 165 (181 f.); 47, 46 (71); Pieroth, in: Jarass/Pieroth, Grundgesetz, Art. 7 Rn. 1; Huber, BayVBl. 1994, S. 545 (546); Böckenförde, in: Krautscheid/Marré, Essener Gespräche zum Thema Staat und Kirche 14, S. 54 (82 ff.); Wimmer, DVBl. 1967, S. 809 (811); Fehnemann, DÖV 1978, S. 489 (491); Jestaedt, in: Dolzer, Bonner Kommentar zum Grundgesetz, Art. 6 Abs. 2 und 3 Rn. 337.
[241] Wimmer, DVBl. 1967, S. 809 (811) m.w.N.
[242] Dazu ausführlich unten F. II. 4. b. (1), S. 114 ff.
[243] Jarass, DÖV 1995, S. 674 (677).

nur das Recht, regelnd tätig zu werden, sondern verpflichtet ihn gleichzeitig zur Bereitstellung, Ordnung, Gestaltung und Verwaltung des Schulwesens. Art. 7 Abs. 1 GG beschränkt sich mithin inhaltlich nicht auf die Zuweisung der Regelungskompetenz im Schulwesen an den Staat, sondern konstituiert einen mit materieller Wirksamkeit ausgestatteten Handlungsauftrag der Schule, erzieherisch im Sinne einer gemeinwohlorientierten Entwicklung der Persönlichkeiten der Schüler tätig zu werden. Zur Erfüllung dieses Erziehungsauftrages sind dem Staat umfassende Organisations- und Gestaltungsrechte verliehen, die weit über die bloße Möglichkeit, überhaupt gesetzgeberisch tätig zu werden, hinausgehen. Wegen dieses weitreichenden materiellen Gehaltes kann Art. 7 Abs. 1 GG verfassungsimmanente Schranke sein und daher auch grundsätzlich Eingriffe in das Elternrecht durch Maßnahmen des Gesetzgebers im Bereich des Schulwesens rechtfertigen. Für die Beurteilung der verfassungsrechtlichen Rechtfertigung der in das Elternrecht eingreifenden Umstellung des Schulsystems auf die Ganztagsschule kann Art. 7 Abs. 1 GG als mit den Gewährleistungen des Art. 6 Abs. 2 S. 1 GG kollidierendes Verfassungsrecht herangezogen werden.

c. Der Gesetzesvorbehalt im Schulwesen

Aus Art. 7 Abs. 1 GG folgt ein originärer, nicht vom elterlichen Erziehungsrecht abgeleiteter Erziehungsauftrag des Staates, der als kollidierendes Verfassungsgut Grundlage für die verfassungsrechtliche Rechtfertigung für schulorganisatorische Maßnahmen sein kann. Einhellig wird allerdings heute davon ausgegangen, dass allein Art. 7 Abs. 1 GG für in Grundrechte eingreifendes Handeln der Schulverwaltung keine unmittelbar legitimierende Wirkung entfaltet, sondern auf seiner Grundlage der Gesetzgeber selbst tätig werden muss. Während früher das Rechtsverhältnis der Schüler zur Schule und umgekehrt als besonderes Gewaltverhältnis für sich genommen die Legitimationsbasis für die mangelnde Geltung oder die Begrenzung von Grundrechten bildete, ist jetzt formell ein Gesetz und materiell die Übereinstimmung mit den Vorgaben des Grundgesetzes erforderlich.

Wegen der weitreichenden Bedeutung der Schulbildung für das gesamte Gemeinwesen und seine Beteiligten ist der freiheitssichernde rechtsstaatliche Grundsatz der Gesetzmäßigkeit der Verwaltung aus Art. 20 Abs. 3 GG, der die Vorhersehbarkeit und Berechenbarkeit staatlichen Handelns ermöglicht, auch auf das Schulverhältnis zu erstrecken. Die Geltung des Gesetzesvorbehalts im

F. Die verfassungsrechtliche Rechtfertigung des Eingriffs in das Elternrecht

Schulwesen ist heute gesicherte Rechtsauffassung.[244] Das Rechtsstaats- und Demokratieprinzip verpflichten den Gesetzgeber, die wesentlichen Entscheidungen im Schulwesen selbst zu treffen und nicht der Schulverwaltung zu überlassen.[245]

Diese Erkenntnis allein ist insofern noch nicht von überragender Bedeutung, als verfassungsimmanente Schranken – wie auch Art. 7 Abs. 1 GG – nach gefestigter Rechtsprechung generell dem Gesetzesvorbehalt unterliegen,[246] insbesondere dann, wenn in ein schrankenloses Grundrecht eingegriffen werden soll.[247] Die Anforderungen an die Beschränkung eines vorbehaltlos gewährten Grundrechts können nicht geringer als diejenigen sein, die ein grundrechtlicher Gesetzesvorbehalt an die Rechtfertigung eines Eingriffes stellt. Die Besonderheit im Schulwesen liegt jedoch darin, dass hier nicht nur die hoheitlichen Akte durch den Gesetzgeber selbst zu regeln sind, die im Sinne der Wesentlichkeitstheorie grundrechtsrelevant sind, sondern die gesamte organisierende, planende und leitende Tätigkeit im Schulbereich vom Gesetzesvorbehalt erfasst wird.[248] Es wird von einem umfassenden Parlamentsvorbehalt im Schulwesen gesprochen.[249] Damit ist die von Art. 7 Abs. 1 GG offen gelassene Frage, welche der drei staatlichen Gewalten zur Wahrnehmung der schulhoheitlichen Aufgaben im Einzelnen berechtigt ist, beantwortet.

Die flächendeckende Einführung der Ganztagsschule in den deutschen Bundesländern unterliegt als schulorganisatorische Reformbewegung von grundsätzlicher Bedeutung für die Entwicklung des gesamten deutschen Schulwesens und die Situation der Erziehung in den Familien selbstverständlich dem Vorbehalt des Gesetzes. Hierüber bestehen keine Streitigkeiten und alle bisher unternommenen Reformschritte der Bundesländer geben in dieser Hinsicht keinen Anlass zu Kritik. Die Umstellung der Schulen vom Halbtagsbetrieb auf die ganztägige Unterrichtung und Erziehung der Kinder erfolgte bisher ausschließlich auf der

---

[244] Vgl. nur BVerfGE 34, 165 (192); 45, 400 (417 f.); 47, 46 (78 ff.); 53, 185 (204); ausführlich zur Entwicklung der Lehre BVerwG, NJW 1982, S. 1410 ff.; Huber, BayVBl. 1994, S. 545 (548 f.); Faller, EuGRZ 1981, S. 611 (624); Eiselt, DÖV 1978, S. 866 (870); Ossenbühl, in: Habscheid u.a., Festschrift für Friedrich Wilhelm Bosch, S. 751 (753 ff.).
[245] BVerfGE 34, 165 (192).
[246] BVerfGE 59, 231 (261 ff.).
[247] BVerfGE 83, 130 (142); BVerwGE 90, 112 (122).
[248] Vgl. ausführlich Heckel/Avenarius, Schulrechtskunde, S. 166 ff.
[249] Erichsen, VerwArch 69 (1978) S. 387 (392 ff.); Fehnemann, DÖV 1978, S. 489 (492); ausführlich Löning, Der Vorbehalt des Gesetzes im Schulverhältnis, S. 158 ff. sowie Erichsen, in: Wilke, Festschrift zum 125jährigen Bestehen der juristischen Gesellschaft zu Berlin, S. 114 ff.

F. Die verfassungsrechtliche Rechtfertigung des Eingriffs in das Elternrecht

Ebene des formellen Gesetzesrechts durch die Änderung der entsprechenden Landesschulgesetze.

2. Staatliche Schulhoheit und elterliches Erziehungsrecht in der höchstrichterlichen Rechtsprechung

Zahlreiche politisch umstrittene Schulreformen und schulorganisatorische Einzelmaßnahmen haben – insbesondere seit der Bildungsbewegung der 60er und 70er Jahre – Anlass zur Auseinandersetzung der verwaltungs- und verfassungsgerichtlichen Rechtsprechung mit dem Verhältnis des elterlichen Erziehungsrechts aus Art. 6 Abs. 2 S. 1 GG zur staatlichen Schulhoheit auf der Grundlage des Art. 7 Abs. 1 GG gegeben. Gesetzgeberische Maßnahmen im Bereich des Schulwesens wie etwa

Ende der 60er Jahre die Einführung der christlichen Gemeinschaftsschule in Nordrhein-Westfalen, Bayern und Baden-Württemberg,

1969 die Einführung der obligatorischen Förderstufe für die Klassen fünf und sechs in Hessen,

1970 die Etablierung des Sexualkundeunterrichts in Hamburg,

1976 die Neuordnung der gymnasialen Oberstufe in Hessen,

1979 die Errichtung der integrierten Gesamtschulen in Hamburg,

1983 die Regelung zur Anbringung des Kruzifixes in bayrischen Klassenzimmern,

1991 die Einführung der sechsjährigen Grundschulpflicht in Brandenburg sowie

1995 die Neuregelung der deutschen Rechtschreibung

sind einige wichtige Beispiele, die auf Grund der in Elternrechte eingreifenden Wirkung auf ihre Verfassungsmäßigkeit zu überprüfen waren. Die Entscheidungen hierzu geben Auskunft über die bundesverfassungs- und bundesverwaltungsgerichtliche Beurteilung der Reichweite und des Inhalts der staatlichen Schulhoheit und der Stellung des Grundrechts der Eltern gem. Art. 6 Abs. 2 S. 1 GG im Schulwesen. Die Interpretation des zwischen Eltern und Schule bestehenden Rechtsverhältnisses ist Grundlage für die nachfolgende kritische Betrachtung der Rechtfertigungswirkung des Art. 7 Abs. 1 GG für die in Elternrechte eingreifende flächendeckende Einführung der Ganztagsschule.

F. Die verfassungsrechtliche Rechtfertigung des Eingriffs in das Elternrecht

a. Das Gleichordnungs- und Kooperationsmodell im Schulwesen

Die Abgrenzung elterlicher Befugnisse aus Art. 6 Abs. 2 S. 1 GG von der Zuständigkeit der Staates für die Erziehung der Kinder in der Schule gem. Art. 7 Abs. 1 GG gestaltet sich auf Grund der besonderen Verwurzelung der Rechtsverhältnisse zwischen den am Schulwesen Beteiligten in der – einer verfassungsrechtlichen Beurteilung schwer zugänglichen – Materie der Pädagogik und Entwicklungspsychologie in ihrer speziellen Vernetzung mit gesamtgesellschaftlichen sozialen und politischen Problemstellungen schwierig. Einer ausdrücklichen Gewichtung des Elternrechts im Verhältnis zum eigenen Erziehungsrecht des Staates hat sich das Bundesverfassungsgericht daher in seiner Rechtsprechung auch nur sehr vorsichtig genähert.

Zunächst hatte es mit einem undifferenzierten „Vorbehalt" klargestellt, dass die aus der Formulierung des Art. 6 Abs. 2 S. 1 GG folgende Vorrangstellung der Eltern vor anderen Erziehungsträgern im Bereich des Art. 7 Abs. 1 GG nicht gelte.[250] Eine weitere Erläuterung blieb das Urteil schuldig. Erst in seiner Entscheidung zur Verfassungsmäßigkeit der Einführung der obligatorischen Förderstufe in Hessen[251] war eine ausdrückliche Bestimmung des Verhältnisses der beiden Erziehungsträger im Schulwesen unumgänglich, da sie den Konflikt zwischen der elterlichen Bestimmung über die Entwicklung des Kindes und der staatlichen Schulhoheit zum unmittelbaren Beschwerdegegenstand hatte. Das Gericht stellte fest, dass das Grundgesetz gegenüber der Vorstellung von einer grundsätzlich unbeschränkten staatlichen Schulhoheit, wie sie die Weimarer Reichsverfassung beherrschte, innerhalb des „Gesamtbereichs Erziehung" das individualrechtliche Moment verstärkt und den Eltern, auch soweit sich die Erziehung der Kinder in der Schule vollzieht, größeren Einfluss eingeräumt habe, der allerdings nicht zu einem ausschließlichen elterlichen Erziehungsanspruch führen soll. Vielmehr sei „der staatliche Erziehungsauftrag in der Schule, von dem Art. 7 Abs. 1 GG ausgeht, in seinem Bereich dem elterlichen Erziehungsrecht nicht nach-, sondern gleichgeordnet."[252] Diese gemeinsame Erziehungsaufgabe von Eltern und Schule, welche die Bildung der einen Persönlichkeit zum Ziel habe, ließe sich nicht in einzelne Komponenten zerlegen und sei in einem sinnvoll aufeinander bezogenen Zusammenwirken zu erfüllen.[253]

Im weiteren Verlauf des Urteils wird dieses Gleichordnungs- und Kooperationsmodell zum einen dahingehend konkretisiert, dass zum staatlichen Gestal-

---

[250] BVerfGE 31, 194 (204).
[251] BVerfGE 34, 165 ff.
[252] BVerfGE 34, 165 (183).
[253] BVerfGE 34, 165 (183).

F. Die verfassungsrechtliche Rechtfertigung des Eingriffs in das Elternrecht

tungsbereich nicht nur die organisatorische Gliederung der Schule gehört, sondern auch die inhaltliche Festlegung der Ausbildungsgänge und der Unterrichtsziele.[254] Die strukturellen Festlegungen des Ausbildungssystems, das inhaltliche und didaktische Programm der Lernvorgänge und das Setzen der Lernziele sowie die Entscheidung darüber, ob und inwieweit diese Ziele von den Schülern erreicht worden sind, gehören zu dem der elterlichen Bestimmung grundsätzlich entzogenen staatlichen Gestaltungsbereich.[255] Zum anderen, so das Gericht weiter, dürfe der Staat durch schulorganisatorische Maßnahmen nicht den ganzen Werdegang des Kindes regeln wollen und habe sich der „Bewirtschaftung des Begabungspotentials" zu enthalten. Das Bestimmungsrecht der Eltern umfasse auch die Befugnis, den von ihrem Kind einzuschlagenden Bildungsweg frei zu wählen. Dieses Wahlrecht der Eltern zwischen den vom Staat zur Verfügung gestellten Schulformen dürfe nicht mehr als notwendig begrenzt werden.

Dieses Urteil ist zur Leitentscheidung für alle verwaltungs- und verfassungsgerichtliche Verfahren geworden, die das Verhältnis von Eltern und Staat im Schulwesen betreffen und seine Inhalte dominieren bis heute Rechtsprechung und Literatur. In späteren Beschlüssen und Urteilen hat das Bundesverfassungsgericht durch die Zuweisung bestimmter Einzelpositionen im Schulverhältnis an die Kompetenz des Staates oder der Eltern das Verhältnis von Art. 6 Abs. 2 S. 1 GG und Art. 7 Abs. 1 GG noch weiter konkretisiert.[256] Ebenso finden sich die Grundsätze des Förderstufenurteils in zahlreichen Entscheidungen des Bundesverwaltungsgerichts wieder,[257] so dass das Gleichordnungs- und Kooperationsmodell als konsequent angewandte richterliche Entscheidungsgrundlage für die Lösung von Konfliktfällen im Schulwesen betrachtet werden kann. Die Konstruktion bildet das tragende Leitmotiv der Rechtsprechung zum Verhältnis des Einzelnen zum Staat im Bildungsverfassungsrecht.

---

[254] BVerfGE 34, 165 (183 ff.).
[255] BVerfGE 34, 165 (182); 45, 400 (415); 59, 360 (377) st. Rspr.
[256] Zu nennen sind hier etwa BVerfGE 41, 29 ff.; 41, 65 ff.; 41, 88 ff. – christliche Gemeinschaftsschule; BVerfGE 45, 400 ff.; 53, 185 ff. – Neuordnung gymnasialer Oberstufe; BVerfGE 47, 46 ff. – Sexualkundeunterricht; BVerfGE 51, 269 ff. – Schulauflösung; BVerfG, NVwZ 1984, S. 89 – Gesamtschule als Regelschule; BVerfG, NVwZ 1984, 781 – Schulzuweisung; BVerfGE 59, 360 ff. – Schweigepflicht der Schülerberater; BVerfGE 93, 1 ff. – Kreuz im Klassenzimmer; BVerfGE 98, 218 ff. – Rechtschreibereform; BVerfGE 108, 282 ff. – Kopftuch im Unterricht.
[257] BVerwGE 64, 308 ff. – Pflichtfremdsprache der Bremer Orientierungsstufe; BVerwGE, DÖV 1978, S. 845 f. – Auskunftsanspruch von Eltern und Schülern; BVerwG, NJW 1981, 1056 – Veränderung des humanistischen Gymnasiums; BVerwGE 61, 164 ff.; 79, 298 ff. – Schulbuch; BVerwG, NJW 1981, S. 1056 – Mengenlehre in der Grundschule; BVerwG, NJW 1982, S. 250 f. – Zeugnis- und Notengebung in der Grundschule; BVerwGE 104, 1 ff. – Einführung der sechsjährigen Grundschule.

F. Die verfassungsrechtliche Rechtfertigung des Eingriffs in das Elternrecht

b. Das Neutralitäts- und Toleranzgebot im Schulwesen

Hinsichtlich der Erziehungstätigkeit des Staates in vorrangig weltanschaulichen und religiösen Fragen konstituiert das Bundesverfassungsgericht ein Neutralitäts- und Toleranzgebot speziell für das Handeln des Staates im Schulwesen, das die Lehre von der Gleichordnung und Kooperation von Eltern und Schule ergänzt.

Der allgemeine objektiv-rechtliche Grundsatz der weltanschaulich-religiösen Neutralität des Staates wird maßgeblich auf die Religionsfreiheit aus Art. 4 Abs. 1 und 2 GG, daneben auf Art. 3 Abs. 3, Art. 33 Abs. 3 und auf Art. 140 GG i.V.m. Art. 137 Abs. 1 WRV gestützt.[258] Er verwehrt generell die Einführung staatskirchlicher Rechtsformen und untersagt die Privilegierung bestimmter Bekenntnisse ebenso wie die Ausgrenzung Andersgläubiger.[259] Den Grundsatz der Toleranz formuliert die Rechtsprechung des Bundesverfassungsgerichts als tragendes Prinzip der freiheitlichen Demokratie, das in Fragen des Glaubens und der Weltanschauung insbesondere gegenüber Minderheiten gilt. Die Wertentscheidung der Verfassung für Toleranz wird unter Hinzufügung der Art. 1 Abs. 1 und Art. 2 Abs. 1 GG aus den gleichen Vorschriften wie das Neutralitätsgebot abgeleitet.[260] Das Bundesverfassungsgericht hat diese beiden Gebote auf das Schulwesen übertragen und an das besondere Verhältnis der staatlichen Schulerziehung zur elterlichen Bestimmungsmacht über die Entwicklung des Kindes und die Religions- und Weltanschauungsfreiheit des Schülers angepasst.

Den Grundstein für die Erweiterung des Kooperationsmodells um den Neutralitäts- und Toleranzgedanken legt das Förderstufenurteil selbst, wenn es bestimmt, der Staat müsse in der Schule die Verantwortung der Eltern für den Gesamtplan der Erziehung ihrer Kinder achten und für die Vielfalt der Anschauungen in Erziehungsfragen soweit offen sein, als es sich mit einem geordneten staatlichen Schulsystem verträgt.[261] Wenige Jahre später findet sich dann in dieser Rechtsprechung der eindeutige Bezug zu Glaubensfragen. Das Gericht stellt fest, die elterlichen Rechte bezüglich der weltanschaulich-religiösen Ausrichtung der Erziehung müssten auch im Schulbereich Berücksichtigung finden und seien in Form praktischer Konkordanz mit den Interessen des Staates an der eigenen Erziehungstätigkeit in Ausgleich zu bringen.[262] Die Schule dürfe daher keine missionarische Schule sein und keine Verbindlichkeit christlicher Glau-

---

[258] Vgl. BVerfGE 19, 206 (216); 24, 236 (246).
[259] BVerfGE 18, 385 (386); 33, 23 (28); 93, 1 (17); ausführlich BVerfGE 108, 282 (299 ff.).
[260] BVerfGE 33, 23 (32).
[261] BVerfGE 34, 165 (183).
[262] Dazu BVerfGE 41, 29 (50 f.).

F. Die verfassungsrechtliche Rechtfertigung des Eingriffs in das Elternrecht

bensinhalte beanspruchen; sie müsse auch für andere weltanschauliche und religiöse Inhalte und Werte offen sein.[263] Das Bundesverfassungsgericht erachtet in der Konsequenz dieses Grundsatzes etwa die religiös-weltanschaulich geprägte Volksschule für zulässig, solange der Landesgesetzgeber den Ausgleich zwischen positiver und negativer Religionsfreiheit der zum Schulbesuch verpflichteten Kinder und deren Eltern entsprechend dem Toleranzgebot vornimmt.[264]

Einen Eingriff in grundrechtlich geschützte Eltern- und Schülerpositionen nimmt das Bundesverfassungsgericht in seiner Entscheidung zur Verfassungsmäßigkeit des Sexualkundeunterrichts im Jahre 1977 dann an, wenn der Staat in der schulischen Erziehung die gebotene Neutralität und Toleranz vermissen lässt, indem er die Schüler zu einem bestimmten Verhalten indoktriniert und dadurch seine Erziehungsgewalt missbraucht.[265] Es stellt damit eine erste ausdrückliche Grenze der unbeschränkten staatlichen Schulhoheit auf. Einige Jahre später weicht das Gericht diese Grundsätze jedoch wieder auf, wenn es formuliert, der Begriff der Indoktrination dürfe nicht dahin gedeutet werden, dass darunter schon jede Erziehung oder Beeinflussung zu einem bestimmten Verhalten verstanden wird. Verboten sei nur eine über die Vermittlung verfassungsmäßig und gesetzlich vorgegebener Werte hinausgehende gezielte Beeinflussung oder gar Agitation im Dienste einer bestimmten politischen, ideologischen oder weltanschaulichen Richtung.[266] Das Neutralitäts- und Toleranzgebot in seiner speziell schulrechtlichen Ausprägung ist neben dem Gleichordnungs- und Kooperationsmodell ebenfalls Teil der ständigen Rechtsprechung zum Verhältnis des Art. 7 Abs. 1 GG und Art. 6 Abs. 2 S. 1 GG.

c. Die Lösung von Konfliktfällen durch die Abwägung der Belange

Wenn sich auch die Rechtsprechung bisher nicht zu der Festlegung eines Vorranges im Konflikt des Elternrechts mit der staatlichen Schulhoheit entscheiden konnte, eine abstrakte Abgrenzung der Befugnisse verweigerte und die Gleichordnung beider Erziehungsmandate annimmt, bedurften doch zahlreiche Fälle, in denen sich die verschiedenen Standpunkte unversöhnbar gegenüberstanden, einer Konfliktlösung und Streitentscheidung. In der Konsequenz der Auffassung, die Abgrenzung der Erziehungskompetenzen von Eltern und Schule sei unmöglich, hilft sich das Bundesverfassungsgericht in solchen Kollisionsfällen mit einer Abwägung der sich gegenüber stehenden Belange im Rahmen der Prüfung, ob die Beschränkung des Elternrechts durch den Schulgesetzgeber oder

---

[263] BVerfGE 41, 29 (51).
[264] BVerfGE 41, 29 (50); 52, 223 (236 ff.); vgl. auch BVerfGE 108, 282 (300 f.).
[265] BVerfGE 47, 46 (76 f.).
[266] BVerfG, NVwZ 1990, S. 54 (55).

F. Die verfassungsrechtliche Rechtfertigung des Eingriffs in das Elternrecht

die Schulverwaltung verhältnismäßig war. Eine Grenze für Schulreformen wird von der Rechtsprechung dort gezogen, wo die getroffenen Maßnahmen für die persönliche und soziale Entwicklung der Schüler offensichtlich nachteilig wären.[267]

In seinem Nichtannahmebeschluss zur Verwendung eines bestimmten Schulbuches im Unterricht aus dem Jahre 1989 äußert sich das Bundesverfassungsgericht sogar ausdrücklich zu dieser Konfliktlösungsmethodik und weist darauf hin, dass es unmöglich sei, allgemeine Kriterien zur Abgrenzung der staatlichen Befugnisse von dem elterlichen Bestimmungsrecht aufzustellen. Daraus folgert das Gericht: „Staat und Eltern müssen daher aufeinander Rücksicht nehmen und ihre Bemühungen nach dem Grundsatz praktischer Konkordanz aufeinander abstimmen."[268] Die Entscheidung hinge dann trotz prinzipieller Gleichrangigkeit der schulischen und häuslichen Erziehung davon ab, um welchen Teil des Erziehungswesens es sich handele und welcher Art die verfolgten Erziehungsziele seien.[269] Demnach soll zur Überprüfung der Verfassungsmäßigkeit einer in das Elternrecht eingreifenden schulorganisatorischen Maßnahme unter Vernachlässigung einer abstrakten Abgrenzung der erzieherischen Kompetenzen in jedem Fall eine Abwägung im Einzelfall erfolgen.

3. Analyse und Kritik der Rechtsprechung

a. Zur Kritik des Gleichordnungs- und Kooperationsmodells sowie des Neutralitäts- und Toleranzgebots

Das Bundesverfassungsgericht wird im Schrifttum für seine „dynamische Lösung" gelobt, bei der nicht Machtkonkurrenzen, sondern die an „der einen Persönlichkeit des Kindes" gemeinsam zu erfüllenden Aufgaben im Mittelpunkt stünden, ohne dass das Gericht die Verantwortung der Eltern für den Gesamtplan der Erziehung ihrer Kinder einerseits und die Rücksicht auf ein geordnetes staatliches Schulsystem andererseits aus dem Auge verliere.[270] Das im Förderstufenurteil des Bundesverfassungsgerichts entwickelte Kooperationsmodell für die Beschreibung des Verhältnisses der staatlichen zur elterlichen Erziehungsbefugnis ist somit nicht nur inzwischen ständige Rechtsprechung, sondern hat sich

---

[267] BVerfGE 34, 165 (188 f.); BVerwGE 104, 1 (9).
[268] BVerfG, NVwZ 1990, S. 54; vgl. auch bereits BVerfGE 59, 360 (381).
[269] BVerfG, NVwZ 1990, S. 54.
[270] Fehnemann, DÖV 1978, S. 489 (494).

F. Die verfassungsrechtliche Rechtfertigung des Eingriffs in das Elternrecht

auch in der Literatur als herrschende Auffassung manifestiert.[271] Ihre Überzeugungskraft gewinnt die Rechtsprechung des Bundesverfassungsgerichts jedoch nicht aus einer dogmatisch nachvollziehbaren und folgerichtigen Argumentation oder der Tauglichkeit des Modells zur sachgerechten Entscheidung von Konfliktfällen, sondern aus einer moralisierenden Betrachtungsweise der Zielsetzung von Erziehung. Unter Verweis auf ein gemeinsames Anliegen von Staat und Eltern, auf die Entwicklung des Kindes zur eigenständigen und selbstbestimmten Persönlichkeit hinzuwirken, entzieht sich das Gericht einer klaren Abgrenzung der Kompetenzen und konstituiert statt dessen der Form nach eine „Gemeinschaftsaufgabe" der staatlichen Schule und Eltern. Dieses Modell, das ganz auf eine Abgrenzung der staatlichen von den elterlichen Kompetenzen bei der Erziehung der Kinder verzichtet, kann aus zwei Gründen nicht überzeugen.

Zum einen ist der an den Staat adressierte öffentliche Bildungsauftrag dann nicht mehr erfüllbar, wenn ein ausschließlich auf Leitentscheidungen des parlamentarischen Gesetzgebers beruhender, von den verschiedenen Elterninteressen unabhängiger Kern der Schulausbildung nicht gewährleistet bleibt. Die störungsfreie Vermittlung von Wissen, Kenntnissen und Fertigkeiten an alle Schüler unter Wahrung eines Mindestmaßes an Chancengleichheit trotz der unterschiedlichen Leistungsvoraussetzungen und sozialen Lebensumfelder der Kinder und der allgemein von möglichst vielen Kindern zu erzielenden Bildungserfolge lässt sich in der staatlichen Gemeinschaft nur dadurch erreichen, dass der äußerste Rahmen der organisatorischen Gliederung der Schule dem staatlichen Gestaltungsbereich zugeordnet wird. Dieser muss dem elterlichen Einfluss weitgehend entzogen sein. Das beharrliche Festhalten der Rechtsprechung an dem Gleichordnungs- und Kooperationsmodell ist insofern unverständlich, als das Bundesverfassungsgericht selbst die Notwendigkeit des von elterlicher Mitwirkung unbeeinträchtigten Kerns der Organisationshoheit erkennt. Es wird im Sexualkundebeschluss formuliert: „In einer pluralistischen Gesellschaft ist es faktisch unmöglich, daß die Schule allen Elternwünschen Rechnung trägt und sie bei der Aufstellung der Erziehungsziele und des Lehrplans sowie bei der Gestaltung des Unterrichts berücksichtigt."[272] Die Vielzahl persönlicher Elternauffassungen steht in einem unlösbaren Widerspruch zu einer geschlossenen Konzeption des Staates vom öffentlichen Schulsystem, das nicht durch die elterlichen Partikularvorstellungen durchlöchert werden darf.

---

[271] Z.B. Maunz in: Maunz/Dürig, Grundgesetz, Art. 6 Rn. 117 und 130; Schmitt-Kammler, in: Sachs, Grundgesetz, Art. 7 Rn. 35; Jestaedt, in: Dolzer, Bonner Kommentar zum Grundgesetz, Art. 6 Abs. 2 und 3 Rn. 112; Hemmrich, in: v. Münch/Kunig, Grundgesetz, Art. 7 Rn. 14; Pieroth, DVBl. 1994, S. 948 (955); Evers, JR 1976, S. 265 (266); Ossenbühl, Das elterliche Erziehungsrecht im Sinne des Grundgesetzes, S. 117 ff.

[272] BVerfGE 47, 46 (76).

F. Die verfassungsrechtliche Rechtfertigung des Eingriffs in das Elternrecht

Zum anderen gesteht die Lösung der herrschenden Meinung und Rechtsprechung bezüglich der Entwicklung des schulpflichtigen Kindes den Eltern keinen Erziehungsraum zu, der dem staatlichen Einfluss auf die Kindespersönlichkeit verschlossen bleibt. Das Kooperationsmodell lässt keine definitive Aussage über die Reichweite des staatlichen Erziehungsrechts im Schulwesen aus Art. 7 Abs. 1 GG zu[273] und verbietet somit auch keinen Zweig und keine Erscheinungsform der staatlichen Erziehung; es fordert nur zur Zusammenarbeit der Schule mit den Eltern auf. In der Praxis ist dieses Zusammenwirken jedoch dann unmöglich, wenn sich die Erziehungsansichten geradezu konträr gegenüberstehen. Meist ist hinter einem solchen unlösbaren Konflikt das Interesse der Schule an der Aufrechterhaltung der Ordnung verborgen, das auf eine in einer Gewissensentscheidung ruhende strikte Ablehnung auf Seiten der Eltern trifft. Andere mögliche Konfliktfelder liegen sowohl im organisatorischen als auch pädagogischen Bereich. Betroffen sind vor allem Fragen der Schulform, die Errichtung oder Auflösung einer bestimmen Schule, Entscheidungen über die Schullaufbahn des einzelnen Schülers, bestimmte Erziehungsziele, -methoden und Lehrmittel sowie die äußere Gestaltung des Schulalltags.[274] In zahlreichen dieser Fälle tangieren Regelungen des Schulgesetzgebers oder der Schulverwaltung also das Interesse der Eltern an der ungestörten Ausübung der Pflege und vor allem der ungestörten Erziehung ihrer Kinder.[275] Die Erziehungsberechtigten versuchen in diesen Fällen den Ausschluss der Einflussnahme der Schule aus den eigenen Angelegenheiten zu erreichen, weswegen die Kooperation keine praxisgerechte Lösung darstellt. Eine Abgrenzung der Befugnisse des Staates vom Erziehungsrecht der Eltern ist in solchen Streitfällen unerlässlich.

Das Bundesverfassungsgericht erkennt zwar die Notwendigkeit, losgelöst vom Einzelfall, der durch die Abwägung der Belange auf der Ebene der Verhältnismäßigkeitsprüfung entschieden wird, eine abstrakte Formel zum Verhältnis des

---

[273] Ebenso Erichsen, VerwArch 69 (1978), S. 387 (388), der von „für die konkrete Entscheidung folgenlosen Lippenbekenntnissen" spricht; kritisch auch Ossenbühl, DÖV 1977, S. 801 (808); Schmitt-Kammler, in: Sachs, Grundgesetz, Art. 7 Rn. 35; Kohl, in: Zeidler/Maunz/Roellecke, Festschrift Hans Joachim Faller, S. 201 (204); Jestaedt, in: Dolzer, Bonner Kommentar zum Grundgesetz, Art. 6 Abs. 2 und 3 Rn. 342; Fehnemann, DÖV 1978, S. 489 (494).

[274] Weitere Konfliktfelder zählt Jestacdt, in: Dolzer, Bonner Kommentar zum Grundgesetz, Art. 6 Abs. 2 und 3 Rn. 333 auf.

[275] Auf das Spannungsverhältnis, das zwangsläufig entsteht, wenn elterliche und staatliche Erziehungstätigkeit aufeinandertreffen, weist schon Klumker, in: Nipperdey, Die Grundrechte und Grundpflichten der Reichsverfassung Bd. 2, S. 95 (97) hin. Zutreffend geht auch Thiel, Der Erziehungsauftrag des Staates in der Schule, S. 18 f. auf die Vielseitigkeit der unüberbrückbaren Gegensätze in den Anschauungen zu Erziehungsfragen zwischen Staat und anderen Erziehungsträgern wie den Eltern ein.

F. Die verfassungsrechtliche Rechtfertigung des Eingriffs in das Elternrecht

Elternrechts zur staatlichen Schulhoheit anzubieten und stellt zumindest die allgemeinen Grundsätze der Neutralität und Toleranz des Staates im Schulwesen auf.[276] Deren Anwendung trifft im Schrifttum zum großen Teil auf Zustimmung.[277] Es wird dort ausgeführt, dass das verfassungsrechtliche Gebot der Toleranz und Rücksichtnahme, das von der Rechtsprechung in Ergänzung des Gleichordnungsmodells zur Anwendung gebracht werde, als maßgebliche Konfliktlösungsmaxime eine optimale Berücksichtigung divergierender Interessen ermögliche.[278] Aus der Zusammenschau der allgemeinen verfassungsrechtlichen Gebote der Neutralität und Toleranz seien Grundsätze für das Schulwesen abzuleiten, die bei der Bestimmung von Erziehungszielen und der Gestaltung des Unterrichts Beachtung finden müssten. Unter einer ideologisch toleranten Schule sei eine Schule zu verstehen, die den unterschiedlichen religiösen, weltanschaulichen, ideologischen und politischen Auffassungen der Eltern bzw. auch der Kinder Raum gibt, indem sie deren Artikulation in der Schule zulässt und die so vorgetragenen Meinungen achtet.[279]

Diese besondere Toleranz- und Neutralitätspflicht des Staates im Schulwesen ist jedoch insoweit in ihrem Anwendungsbereich begrenzt, als sie nur für die konfessionelle Gliederung des öffentlichen Schulwesens und seine weltanschauliche Ausrichtung wirkliche Bedeutung erlangt. Sie gebietet, auf die religiösen Empfindungen und politischen Anschauungen der Schüler und Eltern Rücksicht zu nehmen und untersagt die staatliche Intervention in den Tätigkeitsbereich der Kirchen und Religionsgemeinschaften sowie in die persönliche Einstellung der Eltern und Kinder zu weltanschaulichen und religiösen Fragen durch eine indoktrinierende Einflussnahme auf die Entwicklung des Kindes. Sie darf keine missionarische Schule sein und keine Verbindlichkeit bestimmter Glaubensinhalte beanspruchen. Das Bundesverfassungsgericht hat die theoretische Eingrenzung der staatlichen Schulhoheit durch die Toleranz- und Neutralitätspflicht etwa in den Entscheidungen zur:

Verfassungsmäßigkeit der christlichen Gemeinschaftsschule badischer Überlieferung,[280]

---

[276] Dazu oben F. II. 2. b., S. 81 f.
[277] So beispielsweise Evers, JR 1976, S. 265 (266 f.); Pieroth, DVBl. 1994, S. 949 (961); Maunz in: Maunz/Dürig, Grundgesetz, Art. 7 Rn. 21 mit zahlreichen weiteren Nachweisen.
[278] Kohl, in: Zeidler/Maunz/Roellecke, Festschrift Hans Joachim Faller, S. 201 (211)
[279] Zum „Grundrecht auf eine tolerante Schule" im Einzelnen Oppermann, RdJB 1977, S. 44 ff.; Eiselt, DÖV 1978, S. 866 ff.; Huber, BayVBl. 1994, S. 545 (554) m.w.N.
[280] BVerfGE 41, 29 ff.

F. Die verfassungsrechtliche Rechtfertigung des Eingriffs in das Elternrecht

Zulässigkeit der Bevorzugung der Gemeinschaftsschule in Nordrhein-Westfalen,[281]

Rücksichtnahme auf die Bekenntniszugehörigkeit der Schüler bei der Auswahl der Lehrer,[282]

Veranstaltung eines Schulgebets außerhalb des Religionsunterrichts,[283]

Befreiung vom koedukativ durchgeführten Sportunterricht aus religiösen Gründen,[284]

Anbringung eines Kruzifixes in Schulräumen[285] und

zur Zulässigkeit des Tragens eines Kopftuchs als religiösem Symbol im Unterricht durch eine Lehrerin[286]

vorgenommen. Auf die von religiösen und weltanschaulichen Fragen unabhängige innere und äußere Organisation des Schulwesens und der Bedeutung des Elternrechts hierbei hat das Toleranz- und Neutralitätsgebot hingegen keine Auswirkungen.

Wegen dieser Begrenztheit des Gebots auf einen Teilbereich des staatlichen Schulwesens und der Unmöglichkeit der Ausfüllung der Begriffe „Toleranz"[287] und „Neutralität" zum Zwecke einer inhaltlichen Konkretisierung des Verhältnisses der staatlichen Schulhoheit aus Art. 7 Abs. 1 GG zur elterlichen Erziehungsmacht gem. Art. 6 Abs. 2 S. 1 GG ist das Gebot der Toleranz und Neutralität im Schulwesen für die Lösung beschriebener Konfliktfälle zwischen Eltern und Schule mithin ebenso untauglich wie das Gleichordnungs- und Kooperationsmodell.

b. Die Einzelfallentscheidung durch Abwägung als taugliche Methode zum Ausgleich elterlicher und staatlicher Interessen im Schulwesen?

Weder das Gleichordnungs- und Kooperationsmodell noch das Neutralitäts- und Toleranzgebot bieten folglich in praxi eine Möglichkeit zur Konfliktlösung im Schulwesen. Zutreffend bemerkt eine Stimme im Schrifttum hierzu, die Lösung des Bundesverfassungsgerichts führe im Ergebnis zu bloßen Harmonisierungs-

---

[281] BVerfGE 41, 88 ff.
[282] BVerfGE 41, 65 ff.
[283] BVerfGE 52, 223 ff; vgl. auch BVerwGE 44, 196 ff.
[284] BVerwGE 84, 82 ff.
[285] BVerfGE 93, 1 (22 f.)
[286] BVerfGE 108, 282 ff.
[287] Dazu eingehend Huster, Die ethische Neutralität des Staates, S. 229 ff.

F. Die verfassungsrechtliche Rechtfertigung des Eingriffs in das Elternrecht

versuchen, die im Einzelfall keine klaren Entscheidungsanhaltspunkte liefern, vielmehr in diffuse Abwägungs- und Konkordanz-Prozeduren münden und „die Beteiligten mit wohlklingenden, aber wenig operationablen Aufforderungen nach allgemeiner Toleranz und Offenheit der Schule für unterschiedliche Weltanschauungen zurücklassen"[288].

Das Bundesverfassungsgericht überspringt die Auslegung des Art. 7 Abs. 1 GG als Rechtfertigungsgrundlage sowie die Prüfung der Vereinbarkeit des eingreifenden Gesetzes mit den Voraussetzungen der Vorschrift und nimmt die Streitentscheidung durch eine Betrachtung des Einzelfalles auf der Ebene der Abwägung der sich gegenüberstehenden Belange der Eltern und der Schule vor. Ebenso wie das Kooperationsmodell findet auch dieser Ansatz in der Literatur durchaus Zuspruch. Hiernach scheide eine Kollisionslösung durch die Zerlegung oder Abschichtung der Erziehungskompetenzen wegen des gemeinsamen Erziehungszieles der Bildung der einen Persönlichkeit aus und die Lösung des Kollisionsproblems müsse von der abstrakt-prinzipiellen Ebene auf die der individuellen Entscheidung verlagert werden.[289] Das zwischen elterlicher und schulischer Erziehungsgewalt bestehende Spannungsverhältnis im schulischen Bereich lasse sich nicht generell, sondern allenfalls im jeweiligen Einzelfall lösen.[290] Es soll daher die Stellung des Elternrechts jeweils für die einzelne Fallgestaltung nach dem Grundsatz der Herstellung praktischer Konkordanz bestimmt werden.[291]

Auf den ersten Blick mag es erscheinen, dass auf diese Weise gerechte, an den Bedürfnissen aller Beteiligten orientierte Entscheidungen getroffen werden können, weil das Gericht alle in der konkreten Fallkonstellation relevanten Interessen in die Abwägung einbezieht, sie gewichtet und im Wege der Herstellung praktischer Konkordanz einen gerechten Ausgleich der Belange findet. Die Ergebnisse der Rechtsprechung zu Streitfällen, in denen Eltern ihre Rechte durch schulorganisatorische Maßnahmen der Schulgesetzgeber beeinträchtigt sahen, zeichnen indessen ein Bild, das die tatsächliche Berücksichtigung des Elternrechts in der Organisation und Gestaltung des Schulwesens entsprechend seiner verfassungsrechtlichen Stellung als wertentscheidende Grundsatznorm in Frage stellt.

---

[288] Schmitt-Kammler, in: Sachs, Grundgesetz, Art. 7 Rn. 35. Kritisch auch Huster, Die ethische Neutralität des Staates, S. 278 f.
[289] Jestaedt, DVBl. 1997, S. 693 (695).
[290] Kohl, in: Zeidler/Maunz/Roellecke, Festschrift Hans Joachim Faller, S. 201 (204 f.). Jestaedt, in: Dolzer, Bonner Kommentar zum Grundgesetz, Art. 6 Abs. 2 und 3 Rn. 338, 343.
[291] Fehnemann, AöR 105 (1980), S. 529 (544, 560) m.w.N.

F. Die verfassungsrechtliche Rechtfertigung des Eingriffs in das Elternrecht

Weitreichende Strukturreformen im Schulwesen haben die Gerichte immer wieder auch vor dem Hintergrund tiefer Einschnitte in die elterliche Bestimmungsmacht über die Entwicklung der Kinder grundsätzlich gebilligt und die Rechtmäßigkeit dieser Eingriffe in das Elternrecht weitestgehend nur von der Beachtung des Gesetzesvorbehalts im Schulwesen abhängig gemacht.[292] Klagen und Verfassungsbeschwerden der Eltern gegen schulorganisatorische Maßnahmen blieben also in aller Regel erfolglos. In der Reihe der Entscheidungen des Bundesverfassungsgerichts zur Verfassungsmäßigkeit von landesspezifisch durchgeführten Schulreformen existieren nur zwei Fälle, in denen die Beschwerden der Eltern durch das Gericht zumindest zum Teil für begründet gehalten wurden. Im Sexualkundebeschluss[293] und dem Urteil zur Schweigepflicht von Schülerberatern[294] sind den Eltern konkrete Informationsrechte zugesprochen worden, da die elterliche Erziehung nur durchführbar sei, wenn sie über die Entwicklung der Kinder in der Schule Auskunft erlangen könnten. Das Gericht formuliert hierzu, die Eltern hätten einen grundrechtsbewehrten Anspruch auf Information über Vorgänge im Bereich der Schule, deren Verschweigen die ihnen obliegende individuelle Erziehung des Kindes beeinträchtigen könnte.[295] Gemessen an der Intensität der Eingriffe der angegriffenen schulorganisatorischen Maßnahmen in Elternrechte bleibt diese Bilanz weit hinter der Stellung und Bedeutung des Art. 6 Abs. 2 S. 1 GG zurück.[296] Von einem praktisch wirksamen Abwehrrecht, dass den Eltern gegen die Einflussnahme des Staates auf ihre Erziehungstätigkeit – auch im Schulwesen – zur Verfügung steht, kann daher ebensowenig gesprochen werden wie von der grundsätzlichen Gleichgeordnetheit des Elternrechts und der staatlichen Schulhoheit. Die Gegenthese vom tatsächlichen Vorrang des Art. 7 Abs. 1 GG im Schulwesen gibt die gerichtliche Realität treffender wieder.[297]

Dass das Elternrecht als beeinträchtigtes Rechtsgut dem theoretisch angeordneten Gleichordnungs- und Kooperationsmodell zum Trotz durch die Abwägung der Belange regelmäßig zurücksteht, liegt jedoch nicht etwa in der bewussten Zurückdrängung elterlicher Erziehung durch das Bundesverfassungsgericht,

---

[292] Eine Aufzählung wichtiger Reformen und gesetzgeberischer Einzelmaßnahmen im Schulwesen sowie die Zusammenstellung der wichtigen Entscheidungen hierzu ist unter F. II. 2., S. 78 ff. erfolgt.
[293] BVerfGE 47, 46 ff.
[294] BVerfGE 59, 360 ff.
[295] BVerfGE 59, 360 (381).
[296] Auf die Gefährdung des Elternrechts weist zu Recht Ossenbühl, DÖV 1977, S. 801 (805) hin.
[297] Beaucamp, LKV 2003, S. 18 (19); ähnlich schon Ossenbühl, in: Habscheid u.a., Festschrift für Friedrich Wilhelm Bosch, S. 751 (752).

sondern ist notwendige Folge des immer wiederkehrenden Abwägungsvorgangs selbst. Das in Art. 6 Abs. 2 S. 1 GG eingreifende hoheitliche Handeln – die staatliche Erziehungtätigkeit und staatlich bestimmte Organisation des Schulwesens – ist in den zahlreichen Abwägungsprozessen einem ständigen Begründungszwang ausgesetzt, wodurch es auf dieser Seite zu einer Kumulation von guten Gründen kommt, die für die verfassungsrechtliche Rechtfertigung der angegriffenen Maßnahme sprechen und für die Beurteilung der Verfassungsmäßigkeit nachfolgender Eingriffe in das gleiche Recht immer wieder herangezogen werden können. Hinzu kommt, dass für die Geeignetheit, Erforderlichkeit und Angemessenheit des Eingriffes letztlich die Darlegung vernünftiger und wichtiger gemeinwohlorientierter Gründe für die angestrebte schulorganisatorische Maßnahme entscheidend ist. Diese Gründe lassen sich gerade für das öffentliche Schulwesen und seine gesamtgesellschaftliche Funktion sehr leicht formulieren.

Die Lösung des Bundesverfassungsgerichts führt mithin unweigerlich zu einer fortschreitenden Aushöhlung des Elternrechts und einer Stärkung der Position der staatlichen Erziehung im öffentlichen Schulwesen. Mit der Bedeutung des Elternrechts aus Art. 6 Abs. 2 S. 1 GG als Abwehrrecht für die Freiheitsausübung der Eltern zum einen und als wertentscheidende Grundsatznorm für die gesamtgesellschaftliche Entwicklung zum anderen ist diese Praxis nicht vereinbar.

c. Verfassungsrechtliche Bedenken

Die Verfahrensweise der Rechtsprechung bei der Entscheidung von Konfliktfällen zwischen Staat und Eltern im Schulwesen ist jedoch nicht nur wegen der Untauglichkeit des Kooperations- und Gleichordnungsmodells sowie der Aushöhlung des Elternrechts durch die Abwägungspraxis, sondern auch aus verfassungsrechtlicher Sicht zu kritisieren.

(1) Die Konstitution einer verfassungswidrigen Kompetenz-Kompetenz des Staates im Schulwesen

Unter Verzicht auf die Abgrenzung staatlicher und elterlicher Erziehungskompetenzen verstehen Bundesverfassungsgericht und herrschende Auffassung im Schrifttum die Aufsicht des Staates über das Schulwesen gem. Art. 7 Abs. 1 GG als umfassenden, auf die Bildung der Gesamtpersönlichkeit gerichteten Erziehungsauftrag der Schule. Dies hat zum einen eine weitreichende organisatorische Gestaltungshoheit im Schulbereich zur Folge. Zum anderen schließt diese

F. Die verfassungsrechtliche Rechtfertigung des Eingriffs in das Elternrecht

umfassende Regelungskompetenz staatliche Erziehungsmaßnahmen nicht aus, sondern bezieht sie vielmehr ausdrücklich in den Kompetenzbereich aus Art 7 Abs. 1 GG mit ein. Deshalb konnte die Vorschrift bisher von der Rechtsprechung ausnahmslos als einschlägige Rechtfertigungsgrundlage herangezogen werden, wenn Eltern Eingriffe in ihr Recht aus Art. 6 Abs. 2 S. 1 GG durch solche hoheitliche Maßnahmen monierten, die in irgendeiner Weise im Zusammenhang mit der öffentlichen Bildung und Erziehung der Kinder und Jugendlichen standen. Die Norm entfaltet damit eine in ihren Grenzen nicht überschaubare Rechtfertigungsgrundlage für sämtliche Eingriffe in das Elternrecht durch schulische Maßnahmen.

Die Pflicht des Staates zum Zusammenwirken mit den Eltern als Erziehungsträger beeinträchtigt nicht das grundsätzliche Recht des Staates, aus Art. 7 Abs. 1 GG im Bereich des Schulwesens erzieherisch tätig zu werden. Wie der Bereich des „Schulwesens" jedoch inhaltlich bestimmt und wo seine Grenze hin zur elterlichen Erziehung ist, wird weder von der Rechtsprechung, noch vom Schrifttum abschließend geklärt. Das Bundesverfassungsgericht und große Teile der Literatur verschließen sich geradezu der inhaltlichen Konkretisierung des Begriffs Schulwesen und damit der Festlegung der Reichweite des staatlichen Erziehungsauftrags, wenn sie davon ausgehen, dass der Inhalt des Schulwesens als pädagogisches Fachthema der rechtlichen Überprüfung nicht zugänglich sei. Nach dieser Auffassung liefert das Grundgesetz keinen Maßstab für die pädagogische Beurteilung von Schulsystemen, so dass selbst berechtigte Zweifel an der pädagogischen Eignung bestimmter Schulformen unter verfassungsrechtlichen Gesichtspunkten grundsätzlich nicht gegen die bildungspolitischen Gestaltungsentscheidungen der Gesetzgeber der Länder ins Feld geführt werden können.[298] Es wird angenommen, die pädagogische Beurteilung von Schulsystemen sei allein eine Entscheidung des Gesetzgebers, auf die die Eltern nur über die Wahl der parlamentarischen Mandatsträger Einfluss hätten.[299] Je größer die Affinität der konkreten schulorganisatorischen Maßnahme zu ausschließlich pädagogischen, organisatorischen und didaktischen Fragen ist, desto kleiner sei der Einfluss der Eltern im Schulwesen.[300] Kritik an pädagogischen und erzieherischen Maßnahmen der Schule, die in das Elternrecht eingreifen, kann mithin unter Berufung auf wissenschaftliche Erkenntnisse in der Pädagogik zurückgewiesen werden, ohne dass den Eltern hiergegen effektiver Rechtsschutz durch die ver-

---

[298] BVerfGE 34, 165 (185); 53, 185 (197, 201 f.); Jestaedt, in: Dolzer, Bonner Kommentar zum Grundgesetz, Art. 6 Abs. 2 und 3 Rn. 347; Dietze, NJW 1982, S. 1353 (1355); vgl. auch VGH Baden-Württemberg, VBlBW 2004, S. 220 (222).
[299] So Kohl, in: Zeidler/Maunz/Roellecke, Festschrift Hans Joachim Faller, S. 201 (206 f.); ähnlich Clemens, NVwZ 1984, S. 65.
[300] Jestaedt, in: Dolzer, Bonner Kommentar zum Grundgesetz, Art. 6 Abs. 2 und 3 Rn. 352.

waltungs- oder verfassungsgerichtliche Überprüfung der Maßnahme gegeben wäre.

Zuzugeben ist, dass die eigentliche Unterrichts- und Erziehungsarbeit für das Recht zunächst uninteressant ist. Welche Fremdsprachen gelehrt, nach welchen Gesichtspunkten ungeeignete Schüler von weiterführenden Schulen ferngehalten oder geeignete gefördert werden, welche Unterrichtsmethoden die besten und am meisten kindgerechten sind, das sind zunächst Fragen pädagogischer Entscheidung. Für sie hält das Recht kaum Beurteilungskriterien bereit. Die genannte Auffassung irrt jedoch insofern, als diese einer gerichtlichen Überprüfung angeblich völlig unzugänglichen pädagogischen Bereiche dann rechtlich relevant werden, wenn Eltern die Beeinträchtigung ihrer Grundrechte oder die ihrer Kinder durch diese schulischen hoheitlichen Entscheidungen geltend machen.[301] Eine konkrete schulorganisatorische Maßnahme entzieht sich in einem solchen Fall zwar trotzdem in ihrer didaktisch-pädagogischen Dimension einer rechtlichen Bewertung; im Übrigen unterliegt sie aber der verfassungsrechtlichen Überprüfung.[302]

Die Rechtsprechung hierzu erlangt für die praktische Wirksamkeit des Elternrechts deshalb eine existenzbedrohende Wirkung, weil inzwischen längst nicht mehr nur pädagogische Methoden, sondern auch die curriculare Aufbereitung des Lernstoffes und insbesondere die in den verschiedenen Alters- und Schulstufen anzuwendenden Lern-, Leistungs- und Erziehungsziele wissenschaftlich durchdrungen und mit pädagogischen Notwendigkeiten geradezu autoritativ begründet sind.[303] Der gerichtlich nicht überprüfbare Bereich der hoheitlichen Maßnahmen im Schulwesen erstreckt sich dadurch bereits auf die gesamte staatliche Tätigkeit in und um die Schule.

Diese Interpretationsbefugnis des Staates im Hinblick auf das Merkmal des Schulwesens wird in besonderer Schärfe im Kammerbeschluss des Bundesverfassungsgerichts zur Verfassungsmäßigkeit der Grundschule mit festen Öffnungszeiten in Sachsen-Anhalt deutlich.[304] Das Gericht führt aus, die beschwerdeführenden Eltern seien nicht schon deshalb in ihren Grundrechten aus Art. 6 Abs. 2 S. 1 GG verletzt, „weil nach ihrer Auffassung mit der den Unterricht ergänzenden und unterstützenden Tätigkeit der pädagogischen Mitarbeiter und Mitarbeiterinnen sozialpolitische Ziele verfolgt werden, die zum Bereich der Kinder- und Jugendfürsorge und nicht zur staatlichen Schulaufsicht gehör-

---

[301] Vgl. Heckel/Avenarius, Schulrechtskunde, S. 4
[302] In diese Richtung auch Jestaedt, in: Dolzer, Bonner Kommentar zum Grundgesetz, Art. 6 Abs. 2 und 3 Rn. 352;
[303] So zu Recht auch Geiger, FamRZ 1979, S. 457.
[304] BVerfG, DVBl. 2002, S. 971 ff.

F. Die verfassungsrechtliche Rechtfertigung des Eingriffs in das Elternrecht

ten"[305]. Unter ausdrücklichem Bezug auf die Gesetzesbegründung[306] führt das Gericht weiter aus, es handele sich bei der ausgedehnten schulischen Erziehungstätigkeit unter Verlängerung des verpflichtenden Schultages nicht um Maßnahmen der Kinder- und Jugendfürsorge, sondern um den wesentlichen Bestandteil eines pädagogischen Gesamtkonzepts, das auf einen den physiologischen und psychologischen Bedürfnissen der Grundschulkinder angemesseneren Ablauf des Schultages ziele.[307]

Die Reichweite und der Inhalt des Schulwesens stehen im Ergebnis also der Eigeninterpretation durch den Staat offen. Je nach Veränderung des gesellschaftlichen Umfeldes und der politischen Grundstimmung kann der Gesetzgeber Regelungen treffen, die aus seiner Sicht zum öffentlichen Bildungs- und Erziehungswesen gehören und auf eine pädagogische Grundlage zurückführbar sind. Art. 7 Abs. 1 GG bildet dann automatisch die Rechtfertigungsgrundlage für Eingriffe in das Elternrecht durch die getroffene Regelung. Zum Teil wird daher zu Recht von einem wirklichen Interpretationsprimat des Staates bezüglich des schulischen Erziehungsauftrags gesprochen.[308] Zielt nämlich der staatliche Erziehungsauftrag in der Schule darauf, im Rahmen und mit den Mitteln der Schule einen Beitrag dazu zu leisten, den einzelnen Schüler zu einem selbstverantwortlichen Mitglied der Gesellschaft heranzubilden und erkennt man an, dass nahezu sämtliche Erziehungsfragen auch und gerade eine gesellschaftliche – und damit für die Erziehung in der Staatsschule bedeutsame – Dimension aufweisen,[309] so wird das elterliche Erziehungsrecht kaum je dazu führen können, dem Staat eine schulisch-erzieherische Betätigung überhaupt zu untersagen.[310] Zwar wird von wenigen Stimmen im Schrifttum im Grundsatz anerkannt, dass diese unbeschränkte Kompetenz des Staates dann eine Grenze haben muss, wenn Wertungs- und Erziehungsfragen im engeren Sinne betroffen sind.[311] Da sich aber jede Erziehungsfrage ebenso als bedeutsam für die gesamtgesellschaftliche Entwicklung – und daher dem Staate obliegend – formulieren lässt, läuft dieser Versuch der Eingrenzung letztlich leer.

Verfassungsrechtliche Bedenken ergeben sich aus dieser Konstruktion eines staatlichen Interpretationsprimats für den Inhalt des Schulwesens und der hier-

---

[305] BVerfG, DVBl. 2002, S. 971.
[306] LT-Drucksache (Sachsen-Anhalt) 3/3254, S. 5.
[307] BVerfG, DVBl. 2002, S. 971.
[308] Vgl. Fehnemann, DÖV 1978, S. 489 (494).
[309] Zu den vielfach gesellschaftlichen Bezügen des Sexualkundeunterrichts BVerfGE 47, 46 (72).
[310] Jestaedt, in: Dolzer, Bonner Kommentar zum Grundgesetz, Art. 6 Abs. 2 und 3 Rn. 351
[311] So etwa Jestaedt, in: Dolzer, Bonner Kommentar zum Grundgesetz, Art. 6 Abs. 2 und 3 Rn. 352.

F. Die verfassungsrechtliche Rechtfertigung des Eingriffs in das Elternrecht

aus folgenden Kompetenz-Kompetenz des Gesetzgebers bezüglich der eigenen Regelungsbefugnis auf der Grundlage des Art. 7 Abs. 1 GG, weil es sich bei der Vorschrift gerade nicht um ein Grundrecht wie etwa die Religionsfreiheit aus Art. 4 Abs. 1 und 2 GG oder die Kunstfreiheit aus Art. 5 Abs. 3 S. 1 GG handelt, bei denen der Grundrechtsträger wegen des offenen Schutzbereichs den Inhalt und die Reichweite seines Freiheitsbereichs zum Teil selbst mitbestimmen kann. Diese Normen sind als Grundrechte primär Rechte des Individuums gegen die öffentliche Gewalt, wehren staatliche Eingriffe ab, fordern staatliches Tätigwerden und begründen die freiheitliche, autonome Bestimmung der Betätigung des Individuums durch den Grundrechtsträger selbst.[312] Art. 7 Abs. 1 GG ist dagegen eine Kompetenz- und Organisationsnorm, es kann ihre inhaltliche Konkretisierung nicht durch den hoheitlich handelnden Kompetenzträger selbst festgelegt werden, da die eigene und individuelle Freiheitsbestimmung gerade im Gegensatz zur demokratischen, heteronomen Bestimmung der Staatstätigkeit steht, die sich eine der grundrechtsgesicherten Autonomie ähnliche Legitimation und Eigeninterpretationsbefugnis nicht anmaßen darf. Bei der Erfüllung öffentlicher Aufgaben kann der Staat daher auch selbst nicht Grundrechtsberechtigter sein.[313]

Es kommt infolge des ausdrücklichen Verzichts der Rechtsprechung auf die inhaltliche Bestimmung des staatlichen Erziehungsauftrages aus Art. 7 Abs. 1 GG und der Annahme der Unmöglichkeit einer gerichtlichen Überprüfung von Maßnahmen des Gesetzgebers auf ihre Zugehörigkeit zum Kompetenzrahmen der staatlichen Schulhoheit zu einer verfassungswidrigen Kompetenz-Kompetenz des Staates, weil er durch den Hinweis auf ein der konkreten gesetzlichen Maßnahme zugrunde liegendes pädagogisches Konzept selbst bestimmen kann, was der Inhalt des „Schulwesens" ist.

(2) Die Konstitution eines einfachen Gesetzesvorbehalts für Art. 6 Abs. 2 S. 1 GG

Neben dieser verfassungswidrigen Kompetenz-Kompetenz des Staates im Schulwesen hat die Rechtsprechung auch zur Folge, dass sich der Gesetzgeber de facto unter dem Mantel des pädagogisch motivierten Handelns jedes politische Ziel setzen kann, um auf der – wie gezeigt – jedenfalls einschlägigen Ermächtigungsgrundlage des Art. 7 Abs. 1 GG unter hoheitlichem Eingriff in das Elternrecht regelnd tätig zu werden. Die verfassungsrechtliche Rechtfertigung der eingreifenden Maßnahme verlangt dann nur die Einhaltung des Gesetzesvorbehalts im Schulwesen und die Verhältnismäßigkeit des Gesetzes. Dies ist

---

[312] Dazu Dürig in: Maunz/Dürig, Grundgesetz, Art. 19 III Rn. 33 ff. m.w.N.
[313] BVerfGE 21, 362 (369 ff.); 35, 263 (271); 38, 175 (184) st. Rspr.

F. Die verfassungsrechtliche Rechtfertigung des Eingriffs in das Elternrecht

für den Gesetzgeber insofern interessant, als sich gerade über die Erziehung der Kinder in der Schule zahlreiche politische Zielsetzungen verwirklichen lassen. Wegen des weitreichenden Einflusses der Schule auf die Jugend und ihrer Möglichkeit, durch Erziehung gestaltend auf die gesellschaftliche Entwicklung einzuwirken sind gerade mit der Schule, ihrer Ausgestaltung und ihren Erziehungszielen oftmals politische Interessen verbunden, die mit wissenschaftlich-pädagogischen Erkenntnissen überhaupt nicht in Zusammenhang stehen.[314]

Wenn der Gesetzgeber jedoch nach eigenem Ermessen und nur unter Wahrung des Übermaßverbots in das Elternrecht eingreifen kann, entspricht dies exakt der Situation eines einfachen Gesetzesvorbehalts, den das Grundgesetz für Art. 6 Abs. 2 S. 1 GG gerade nicht vorsieht. Das staatliche Wächteramt aus Art. 6 Abs. 2 S. 2 GG kommt als Eingriffsermächtigung im Schulwesen nicht in Betracht.[315] Auf Grund der Verleihung der Interpretationshoheit im Schulwesen an den Gesetzgeber kommt es dazu, dass Art. 7 Abs. 1 GG nur noch formal als verfassungsimmanente Schranke des Elternrechts herangezogen wird, während in Realität ein einfacher Gesetzesvorbehalt für den an sich vorbehaltlos gewährten Art. 6 Abs. 2 Satz 1 GG existiert. Dies wird auch daran deutlich, dass das Bundesverfassungsgericht in seiner Rechtsprechung zum Verhältnis des Art. 6 Abs. 2 S. 1 GG zur staatlichen Schulhoheit die Abgrenzung des Rechts des Schülers auf die freie Entfaltung seiner Persönlichkeit aus Art. 2 Abs. 1 GG von den Kompetenzen des Staates aus Art. 7 Abs. 1 GG für parallel dieser Problematik verlaufend betrachtet.[316] Dabei wird der Unterschied der beiden Grundrechte im Hinblick auf ihre Beschränkbarkeit verkannt. Während das Recht des Kindes auf die freie Entfaltung seiner Persönlichkeit aus Art. 2 Abs. 1 GG unter dem Vorbehalt der in dieser Verfassungsbestimmung genannten Eingrenzungen steht,[317] ist das elterliche Erziehungsrecht abgesehen von dem Geltungsbereich des staatlichen Wächteramts gem. Art. 6 Abs. 2 S. 2 GG vorbehaltlos gewährleistet. Im Schulverhältnis kann der Gesetzgeber in Art. 2 Abs. 1 GG eingreifende Regelungen treffen, die sich in ihrer politischen Zielsetzung nur im Rahmen der Verhältnismäßigkeit an den Interessen der Kinder an der Entfaltung ihrer Persönlichkeit messen lassen müssen.[318] Eine Gleichbehandlung dieser Konstellation mit der verfassungsrechtlichen Bewertung von Eingriffen in das Elternrecht aus Art. 6 Abs. 2 S. 1 GG verstößt gegen das Gebot, bei der Anwendung verfassungsimmanenter Schranken Zurückhaltung und Vorsicht zu wahren, um nicht die unter-

---

[314] Dazu Thiel, Der Erziehungsauftrag des Staates in der Schule, S. 17.
[315] Dazu oben F. I. 2., S. 69 ff.
[316] BVerfGE 53, 185 (203); dazu auch Hessischer StaatsGH, NJW 1982, S. 1381 (1385).
[317] Dazu BVerfGE 45, 400 (417). Ausführlich zur Beschränkbarkeit des Rechts auf die freie Entfaltung der Persönlichkeit Küchenhoff, DÖV 1966, S 224 ff.
[318] Vgl. unten G. III., S. 155 ff.

F. Die verfassungsrechtliche Rechtfertigung des Eingriffs in das Elternrecht

schiedliche Gewährleistung von Grundrechten ohne Gesetzesvorbehalt und Grundrechten mit einfachen oder qualifizierten Vorbehalten zu unterlaufen.[319] So zeigt die Unterschiedlichkeit der Beschränkungsvorbehalte im Grundgesetz, dass der Intention des Verfassungsgebers nach der verfassungsrechtliche Grundrechtsschutz je nach spezieller Ausformung des einzelnen Grundrechts und seiner Schranken in unterschiedlicher Reichweite bewirkt werden soll. Der Grundrechtskatalog kennt gerade keine Generalklausel für die Beschränkung der Grundrechte, sondern normiert einzelne, differenzierte Vorbehalte.[320] Diese Verschiedenheit der Beschränkungsvorbehalte bei der Grundrechtsinterpretation gilt es zu beachten, was insbesondere den Gesetzgeber verpflichtet, durch nähere Verfassungsinterpretation die Schranken sorgfältig zu ermitteln und die abgestufte Wirkkraft der Beschränkungsvorbehalte zur praktischen Geltung zu bringen. Die sorgfältige Anwendung des Verhältnismäßigkeitsgrundsatzes kann dieses Erfordernis nicht ersetzen. Die Prüfung der Schranken des Grundrechts ist der Abwägung der Interessen vorgeschaltet und entscheidet überhaupt erst, ob in einem zweiten Schritt die Frage nach der Einhaltung des Verhältnismäßigkeitsgrundsatzes zu stellen ist. Der Schrankenprüfung kommt insofern als Maßstab eine eigenständige Funktion zu.[321]

Für Grundrechte ohne Gesetzesvorbehalt soll entsprechend dieser abgestuften Wirksamkeit gerade ausgeschlossen sein, dass der Gesetzgeber mit jedem legitimen politischen Ziel in die dort verortete Freiheitsgewährleistung eingreifen kann. Dies gilt auch und gerade für das Elternrecht aus Art. 6 Abs. 2 S. 1 GG, dass in seiner Verbindung mit Art. 6 Abs. 1 GG in besonderer Weise die Auslegung anderer, vor allem kollidierender Rechtsvorschriften beeinflusst. Die Entscheidung des Grundgesetzes, dass das Elternrecht nicht der beliebigen politischen Verfügung unterworfen sein soll und daher außerhalb des staatlichen Wächteramts vorbehaltlos gewährt ist, wird durch den geschilderten Umgang mit der Kompetenznorm des Art. 7 Abs. 1 GG jedenfalls unterlaufen, weshalb letztlich auch unter diesem Gesichtspunkt die Lösung des Bundesverfassungsgerichts und der herrschenden Auffassung in der Literatur abgelehnt werden muss.

d. Zusammenfassung und Schlussfolgerung

Rechtsprechung und Literatur haben für das Verhältnis des Elternrechts zur staatlichen Schulaufsicht ein Modell der Gleichgeordnetheit und Kooperation

---

[319] Zu diesem Gebot Jarass, in: Jarass/Pieroth, Grundgesetz, Vorb. vor Art. 1 Rn. 45; anders wohl Dreier, in: ders., Grundgesetz, Vorb. Rn. 141.
[320] Hesse, Grundzüge des Verfassungsrechts der Bundesrepublik Deutschland, S. 139.
[321] Vgl. dazu Wendt, AöR 104 (1979), S. 414 (425).

F. Die verfassungsrechtliche Rechtfertigung des Eingriffs in das Elternrecht

entwickelt, das für die gemeinsame Erziehung des Kindes zur selbstverantwortlichen und gemeinschaftsfähigen Persönlichkeit Sorge tragen soll. Die Bestimmung der Erziehungskompetenzen erfolgt also nicht ab- und begrenzend sondern ist durch Ermahnungen zur Zusammenarbeit und gegenseitigen Rücksichtnahme charakterisiert. Tatsächlich ist dieses Kooperationsmodell nicht grundsätzlich abzulehnen, da der Sinn der Ausübung elterlicher Erziehungsgewalt nicht darin bestehen kann, die durch Art. 7 Abs. 1 GG legitimierte Schulhoheit des Staates zu konterkarieren und die Erreichung des Zwecks der umfassenden Schulaufsicht – die Bereitstellung eines geschlossenen Bildungssystems – zu vereiteln. Die Herausforderung der öffentlichen Schule, eine Vielzahl elterlicher Einzelinteressen und die unterschiedlichsten Begabungen und persönlichen Voraussetzungen der Schüler in einer weitgehend einheitlichen Unterrichtsinstitution zu vereinbaren, ist von einem Mindestmaß integrativer Rücksichtnahme auf beiden Seiten abhängig.

In der Realität schulrechtlicher Streitfälle kann dieses Modell die zur sachgerechten Entscheidung von Konflikten zwischen beiden Erziehungsträgern dringend erforderliche Festlegung der Kompetenzen jedoch nicht leisten. Weder die Gleichgeordnetheit noch das Erfordernis des „sinnvoll aufeinander bezogenen Zusammenwirkens" bei der Erziehung befähigen zu einer Abgrenzung der Bestimmungsbefugnisse von Schule und Eltern über die Entwicklung des Kindes im schulpflichtigen Alter.

Auf Grund dieses Mangels an abstrakter Bestimmtheit der schulischen Erziehungskompetenz aus Art. 7 Abs. 1 GG ist die Rechtsprechung gezwungen, die Streitentscheidung für den jeweiligen Einzelfall durch die Abwägung der sich gegenüberstehenden Belange vorzunehmen. Diese Lösungsmethode bietet zwar theoretisch alle Möglichkeiten zur angemessenen Berücksichtigung der in Art. 6 Abs. 2 S. 1 GG geschützten elterlichen Interessen. In der Praxis allerdings führt die immer wiederkehrende Abwägung des schulischen Gemeinschaftsauftrages mit elterlichen Einzelinteressen unweigerlich zu einer fortschreitenden Aushöhlung des Elternrechts, was sich anhand der Ergebnisse von relevanten bundesverfassungs- und bundesverwaltungsgerichtlichen Entscheidungen nachvollziehen lässt. Die Umgehung einer vom Einzelfall gelösten Abgrenzung der Befugnisse hat in der Rechtsprechung zu einer Situation geführt, in der das elterliche Erziehungsrecht in seiner praktischen Gewichtung nicht mehr in der Lage ist, das „Ob" der staatlichen Gestaltungsakte im Schulwesen überhaupt zu beeinflussen.

Neben der tatsächlichen Zurückdrängung der elterlichen Erziehungsbefugnisse durch die fehlende inhaltliche Begrenzung des Art. 7 Abs. 1 GG und die Abwägungslösung kommt es auf Grund der Annahme der Rechtsprechung, die inhalt-

F. Die verfassungsrechtliche Rechtfertigung des Eingriffs in das Elternrecht

liche Gestaltung der Schule sei bei einem pädagogischen Bezug rechtlich nicht überprüfbar, zu einer verfassungswidrigen Kompetenz-Kompetenz des Staates, auf Grund der er seinen Handlungsspielraum aus Art. 7 Abs. 1 GG selbst erweitern kann und auch tatsächlich erweitert. So umfasst der einer gerichtlichen Überprüfung entzogene Gestaltungsspielraum des Staates inzwischen nicht mehr nur die unmittelbare pädagogisch-didaktische Methodik, sondern mit der Festlegung und Bestimmung der Unterrichtsinhalte, der Lehrmethoden, der Auswahl der Unterrichtsmittel und der Entscheidung über den zeitlichen und inhaltlichen Umfang der Schule sämtliche staatliche Betätigung bei der Erziehung der Kinder in der Schule.

Den vereinzelten kritischen Überlegungen im Schrifttum zum Trotz kann nach dem derzeitig überwiegenden wissenschaftlichen und höchstrichterlichen Meinungsstand Art. 7 Abs. 1 GG in allen Fällen staatlich-schulischer Erziehungstätigkeit als Rechtfertigungsgrundlage für Eingriffe in das Elternrecht unabhängig von ihrer eigentlichen politischen Intention herangezogen werden. Eine Prüfung, ob die entsprechende Maßnahme des Schulgesetzgebers überhaupt von der Legitimationswirkung des Art. 7 Abs. 1 GG erfasst ist, erfolgt unter Hinweis auf die Unmöglichkeit der Nachprüfung pädagogischer Maßnahmen nicht. Dadurch wird in grundrechtsdogmatischer Hinsicht eine Situation geschaffen, die einem einfachen Gesetzesvorbehalt gleichkommt. In das Elternrecht eingreifende schulorganisatorische Maßnahmen, die der Form eines Gesetzes genügen, werden nur im Rahmen der Verhältnismäßigkeit einer Prüfung auf ihre Verfassungsmäßigkeit unterzogen.

Um diese Umgehung der besonderen Bedeutung des Art. 6 Abs. 2 S. 1 GG als im Schulwesen vorbehaltlos gewährtes Abwehrrecht und wertentscheidende Grundsatznorm zu vermeiden und andererseits unter Wahrung der Funktionsfähigkeit des öffentlichen Schulsystems sachgerechte und verfassungsgemäße Konfliktlösungen zu erreichen, muss ein sorgfältigerer Umgang mit der Kompetenznorm des Art. 7 Abs. 1 GG zur Herstellung der praktischen Wirksamkeit des Elternrechts im Schulwesen verlangt werden. Notwendig ist, den Umfang der Legitimationswirkung der Vorschrift genau zu bestimmen und Grenzen der staatlichen Schulaufsicht zu markieren, die per se die Verfassungswidrigkeit solcher Maßnahmen des Staates begründen, die das Gebiet der ausschließlich elterlichen Erziehungstätigkeit betreffen und deshalb vom staatlichen Erziehungsauftrag nicht umfasst sein können. Den primären Entscheidungsmaßstab für die Rechtmäßigkeit der gesetzgeberischen Maßnahmen auf dem Gebiet des Schulwesens muss also eine klare Abgrenzung der Erziehungskompetenzen von Eltern und Staat leisten. Da die Erziehungskompetenz der Eltern gem. Art. 6 Abs. 2 S. 1 GG vorrangig und umfassend ist, sich also grundsätzlich auf alle Fa-

F. Die verfassungsrechtliche Rechtfertigung des Eingriffs in das Elternrecht

cetten der Kindesentwicklung bezieht, liegt die Lösung in der eindeutigen Bestimmung und abstrakten Begrenzung der staatlichen Schulaufsicht bzw. der Erziehungskompetenz des Staates durch die Auslegung des Art. 7 Abs. 1 GG. Auf dieser Grundlage kann letztendlich eine Aussage zur verfassungsrechtlichen Rechtfertigung der Einführung der Ganztagsschule als in Elternrechte eingreifende flächendeckende Reform des Schulwesens getroffen werden.

4. Die Begrenzung der staatlichen Schulhoheit durch die Auslegung des Art. 7 Abs. 1 GG

Dass der Staat Schulen zur Verfügung stellen und insoweit auch eine Erziehungsaufgabe erfüllen darf, folgt aus einer langen Tradition und wird für das Schulwesen unter der Geltung des Grundgesetzes im Allgemeinen nicht in Frage gestellt. Entsprechend selten sind im Schrifttum auch die Versuche, Inhalt und Reichweite des Art. 7 Abs. 1 GG durch Auslegung zu ermitteln. Die Rechtsprechung verzichtet sogar, wie bereits dargestellt wurde,[322] ganz auf die Bestimmung der Grenze der Legitimationswirkung der Vorschrift. Eine präzise und abgrenzende Festlegung von Inhalt und Reichweite der staatlichen Schulaufsicht muss sich an der allgemeinen Methodik zur Auslegung von Gesetzen orientieren, die auch den Weg für die Interpretation des Art. 7 Abs. 1 GG als Teil des Verfassungsrechts vorgibt.[323]

a. Die historische Auslegung des Art. 7 Abs. 1 GG

Maßgeblich ist bei der historischen Auslegung einer Rechtsvorschrift der Wille des Gesetzgebers, über dessen Normvorstellung häufig die Entstehung des Gesetzes Auskunft gibt.[324] Das Bundesverfassungsgericht versteht unter dieser Interpretationsmethode die Auslegung aus „Gesetzesmaterialien und Entstehungsgeschichte".[325]

Die Rechtsprechung hat eine historische Auslegung des Art. 7 Abs. 1 GG nicht angestrengt und auch im rechtswissenschaftlichen Schrifttum sind diesbezügli-

---

[322] Dazu oben F. II. 3., S. 83 ff.
[323] Für die Verfassungsinterpretation gelten die gleichen Grundsätze wie für die Auslegung einfachen Gesetzesrechts. Dazu Sachs, in: ders., Grundgesetz, Einf. Rn. 37 ff. m.w.N.
[324] Dazu Larenz/Canaris, Methodenlehre der Rechtswissenschaft, S. 150; grundlegend Savigny, System des heutigen römischen Rechts I, S. 214.
[325] BVerfGE 11, 126 (130), st.Rspr.; kritisch hierzu Müller/Christensen, Juristische Methodik Band 1, Rn. 361 ff.

che Versuche die Ausnahme geblieben.[326] Dies ist insofern erstaunlich, als Antworten auf die Frage, wann, auf welche Weise und in welcher Intensität staatliche Hoheitsträger an der Erziehung der Kinder beteiligt waren, Hinweise auf die Reichweite der heute in Art. 7 Abs. 1 GG festgelegten Schulaufsicht geben können. Insbesondere weil Art. 7 Abs. 1 GG durch eine kommentarlose wörtliche Übernahme aus der Weimarer Reichsverfassung in das Grundgesetz kam[327] und die Regelung dort ebenfalls sprachlich ähnliche Vorgänger in älteren Rechtssätzen hatte, ist eine Rückbesinnung auf die Grundlagen und Ursprünge des staatlichen Erziehungswesens zur Bestimmung von Inhalt und Grenzen der heutigen staatlichen Schulaufsicht hilfreich.

(1) Die Entstehung der staatlichen Schulaufsicht

(a) Das Schulwesen im Mittelalter und in der Zeit der Reformation

Das Erziehungs- und Bildungswesen lag seit seiner Neuentstehung im Mittelalter in der Hand kirchlicher Institutionen.[328] Als Zweckgemeinschaften zur Unterrichtung des Nachwuchses für Kirchenämter wurden Schulen von Kirchen und Klöstern eingerichtet, vornehmlich also zur Erhaltung des geistlichen Stan-

---

[326] Ansätze hierzu finden sich etwa bei Hennecke, Staat und Unterricht, S. 107 ff. und Thiel, Der Erziehungsauftrag des Staates in der Schule, S. 63 ff.

[327] Die Verhandlungen des Hauptausschusses 1948/49 zeigen, dass lediglich das Elternrecht und der religiös-weltanschauliche Charakter der Schule Gegenstand der Auseinandersetzungen waren. Bei der Formulierung des Art. 7 Abs. 1 GG war dem Parlamentarischen Rat der Begriff der „Schulaufsicht" mithin offensichtlich kein Problem. Sein Inhalt wurde in allen Entwürfen und Debatten vorausgesetzt. Für die Annahme, der Parlamentarische Rat habe etwas an der Konzeption der umfassenden staatlichen Schulhoheit ändern wollen, bestehen keine Anhaltspunkte; Vgl. Stenographische Protokolle über die 21. Sitzung vom 7. Dezember 1948, S. 245 ff.; die 43. Sitzung vom 18. Januar 1949, S. 558 f.; die 47. Sitzung vom 8. Februar 1949, S. 615 und die 57. Sitzung vom 13. April 1949, S. 760 f. Eine zusammengefasste Darstellung der Entstehung des Art. 7 Abs. 1 GG findet sich bei v. Doemming/Füßlein/Matz, JöR 1 (1951), S. 1 (109). Zu der Frage, ob Art. 7 Abs. 1 GG die Tradition des Art. 144 S. 1 WRV habe übernehmen wollen, äußert sich mit gleichem Ergebnis ausführlich Thiel, Der Erziehungsauftrag des Staates in der Schule, S. 64 ff. m.w.N.

[328] Zur Etablierung der kirchlichen Allmacht im Schulwesen unter Ablösung des antiken Schulwesens und zu ihrer weiteren Entwicklung ausführlich Paulsen, Das deutsche Bildungswesen in seiner geschichtlichen Entwicklung, S. 1 ff.; Hamann, Geschichte des Schulwesens, S. 17 ff.; vgl. auch Goetz, in: Althoff/Goetz/Schubert, Menschen im Schatten der Kathedrale, S. 165 (166); v. Friedeburg, Bildungsreform in Deutschland, S. 15; Thiel, Der Erziehungsauftrag des Staates in der Schule, S. 22 ff.

F. Die verfassungsrechtliche Rechtfertigung des Eingriffs in das Elternrecht

des. Wichtigster Inhalt des Unterrichts war dementsprechend zunächst die sacra theologica als höchste Wissenschaft, die durch die artes formales – Grammatik, Rhetorik und Dialektik – sowie die artes reales – Arithmetik, Geometrie, Musik und Astronomie – ergänzt wurde.[329] Neben der Wissensvermittlung leitete die Schule zu Disziplin an, die ihrerseits einen sittlichen Lebenswandel und ein entsprechendes Verhalten beinhaltete.[330] Wenn auch der Besuch dieser Schulen nicht generell auf solche Kinder beschränkt war, die sich dem Stand der Geistlichkeit zuwenden wollten und durften, zeigte sich auf Grund der Erweiterung des Handels und Gewerbes bald ein erhöhtes Bedürfnis an Bildungseinrichtungen, in denen vor allem Kaufleute ihre Kinder in den für das Geschäft notwendigen Bereichen unterrichten lassen konnten. In der zweiten Hälfte des 12. Jahrhunderts entstanden daher in manchen Städten die ersten Schulen unter der Verwaltung städtischer Organe – die Anfänge des mittelalterlichen Laienunterrichts.[331] Der Klerus versäumte es nicht, seine Hoheit im Bildungswesen zu behaupten und erreichte die Unterstellung dieser Schulen unter die Herrschaft der Geistlichkeit. Wie die Dom-, Stifts- und Klosterschulen hatten die städtischen Schulen Latein als Unterrichtssprache und ihr Lehrplan sowie die Schulaufsicht war Sache der Kirche.

Über zwei Jahrhunderte breiteten sich diese städtischen Schulen parallel zum weiteren wirtschaftlichen und gesellschaftlichen Fortschritt aus. Insbesondere dort, wo die städtischen Schulen nicht neu gegründet wurden, sondern aus kleineren, ursprünglich zur gottesdienstlichen Unterrichtung eingerichteten Pfarrschulen entstanden waren, kam es immer wieder zu Konflikten mit den geistlichen Schulherren, die der Aufsicht über die Schule dadurch aber nie verlustig wurden. Im 14. Jahrhundert entstanden zudem erste Privatschulen, in denen Lesen, Schreiben und Rechnen in deutscher Sprache vermittelt wurden. Es wird davon ausgegangen, dass zum Ende des 15. Jahrhunderts nahezu jede Stadt mindestens eine eigene Schule hatte. Die Anzahl der Dom-, Stifts- und Klosterschulen hatte bis zu dieser Zeit beträchtlich abgenommen; auf Grund der ausschließlichen Zuständigkeit der Kirche war das Unterrichtswesen aber vor der Reformation kein Gegenstand des Staatsrechts, sondern des Kirchenrechts.

Obwohl bereits vor 1517 die Usurpation der Kirchenherrschaft durch weltliche Fürsten infolge der Reaktion auf die strukturelle Krise der Kirche kein Einzelfall mehr war,[332] wirkte sich erst die Reformation als echte Zäsur insofern auf die

---

[329] Dazu v. Unruh, in: Jeserich/Pohl/v. Unruh, Deutsche Verwaltungsgeschichte Band 1, S. 383.
[330] Goetz, in: Althoff/Goetz/Schubert, Menschen im Schatten der Kathedrale, S. 165.
[331] Pirenne, Sozial- und Wirtschaftsgeschichte Europas im Mittelalter, S. 122 f.
[332] Dazu Willoweit, Deutsche Verfassungsgeschichte, S. 163.

F. Die verfassungsrechtliche Rechtfertigung des Eingriffs in das Elternrecht

weitere Entwicklung des Schulwesens in Deutschland aus, als mit ihr in den protestantischen Gebieten der Landesherr seine früher auf den Rechtsschutz gegen innere und äußere Feinde beschränkte Tätigkeit auf das ganze bisher von der Kirche in Anspruch genommene Gebiet, mithin auch auf das Schulwesen ausdehnte. Das Schulwesen wurde im Zuge der Übernahme der gesamten kirchlichen Verwaltung ein staatliches, ohne jedoch, dass sein Charakter als Zweig der kirchlichen Tätigkeit irgendeine Veränderung erlitt.[333] Die Schule blieb also eng mit der Kirche verknüpft. Schulordnungen wurden von den Territorialherren als Teil der Kirchenordnung erlassen, die zu einem gewissen Teil auch dem Einfluss der Stände unterlagen[334] und die Lehrtätigkeit und Verwaltung der Schulen war weiterhin kirchlichen Amtsträgern zugewiesen. Über diese übten vorgesetzte kirchliche Behörden die Aufsicht aus.

Inhaltlich brachte die Reformation nachdrückliche Forderungen nach der Errichtung und Unterhaltung von Schulen für die Allgemeinheit, womit die einfachen Schreib- und Leseschulen Aufschwung und Verbreitung erfuhren. Martin Luther formuliert 1524 dazu: „Sondern darin besteht einer Stadt bestes und reichstes Gedeihen, Heil und Stärke, dass sie viele gute, gebildete, vernünftige, ehrbare, wohlerzogene Bürger hat."[335] Man erkannte in den Städten einen Zusammenhang zwischen dem Schulwesen und der Ordnung des Gemeinwesens sowie der Durchsetzung von Reformvorstellungen im Staatswesen, weshalb sich etwa auch die ursprünglich berufsständische Funktion der höheren Schule dem Einfluss der übergeordneten Bildungspolitik öffnete. Parallel dazu kam es zur Gründung neuer „Gelehrtenschulen" sowie sog. Fürsten- oder Landesschulen.[336] Die Landesfürsten fühlten sich zunehmend verpflichtet, Einrichtungen für den Unterricht zu schaffen und hierüber zu wachen. Die Gemeinden wurden zum Teil durch die Kirchenordnungen verpflichtet, Elementarschulen einzurichten.

Den Bemühungen um die Ausdehnung und Verbesserung der deutschen Schulen wurde jedoch in vielen Territorien nur mangelhaft Folge geleistet, die Entwicklung in den einzelnen Gebieten war abhängig von der Bereitschaft der Landesherrschaft und des Rates in den Städten. Trotz der Ausweitung der städtischen

---

[333] Ausführlich Bornhak, AöR 4 (1889), S. 101 (102 ff.).
[334] In sog. Visitations- oder Inspektionsordnungen wurden zum Teil die Schulangelegenheiten bis in alle Einzelheiten hinein geregelt. Dazu v. Unruh, in: Jeserich/Pohl/v. Unruh, Deutsche Verwaltungsgeschichte Band 1, S. 383 (386); v. Friedewald, Bildungsreform in Deutschland, S. 32.
[335] Martin Luther, Offener Brief an die Ratsherren aller Städte Deutschlands, christliche Schulen einzurichten und zu unterhalten (1524), in: Beintker u.a., Martin Luther Taschenausgabe Bd. 5, S. 206 (216).
[336] Ausführlich Paulsen, Das deutsche Bildungswesen in seiner geschichtlichen Entwicklung, S. 40 f.

F. Die verfassungsrechtliche Rechtfertigung des Eingriffs in das Elternrecht

Schulen war deshalb bis weit in das 16. Jahrhundert hinein die Schulbildung nur wenigen Teilen der Bevölkerung zugänglich oder wurde nur von wenigen und saisonal unterschiedlich in Anspruch genommen. Eine Ausweitung der Möglichkeit zum Schulbesuch auf breite Bevölkerungsschichten zur Förderung einer allgemeinen Schulbildung erfolgte erst allmählich im 17. Jahrhundert, in dem der Staat als tatsächlicher Träger von Erziehungsrechten im Zuge der allmählichen Loslösung des Schulverwaltungssystems von der Kirchenverwaltung und der Entstehung eines Volksschulsystems erkennbarer hervortrat.[337]

(b) Das staatliche Schulwesen im Absolutismus

Bis in die frühen Jahre des 18. Jahrhunderts hinein bestand infolge der Entwicklungen in der reformatorischen Zeit eine organische Verbindung zwischen Kirche und Schulwesen durch die Einheit von Kirchen- und Schulverwaltung. Die reformatorischen und nachreformatorischen Ordnungen des Schulwesens erfolgten durch Stadtmagistrate und Territorialherren, denen ab der zweiten Hälfte des 17. Jahrhunderts die ersten Schulpflichtregelungen in einigen Ländern folgten.[338] Die Schule wurde in den folgenden Jahren mehr denn je als Instrument zur Verfestigung des Prinzips territorialer Zentralgewalt erkannt und benutzt. Mit dem Ziel, „über die Eingliederung des Kirchen- und Schulwesens in das Staatsgefüge und über deren Kontrolle und damit der Beaufsichtigung und der Leitung der Denk- und Fühlweisen der Untertanen eine Durchdringung des Landes mit einem Prinzip zu erreichen"[339], bemühten sich die Landesherren um eine ausschließlich durch sie selbst organisierte und beaufsichtigte Schule.

Exemplarisch sind die Entwicklungen in Preußen. In der Erkenntnis der wesentlichen Bedeutung einer Mindestschulbildung der Untertanen für die wirtschaftliche Leistungsfähigkeit der Bevölkerung seiner Staaten bestimmte Friedrich Wilhelm I. durch ein Generaledikt vom 28. September 1717 in Ergänzung der ersten selbständigen und für das ganze Land gedachten Schulordnung von 1713 den Schulzwang im Königreich Preußen und erließ gleichzeitig Vorschriften zu seiner Durchsetzung. Durch ihn begann eine neue Phase des preußischen Schulwesens, indem er allmählich das Schulwesen aus der kirchlichen Verwaltung zu einem besonderen staatlichen Verwaltungszweig zu erheben versuchte.[340] Die Schulgesetzgebung sonderte sich von der Kirchengesetzgebung, den

---

[337] Stein, in: Stein/Joest/Dombois: Elternrecht, S. 5.
[338] Z.B. die Schulpflichtregelungen der Länder Sachsen-Weimar im Jahr 1619; Sachsen-Gotha-Altenburg im Jahr 1642; Württemberg im Jahr 1649; Preußen aber erst 1717.
[339] Fertig, Obrigkeit und Schule, S. 28.
[340] Bornhak, AöR 4 (1889), S. 101 (109).

Kirchenordnungen ab und der Unterhalt der Schulen wurde durch verschiedene einzelne Verordnungen von den kirchlichen Fonds unabhängig gemacht. Die weltliche Obrigkeit Mittel- und Norddeutschlands zeigte sich auch in anderen Territorien diesen Ideen bezüglich der Verbesserung der Schulen und deren Verbreitung aufgeschlossen und begann, sich an der Organisation des Schulwesens zu beteiligen. Mit Entstehen des modernen absolutistischen Staates entstand für sie ein Interesse daran, den Untertan in den notwendigsten Kulturfertigkeiten zu unterrichten, damit er beispielsweise die Anordnungen der Obrigkeit lesen und sich im Beamtenstaat schriftlich verständigen konnte.[341] Er sollte in die Lage versetzt werden, durch wirtschaftliche Betätigung an der Steigerung des Lebensstandards des Gemeinwesens mitzuwirken. Zudem verbanden sich für die oberen Stände in dem Maße, in dem durch die Rationalisierung der Welt literarische Berufsausbildung funktionsnotwendiger für die Verfügung über Recht, politische Macht und wirtschaftliche Mittel wurde, mit dem Schulbesuch echte Statusansprüche.[342] Dementsprechend wurden sowohl von Seiten der Schulpraxis als auch in der Staatswissenschaft Reformforderungen laut, die auf die Modernisierung des Unterrichts und die Professionalisierung der Lehrer zielten.[343]

Während die süddeutschen katholischen Länder von einer Elementarbildung im Schulwesen im Interesse des Territorialstaates noch ein Stück weit entfernt waren, erlangte Preußen in der zweiten Hälfte des 18. Jahrhunderts eine Vorreiterstellung bezüglich der Entwicklung eines zentral organisierten staatlichen Schulwesens. Es folgten Verbesserungen der Schulzwangverordnung, etwa das 1763 erlassene General-Landschulreglement, das die Verbreitung des Schulwesens in der ländlichen Provinz zum Inhalt hatte, sowie die Organisation der staatlichen Schulaufsicht durch die am 24. Januar 1787 vollzogene Einrichtung des Ober-Schulkollegiums, die die zunehmende staatliche Einflussnahme im Schulwesen zeigen. Das Kollegium setzte sich ausschließlich aus Landesbeamten und Schulpraktikern zusammen und sollte direkt dem König unterstehen. Dieses Gremium löste die geistliche Schulaufsicht ab und erstreckte die eigene Aufsicht auf alle Unterrichtsanstalten, auf die Prüfung der Lehrer und alle zur Verbesserung des Schulwesens notwendigen Einrichtungen.[344]

---

[341] Heckel/Avenarius, Schulrechtskunde, S. 3; zu dem Bildungs- und Unterrichtswesen als politischem Faktor und seiner Funktion für die innere Staatsräson Jeismann, in: Arnold, Zur Bildungs- und Schulgeschichte Preußens, S. 9 (13 f.).
[342] V. Friedeburg, Bildungsreform in Deutschland, S. 25 f.
[343] Dazu Grimm, Recht und Staat der bürgerlichen Gesellschaft, S. 107 m.w.N.
[344] V. Unruh, in: Jeserich/Pohl/v. Unruh, Deutsche Verwaltungsgeschichte Band 1, S. 383 (387).

F. Die verfassungsrechtliche Rechtfertigung des Eingriffs in das Elternrecht

Besondere Aufmerksamkeit verdient das Preußische Allgemeine Landrecht aus dem Jahr 1794, mit dem eine bedeutende Befestigung und Klarstellung des staatlichen Einflusses in der Schule einherging. Unbeschadet der Fortgeltung der provinziellen Schulordnungen stellte es die obersten Grundsätze des preußischen Schulrechts auf, in denen der Anspruch des Territorialstaates auf die Verfügung über das Schulwesen kulminierte. § 1 II 12 ALR 1794 erklärte die Schulen und Universitäten zu „Veranstaltungen des Staats, welche den Unterricht der Jugend in nützlichen Kenntnissen und Wissenschaften zur Absicht haben". Die Einrichtung von Privaterziehungsanstalten, so die nachfolgenden Bestimmungen in den §§ 3 ff. II 12 ALR, war von der Genehmigung des Staates abhängig, der sich die Aufsicht über dieselben vorbehielt. Auch für die öffentlichen Schulen sollte gem. § 9 II 12 ALR die Aufsicht des Staates gelten, die sich den „Prüfungen und Visitationen desselben zu allen Zeiten unterwerfen" mussten. Dem Staat wurde jedoch durch diese Regelungen zunächst nur die Möglichkeit zur Beeinflussung des Schulwesens verschafft, mit der inneren „Aufsicht und Direction" in den nunmehr staatlichen Schulen waren weiterhin Geistliche betraut.[345]

Obwohl die Schule nun endgültig als selbständige Staatsanstalt bezeichnet werden konnte, blieb sie dennoch auf die Hilfe der Geistlichkeit bei der Bereitstellung und Verwaltung angewiesen. Ihr konfessioneller Charakter wurde nicht in Frage gestellt. Der Staat bediente sich der Hilfe der Kirche ebenso wie der der Dorfgerichte und Polizeimagistrate, weil er diese Organe für die geeignetsten hielt und einen besonderen Behördenorganismus einsparen wollte.[346] Angesichts der weit verstreuten und verschiedenartigen Unterrichtsanstalten war dem Staat die Ausübung der ihm zustehenden Kontrollrechte nahezu unmöglich.[347] Wenn auch die Schulleiter und Lehrer nunmehr den staatlich erteilten oder genehmigten Schulordnungen unterstellt waren, blieb der Einfluss der Kirche also in praxi uneingeschränkt erhalten.

Der Staat wurde immerhin nun erstmals als verpflichtet angesehen, Schulbildung für die Allgemeinheit anzubieten. Dabei waren Gründe der Staatsräson ebenso maßgebend wie die Überzeugung von der Notwendigkeit einer allgemeinen Grundbildung der Bevölkerung.[348] Um die Einführung eines Unterrichts für alle in die Praxis umzusetzen, musste ein umfassendes Schulsystem eingerichtet werden. Dies war aber nur realisierbar, wenn der Staat mit der Aufgabe der Er-

---

[345] Vgl. §§ 12 - 17 II 12 ALR.
[346] Bornhak, AöR 4 (1889), S. 101 (125).
[347] Zum tatsächlichen Zustand der Unterrichtsverwaltung Jeismann, in: Arnold, Zur Bildungs- und Schulgeschichte Preußens, S. 9 (10 ff.); Geißler, in: Döbert/Geißler, Schulautonomie in Europa, S. 67 (70).
[348] Kohl, in: Zeidler/Maunz/Roellecke, Festschrift Hans Joachim Faller, S. 201 (202).

richtung betraut war. Neben dieser staatsexistentiellen Begründung der Aufsicht über das Schulwesen trat, ausgehend von den Ideen der französischen Revolution und den aufklärerischen Bestrebungen in der Pädagogik, die Vorstellung eines Rechts auf Bildung zum Zwecke der Entfaltung der Persönlichkeit des Einzelnen hervor, welches nur durch ein staatliches Bildungssystem gewährleistet werden konnte.

(c) Entwicklungen im Zeitalter des deutschen Konstitutionalismus

Das weitgehend zentral verwaltete staatliche Schulwesen in den protestantischen deutschen Ländern verdankte seine Existenz am Ausgang des 18. Jahrhunderts unter anderem auch seiner tragenden Bedeutung für die territoriale Zentralgewalt als Mittel zur Auseinandersetzung mit den konservativen Ständen und der Kirche. Infolge der Aufklärung und Revolution von außen erfuhr es jedoch einen Funktionswandel und wurde nun zu Beginn des 19. Jahrhunderts unter Zurückstellung des Konfliktes zwischen Staat und Kirche Instrument zur Behauptung des traditionellen absolutistischen Staatswesens gegenüber revolutionären Kräften. Neben der Zurückdrängung der Bedrohung des staatlichen Schulwesens durch die langsame Herausbildung des Privatschulwesens im Liberalismus des 19. Jahrhunderts und durch die im Zuge der kommunalen Selbstverwaltung erstarkenden Gemeinden, die ihre eigenen kommunalen Schulen errichteten, hatte sich die traditionelle Schule nun zusätzlich gegen revolutionäre Forderungen durchzusetzen. Die bürgerliche und adlige Geisteselite artikulierte nämlich die Forderung, die Regulierung der Bildung dem Staat zu entziehen. Als Reaktion auf diese Entwicklungen trat sogar die Neigung hervor, den kirchlichen Organen wieder einen Einfluss auf die Gestaltung der Schulen in Form eigener Rechte einzuräumen.[349] Letztlich kapselte sich die immer weiter ausgestaltete staatliche Schulverwaltung von den anderen Verwaltungszweigen ab, behielt im Großen und Ganzen den Geist und die Praxis des autoritären Staates bei und machte die Entwicklungen der Liberalisierung des öffentlichen Lebens sowie die Umgestaltung des absoluten Staates zum Rechtsstaat nur zögernd mit.[350] Die Entwicklungen in Preußen sind wegen der Schärfe der Reaktion auf die Aufklärung und der Größe des Landes hier von besonderer Bedeutung.[351]

Der Regelungszustand des Schulwesens in Preußen zum Anfang des 19. Jahrhunderts war ungeordnet und äußerst unübersichtlich. Die Normen zur Ordnung der staatlichen Schuleinrichtungen, deren Trägerschaft und Finanzierung sowie der Unterrichtsinhalte waren in Stiftungsurkunden, Lehrplänen, Prüfungsvor-

---

[349] Dazu Bornhak, AöR 4 (1889), S. 101 (133 f.).
[350] Heckel/Avenarius, Schulrechtskunde, S. 10.
[351] Ausführlich hierzu v. Friedeburg, Bildungsreform in Deutschland, S. 62 ff.

F. Die verfassungsrechtliche Rechtfertigung des Eingriffs in das Elternrecht

schriften, Verordnungen und Gesetzen verstreut, die zudem in den verschiedensten Gesetzessammlungen verkündet waren. Das Preußische Allgemeine Landrecht hatte diesen Zustand auf Grund seiner Subsidiarität gegenüber den Partikularregelungen nicht beseitigt. Nach der Niederlage und der Besetzung des Landes durch französische Truppen waren Reformen unabdingbar geworden. Sie begannen mit der Auflösung des Oberschulkollegiums und der Übertragung der Aufgaben an das neu organisierte Ministerium des Inneren im Jahre 1808.[352] Später übernahm das eigens gegründete Kultusministerium die Schulaufsicht und versuchte durch die Vorlage des Entwurfs eines „allgemeinen Gesetzes über die Verfassung des Schulwesens im preußischen Staate" von 1819 über die äußere Aufsicht der Schulanstalten hinaus auch Einfluss auf den Inhalt und die Gestaltung des Unterrichts zu gewinnen.[353] In seinen fortschrittlichen Regelungen scheiterte der Entwurf jedoch an konservativen Bedenken und Gutachten und wurde 1826 zu den Akten gelegt.[354] Es blieb bei den unübersichtlichen und zusammenhanglosen Schulrechtsregelungen des bisherigen Landesrechts, weshalb der administrative Zugriff des Staates auf die Schule nur sehr langsam und sehr partiell die alte Struktur des Unterrichtswesens auf den Staat hin konzentrieren konnte. Hinter der geschlossenen Fassade der autoritären Monarchie hielt sich mithin ein hohes Maß an kirchlich-provinzieller, gutsherrlicher und städtischer Autonomie.[355]

Die Preußische Verfassungsurkunde vom 31. Januar 1850 schien zunächst durch die Art. 20 bis 26[356] als einheitliche normative Grundlage dieser Ungeordnetheit

---

[352] V. Friedeburg, Bildungsreform in Deutschland, S. 62 ff.; Jeismann, in: Arnold, Zur Bildungs- und Schulgeschichte Preußens, S. 9 (11, 17).

[353] Zum Inhalt des Gesetzesentwurfs Giese, Deutsche Schulgesetzgebung, S. 66 ff.

[354] Dazu Paulsen, Das deutsche Bildungswesen in seiner geschichtlichen Entwicklung, S. 153; vgl. auch Jeismann, in: Arnold, Zur Bildungs- und Schulgeschichte Preußens, S. 9 (25).

[355] Wehler, Deutsche Gesellschaftsgeschichte Band 2, S. 483.

[356] Die Artikel der Preußischen Verfassungsurkunde zur Ordnung des Schulwesens lauten wie folgt:
Art. 20. Die Wissenschaft und ihre Lehre ist frei.
Art. 21. Für die Bildung der Jugend soll in öffentlichen Schulen genügend gesorgt werden. Eltern und deren Stellvertreter dürfen ihre Kinder nicht ohne den Unterricht lassen, welcher für die öffentlichen Volksschulen vorgeschrieben ist.
Art. 22. Unterricht zu ertheilen und Unterrichts-Anstalten zu gründen und zu leiten, steht Jedem frei, wenn er seine sittliche wissenschaftliche und technische Befähigung den betreffenden Staatsbehörden nachgewiesen hat.
Art. 23. Alle öffentlichen und Privatunterrichts- und Erziehungsanstalten stehen unter der Aufsicht vom Staate ernannter Behörden. Die öffentlichen Lehrer haben die Rechte und Pflichten der Staatsdiener.

des Schulwesens ein Ende bereitet zu haben. Neben allgemeinen Bestimmungen wie der Freiheit der Wissenschaft und Lehre in Art. 20 wurden hier äußerst fortschrittliche Vorstellungen manifestiert, wie das Recht auf Gründung einer Privatschule gem. Art. 22 und die Unentgeltlichkeit des öffentlichen Unterrichts in Art. 25. Bedeutsam ist vor allem, dass Art. 23 alle öffentlichen und privaten Unterrichtsanstalten unter die Aufsicht von Behörden stellt, die vom Staat ernannt werden.

Der tatsächlichen Wirksamkeit der Vorschriften stand jedoch Art. 112 der preußischen Verfassung[357] entgegen, der eine Suspendierung dieser fortschrittlichen Regelungen unter Weitergeltung des bisherigen Rechts bis zum Erlass eines in Art. 26 vorgesehen Schulgesetzes vorsah.[358] Die weitere Schulentwicklung war also hauptsächlich durch den Streit um einheitliches Schulgesetz zur Regelung des Volksschulwesens bestimmt, dass letztlich auf Grund des Widerstandes der liberalen Parteien und der öffentlichen Meinung nie verabschiedet werden konnte.[359] Es blieb bei der alten unübersichtlichen Rechtslage, bei Verwaltungsverordnungen als maßgebliche Quelle des Unterrichtsrechts[360] und – wie auch in den meisten anderen Ländern – bei den eingerichteten Konfessionsschulen. Im Bunde mit der Kirche verblieb die staatliche Schulpolitik bewahrend und defensiv im Kampf gegen die Aufklärung im Inneren und den Umsturz von außen. Diese Interessengemeinschaft von Staat und Kirche wurde erst im Kulturkampf unter Bismarck in den 70er Jahren des 19. Jahrhunderts in Frage gestellt.

Art. 24. Bei der Errichtung der öffentlichen Volksschulen sind die konfessionellen Verhältnisse möglichst zu berücksichtigen. Den religiösen Unterricht in der Schule leiten die betreffenden Religionsgesellschaften. Die Leitung der äusseren Angelegenheiten der Volksschule steht der Gemeinde zu. Der Staat stellt, unter gesetzlich geordneter Betheiligung der Gemeinden, aus der Zahl der Befähigten, die Lehrer der öffentlichen Volksschulen an.
Art. 25. Die Mittel zur Errichtung, Unterhaltung und Erweiterung der öffentlichen Volksschule, werden von den Gemeinden und im Falle des nachgewiesenen Unvermögens, ergänzungsweise vom Staate aufgebracht. Die auf besonderen Rechtstiteln beruhenden Verpflichtungen Dritter bleiben bestehen. Der Staat gewährleistet demnach den Volksschullehrern ein festes, den Lokalverhältnissen angemessenes Einkommen. In der öffentlichen Volksschule wird der Unterricht unentgeltlich erteilt.
Art. 26. Ein besonderes Gesetz regelt das ganze Unterrichtswesen.

[357] Art. 112. Bis zum Erlass des in Art. 26 vorgesehenen Unterrichtsgesetzes bewendet es hinsichtlich des Schulwesens bei den jetzt geltenden gesetzlichen Bestimmungen.
[358] Zum damaligen Streit um die staatsrechtliche Wirkung des Art. 112 Arndt, AöR 1 (1886), S. 512 (515 ff.).
[359] Ausführlich Huber, Deutsche Verfassungsgeschichte Band IV, S. 877 ff.
[360] Ausführlich zum Mangel an Bedeutung der preußischen Verfassungsurkunde für die Ordnung des Schulwesens Arndt, AöR 1 (1886), S. 512 ff.

F. Die verfassungsrechtliche Rechtfertigung des Eingriffs in das Elternrecht

Am 8. Juli 1871 erfolgte als erste Maßnahme im innenpolitischen Kampf Bismarcks gegen die parlamentarische Opposition und die katholische Kirche die Aufhebung der seit 1841 bestehenden katholischen Abteilung im preußischen Kultusministerium. Mit den „Allgemeinen Bestimmungen für Volks- und Realschulen in Preußen" wurden die einzelnen Schulregulative 1872 außer Kraft gesetzt, woraufhin eine systematische Vertreibung der Geistlichen aus den Ämtern der Schulverwaltung einsetzte – etwa durch das Schulaufsichtsgesetz vom 11. März 1872, das die Schulaufsicht durch die Entfernung von Kirchenvertretern aus dem Dienst in der Schule auch in praktischer Hinsicht in die alleinigen Hände des Staates zu legen versuchte.[361] Vier Jahre später wurde die staatliche Schulaufsicht dann auch auf den Religionsunterricht erstreckt. Die notwendige Verbindung der staatlichen Schulinspektion mit dem geistlichen Amte war damit aufgehoben und die Loslösung des staatlichen Behördenorganismus von dem kirchlichen zunächst vollendet.

Noch war diese fortschreitende Ausdehnung der staatlichen Schulhoheit allerdings nicht an ihrem Ziel, da einige Jahre später im Zuge der Beendigung des Kulturkampfes zahlreiche Posten an Kleriker zurück übertragen wurden und nach dem Sturz Bismarcks unter dem konservativen Graf Zedlitz-Trütschler ab 1891 eine Rückwendung zur Religion als höchstem Bildungsgut der Schule erfolgte.[362] Wegen massiven Widerstandes der Opposition und der Verweigerungshaltung Wilhelm II. kam es jedoch nicht zur gesetzlichen Verankerung der hergebrachten Strukturen des Schulsystems in kirchlicher Obhut. Das Gesetz über die staatliche Schulaufsicht von 1872 blieb bestehen.[363]

Kritik an dieser autoritär-konservativen Schulpolitik blieb nicht aus; es kam zu heftigsten Kontroversen zwischen den bildungspolitischen Standpunkten der Sozialisten, die in ihren Programmen für ein einheitliches, weltliches und unentgeltliches Schulsystem eintraten, und dem bürgerlichen, liberalen sowie konservativen Parteien, deren Positionen sich in Forderungen nach einer christlich-konservativen Schule mit einer staatsbürgerlichen Erziehung unter Wahrung des Besitzprivilegs höherer Bildung zusammenfassen lassen.[364] Dieser Konflikt trug sich bis in die Verhandlungen der Deutschen Nationalversammlung in Weimar.

---

[361] Dazu Ruppert, Kirchenrecht und Kulturkampf, S. 128 m.w.N.
[362] Thiel, Der Erziehungsauftrag des Staates in der Schule, S. 38.
[363] Zum Ganzen Raab, in: Görres-Staatslexikon Bd. 3, S. 758 ff.
[364] Eingehend v. Friedeburg, Bildungsreform in Deutschland, S. 204 ff.

F. Die verfassungsrechtliche Rechtfertigung des Eingriffs in das Elternrecht

(d) Die staatliche Schulaufsicht in der Weimarer Reichsverfassung

Schon das Verhältnis von Staat und Kirche an sich hatte im Verfassungsausschuss der Deutschen Nationalversammlung 1919 zu schwierigen Erörterungen geführt. Die Gegensätze verschärften sich jedoch noch einmal, als die Parteien zur Frage der Jugendbildung Stellung zu nehmen hatten.[365] In das Schulwesen setzte zudem manche Seite größte Erwartungen, dass von ihm eine alle Standesschranken überwindende Neuerung der gesellschaftlichen Ordnung ausgehen könnte. Im Vordergrund der Diskussionen stand die Einräumung einer bisher ausschließlich den Ländern zugewiesenen Kompetenz zur Regelung des Schulwesens für das Reich,[366] die gegen den Widerstand der Föderalisten und konservativen Vertreter durchgesetzt wurde,[367] sowie die Errichtung einer Einheitsschule, die die Zersplitterung beseitigen und die Kinder aller Volksschichten mindestens für die ersten vier Jahre in der allgemeinen Volksschule vereinigen wollte. Dazu kam der Streitpunkt der Konfessionsschule, auf den sich die berühmten „Weimarer Schulkompromisse" bezogen. In Ihnen setzte sich die etatistische gegen die pluralistische deutsche Tradition weitgehend durch.[368]

Die „Bildung der Jugend" wurde nun als öffentliche Aufgabe begriffen,[369] öffentlichen Anstalten anheim gestellt und von der Erziehung des Nachwuchses gem. Art. 120 WRV unterschieden; sie wurde nicht nur administrativ, sondern substantiell zur Staatsaufgabe. Art. 144 S. 1 WRV stellte das „gesamte Schulwesen" unter die „Aufsicht des Staates". „Aufsicht" war hier nicht länger im engeren und eigentlichen Sinne – folglich als bloße Kontrolle einer von der Staatsverwaltung im Subjekt verschiedenen Selbstverwaltung – zu verstehen, sondern als die Leitung und Verwaltung der inneren Schulangelegenheiten durch den

---

[365] Apelt, Die Geschichte der Weimarer Verfassung, S. 329; vgl. auch Voigt, Geschichte der Grundrechte, S. 134; allgemein zur Grundrechtsdebatte Pauly, Grundrechtslaboratorium Weimar, S. 1 ff.

[366] Schon im deutschen Spätkonstitutionalismus wurde die Frage des Einflusses der bundesstaatlichen Kompetenzverteilung auf die Souveränität des Staates diskutiert. Vgl. Pauly, Methodenwandel im deutschen Spätkonstitutionalismus, S. 206 f.

[367] Vgl. Art. 10 Nr. 2 WRV bestimmte, dass das Reich im Wege der Gesetzgebung Grundsätze für das Schulwesen einschließlich des Hochschulwesens und das wissenschaftlichen Büchereiwesen aufstellen kann.

[368] Richter, in: Denninger, Kommentar zum Grundgesetz, Art. 7 Rn. 2; zu den Weimarer Schulkompromissen weiterhin Anschütz, Die Verfassung des deutschen Reichs, Art. 146, S. 678; Landé, Die Schule in der Reichsverfassung, S. 39 ff.; Huber, Deutsche Verfassungsgeschichte Bd. V, S. 1201 f.; Apelt, Die Geschichte der Weimarer Verfassung, S. 331; Gusy, Die Weimarer Reichsverfassung, S. 332 ff; Scharnagl, in: Westhoff, Verfassungsrecht der deutschen Schule, S. 1 (33 ff.).

[369] Vgl. Art. 143 Abs. 1 S. 1 WRV: „Für die Bildung der Jugend ist durch öffentliche Anstalten zu sorgen."

F. Die verfassungsrechtliche Rechtfertigung des Eingriffs in das Elternrecht

Staat.[370] Sie verlieh nach damalig herrschender Auffassung also dem Staat das ausschließliche administrative Bestimmungsrecht über die Schule[371] und machte die Schule zu einer „Staatssache schlechthin"[372].

War trotz der formal bestehenden staatlichen Schulaufsicht das Bildungs- und Unterrichtswesen bisher inhaltlich von verschiedensten Interessenträgern – insbesondere der Kirche – beeinflusst gewesen, definierte die Weimarer Reichsverfassung nun durch die ausführliche Passage zu Bildung und Schule ein auch inhaltlich einheitliches Prinzip des öffentlichen Schulwesens. Die Festlegung der allgemeinen Schulpflicht (Art 145 S. 1 WRV), des organischen Aufbaus einer zwar pädagogisch, nicht aber konfessionell oder sozial differenzierten Einheitsschule (Art. 146 Abs. 1 WRV), der Schulgeld- und Lernmittelfreiheit in den Volksschulen (Art. 145 S. 3 WRV) sowie insbesondere der Erziehungsziele der staatlichen Schule und der grundlegenden Unterrichtsinhalte im Sinne verpflichtender Wertanschauungen zeigen die umfassende „Okkupation" der Schule durch den Staat.[373]

Natürlich führten diese wesentlichen Neuerungen zu starker Kritik auf der Seite der konservativen Parteien und der Geistlichkeit. Versuche einer Revision der Geltung des umfassenden staatlichen Bestimmungsraums im Schulwesen führten zu Kontroversen über die Auslegung der Art. 144 ff. WRV und zu der Behauptung, das Elternrecht breche die staatliche Schulhoheit, auf die bereits eingegangen wurde.[374] Doch vermochten die Diskussionen am durch die Verfassung angeordneten Zustand der säkularisierten Schule nichts mehr zu ändern. Mit Inkrafttreten der Weimarer Reichsverfassung war mithin der Streit um die Vormachtstellung im Schulwesen endgültig zugunsten einer staatlichen Schulhoheit beendet.

---

[370] dazu Anschütz, Die Verfassung des deutschen Reichs, Art. 144, S. 672; Giese, Die Verfassung des Deutschen Reiches, Art. 144, S. 302; Osthelder, in: Westhoff, Verfassungsrecht der deutschen Schule, S. 82 (95).

[371] Anschütz, Die Verfassung des deutschen Reichs, Art. 144, S. 672.

[372] Landé, Die Schule in der Reichsverfassung, S. 64; dazu auch Hennecke, Staat und Unterricht, S. 108 f.

[373] Zur Verstärkung der Einwirkung des Reichs auf das Unterrichtswesen und zur positivrechtlichen Bedeutung dieser einheitlichen Kodifikation der allgemeinen Grundsätze des Unterrichtswesens Landé, in: Anschütz/Thoma, HbdStR II (1932), S. 690 (695 f.).

[374] Vgl. oben D. I., S. 22 ff. und D. VI. 1., S. 50 ff.

F. Die verfassungsrechtliche Rechtfertigung des Eingriffs in das Elternrecht

(2) Zusammenfassung und Konsequenz der Entwicklung der staatlichen Schulaufsicht für die Auslegung des Art. 7 Abs. 1 GG

Die Bildung und Erziehung des Nachwuchses außerhalb des Elternhauses war bis in das 16. Jahrhundert ausschließlich Sache der Kirche. In den protestantischen deutschen Gebieten, in denen die Kirche infolge der Reformation zur Staatsangelegenheit geworden war, gelangte das Schulwesen gleich aller Tätigkeit der Kirche in die formelle Herrschaft der Territorialherren, praktisch jedoch verblieb sie in der Hand der Kirche. Mit der allgemeinen Unterrichts- und Schulpflicht, die der Wohlfahrts- und Polizeistaat des Absolutismus einführte und durchsetzte, entwickelten sich in den deutschen Territorialstaaten Ansätze eines staatlichen Schulmonopols, dem umfassende staatliche Aufsichts- und Gestaltungsrechte im Schulwesen entsprachen. Trotz der deutlichen Bewegung während dieser Zeit und der des Konstitutionalismus hin zur zentralisierten staatlichen Verwaltung des Unterrichtswesens blieb bis zum 19. Jahrhundert die Schulverwaltung in der Kirchenverwaltung eingegliedert und wurde erst im Zuge der Reaktion auf die aufklärerischen Forderungen innerhalb und die Französische Revolution außerhalb allmählich aus ihr herausgelöst. Dieser Bund der Kirche mit dem Staat wurde im Kulturkampf unter Bismarck im Jahr 1872 und der darauffolgenden Zeit zunächst beseitigt, lebte ab 1889 kurzzeitig und in schwacher Form unter Wilhelm II. wieder auf und fand sein Ende mit der Festlegung der Aufsicht des Staates über das gesamte Schulwesen mit einem umfassenden inneren und äußeren Geltungsanspruch in der Weimarer Reichsverfassung. Der Religionsunterricht, und damit auch die konfessionelle Erziehung der Kinder, fanden zwar einen festen Platz in der Schule, der bis heute über Art. 7 Abs. 3 GG in Form einer institutionellen Garantie besteht. Die Kirche ist jedoch seit dieser Zeit nicht länger Organisations- und Entscheidungsträger im Schulwesen.

Die Betrachtungen zeigen, dass die staatliche Schulaufsicht, wie sie in Art. 7 Abs. 1 GG zur Auslegung steht, eine historisch gewachsene und seit etwa 70 Jahren nahezu unbestrittene Einrichtung ist. Sie existierte in der aus dem Grundgesetz bekannten Formulierung bereits im Preußischen Allgemeinen Landrecht. § 9 II 12 ALR legte die „Aufsicht des Staates" fest, die sich auf alle öffentlichen Schul- und Erziehungsanstalten bezog. Die Vorschrift versteht zwar den Begriff der Aufsicht noch restriktiv und im eigentlichen Sinne von „Prüfungen und Visitationen" des Staates,[375] denen sich die Anstalten, die nur „mit Vorwissen und

---

[375] So auch Fuß, Verwaltung und Schule, VVDStRL 23 (1966), S. 199 (207); ähnlich Becker, Aufsicht über Privatschulen, S. 93; a.A. Gröschner, in: Dreier, Grundgesetz, Art. 7 Rn. 2.

F. Die verfassungsrechtliche Rechtfertigung des Eingriffs in das Elternrecht

Genehmigung des Staates" errichtet werden durften,[376] jederzeit zu unterwerfen hatten. Auf dieser Vorschrift basiert jedoch letztlich Art. 144 WRV mit seinem weiten Aufsichtsbegriff, der deutlich über die bloßen Kontrolle einer Selbstverwaltungseinrichtung hinausgeht und die 1872 mit dem Schulaufsichtsgesetz begonnene Wende im Verständnis der Schulaufsicht von bloßen Kontrollbefugnissen hin zur selbstbestimmten Organisation und eigenen staatlichen Leitung des inneren Schulwesens vollendete.

In dieser Weise muss also auch die Auslegung der staatlichen Schulaufsicht in Art. 7 Abs. 1 GG erfolgen, gerade weil sich der Parlamentarische Rat zur Rezeption von Teilen der Weimarer Reichsverfassung entschieden hat, die wörtlich Aufnahme im Grundgesetz gefunden haben. Gegenüber der äußerst extensiven Auslegung der Schulaufsicht mit dem Ergebnis einer unbegrenzten staatlichen Allmacht im Schulwesen sind zwar für das Grundgesetz auf Grund des Hinzutretens des Elternrechts aus Art. 6 Abs. 2 S. 1 GG mit seinem abwehrrechtlichen Charakter und der später entwickelten Lehre vom Gesetzesvorbehalt im Schulwesen heute einige Einschränkungen vorzunehmen.[377] So entfaltet das elterliche Erziehungsrecht auch im Schulbereich als Individualrecht Wirkung und der Staat ist auf die Regelung von Schulangelegenheiten durch den Gesetzgeber verwiesen. Zudem wirkt sich das Elternrecht als wertentscheidende Grundsatznorm auf die Beurteilung der Rechtmäßigkeit staatlicher Maßnahmen im Schulbereich aus. Trotzdem weist die Entstehung der staatlichen Schulaufsicht auf einen weiten Gestaltungsspielraum des Staates bei der inneren und äußeren Organisation den Schulwesens und das Bestehen eines eigenen Erziehungsauftrags der Schule hin.

Die Verankerung der Staatsaufsicht über das Schulwesen in Art. 7 Abs. 1 GG bedeutet folglich vor dem Hintergrund der Entwicklung der Staatlichkeit des Schulwesens keine Beschränkung auf bloße Aufsichtsbefugnisse über ein von anderen Trägern, etwa den Eltern oder der Kirche unterhaltenes Schulsystem. Der Begriff der Schulaufsicht hat sich vielmehr im 19. Jahrhundert zu einem eigenständigen Rechtsbegriff entwickelt, der die Aufsicht mit einer umfassenden Bestimmungsgewalt der staatlichen Schulbehörden über das gesamte staatliche und nichtstaatliche, öffentliche und private Schulwesen gleichsetzt.

---

[376] § 2 II 12 ALR weist mit dieser Bestimmung darauf hin, dass der Staat offensichtlich nicht selbst Initiator der Errichtung war.

[377] Schon einige Landesverfassungen sahen gegenüber der Weimarer Reichsverfassung die Gültigkeit des Elternrechts im Schulwesen vor und vertraten damit eine etwas restriktivere Auffassung von der staatlichen Schulhoheit. Vgl. Art. 12 Abs. 2, 15 Abs. 2 und 17 Abs. 4 Verf. Baden-Württemberg; Art. 126 Abs. 1, Verf. Bayern; Art. 23 Verf. Bremen; Art. 55, 56 Abs. 6 Verf. Hessen; Art. 8 Abs. 1, 10 Abs. 2 Verf. Nordrhein-Westfalen; Art. 25, 27 Verf. Rheinland-Pfalz; Art. 24, 26 Verf. Saarland.

b. Die teleologische Auslegung

Die teleologische Auslegung kann für die Bestimmung der Reichweite der staatlichen Schulhoheit insoweit hilfreich sein, als Sinn und Zweck des Art. 7 Abs. 1 GG gleichsam Aufschluss über seinen zur Erfüllung dieses Zwecks mindestens notwendigen materiellen Regelungsgehalt geben. Diese Variante der Norminterpretation ist definiert als die Auslegung gemäß den erkennbaren Zwecken sowie dem Grundgedanken einer Regelung und hängt eng mit der Vor- und Entstehungsgeschichte, also dem historischen Auslegungsmoment zusammen. Sie entnimmt Hinweise für das Auslegungsergebnis aus der Entstehung der Norm und fragt, welche Ziele vom Gesetzgeber zu diesem Zeitpunkt mit der Vorschrift verfolgt worden waren.[378]

Die teleologische Auslegung erschöpft sich jedoch nach der herrschenden Auffassung in der juristischen Methodenlehre nicht in dieser subjektiven historischen Betrachtungsweise. Sie nimmt ebenso den gewandelten Zeitgeist in der aktuellen Situation zur Kenntnis und lässt einen Bedeutungswandel der auszulegenden Norm dann zu, wenn „deutlich erkennbare gesetzgeberische Ziel- und Zweckmäßigkeitsentscheidungen den heute herrschenden sozialethischen Vorstellungen nicht mehr entsprechen"[379]. Der Norm wird hierdurch eine vom subjektiven Willen des Rechtsschöpfers unabhängige eigene Rationalität zugemessen, die sich nach den Notwendigkeiten des aktuellen gesellschaftlichen Umfelds bestimmt. Die teleologische Auslegung erfordert im Folgenden mithin die Betrachtung historischer und aktueller Zwecküberlegungen hinsichtlich der Existenz der staatlichen Schulaufsicht in Art. 7 Abs. 1 GG.

(1) Die konsensbildende gesamtgesellschaftliche Funktion der öffentlichen Schule

Die Gesetzesmaterialien zur Entstehung des Art. 7 Abs. 1 GG enthalten über dessen Sinn und Zweck keine Informationen. Die Verdrängung der Kirche aus der Herrschaft über das Schulwesen war zum Zeitpunkt der Entstehung des Grundgesetzes schon vollzogen, so dass dieser für die Entstehung des Art. 144 WRV überaus bedeutsame Umstand für die Vorschrift des Art. 7 Abs. 1 GG bei seiner wörtlichen Übernahme aus der aus Art. 144 WRV keine Rolle mehr spielte. Der Parlamentarische Rat sah aber auch angesichts der überkommenen und

---

[378] Für alle Zippelius, Juristische Methodenlehre, S. 51; Larenz/Canaris, Methodenlehre der Rechtswissenschaft, S. 149; Koch/Rüßmann, Juristische Begründungslehre, S. 210.

[379] Vgl. Zippelius, Juristische Methodenlehre, S. 51 f.; ähnlich Pawlowski, Methodenlehre für Juristen, Rn. 368; Kramer, Juristische Methodenlehre, S. 111; Larenz/Canaris, Methodenlehre in der Rechtswissenschaft, S. 153 und 166.

F. Die verfassungsrechtliche Rechtfertigung des Eingriffs in das Elternrecht

unstreitigen Bedeutung der öffentlichen Schule für die Existenz von weitgehend übereinstimmenden Wertvorstellungen im als Staat verfassten Gemeinwesen bei den Kontroversen über die Regelungen des Schulwesens keinen Diskussionsbedarf.[380] Die Frage nach dem Sinn und Zweck der staatlichen Schulhoheit führt daher zunächst zur traditionellen Funktion des staatlichen Schulwesens für die Existenz und Entwicklung dieses Gemeinwesens, im Hinblick auf Art. 7 Abs. 1 GG also für das Bestehen wesentlicher Grundlagen des freiheitlichen-demokratisch organisierten Rechtsstaats.

Auch wenn der individuelle Entfaltungs- und Rückzugsanspruch des Einzelnen als wesentlicher Grundgedanke der Rechtsordnung des Grundgesetzes hervorgehoben werden muss, bedarf nach richtiger Ansicht auch die offene Gesellschaft im freiheitlichen Verfassungsstaat eines Grundkonsenses, d.h. einer Übereinstimmung der weitaus überwiegenden Mehrheit der in der Gesellschaft zusammenlebenden Menschen über die Geltung bestimmter Werte.[381] Dem Rechtsstaat ist es jedoch auf Grund der Gewährleistungen der grundrechtlichen Freiheiten verwehrt, ethische Grundpflichten durchgehend in Rechtspflichten umzusetzen und diese erforderlichen Grundwerte mit Rechtszwang durchzusetzen.[382] Insbesondere die Religions- und Weltanschauungsfreiheit aus Art. 4 Abs. 1 GG sowie die Meinungsfreiheit nach Art. 5 Abs. 1 S. 1 GG stehen einer staatlich-zwingenden Festlegung ethischer Grundwerte mit dem Anspruch auf Verbindlichkeit für den Einzelnen entgegen. Auf der anderen Seite muss der Staat jedoch die ethischen Voraussetzungen seiner Existenz selbst fördern können.[383] Die Einheit des Staates zu fördern und zu schützen ist ebenso notwendige Aufgabe des freiheitlichen Rechtsstaates, wie die Gewährleistung der Freiheit des Einzelnen.

Die Vermittlung dieser kulturellen und wertbezogenen Basis an die Nachkommen ist jedoch ebensowenig durch die Eltern als alleinige Erziehungsträger zu bewältigen.[384] Dies hat seinen Grund vor allem in der Art und Weise der elterlichen Erziehung, die sich primär durch das Setzen von Vorbildern, d.h. durch Vorleben vollzieht und dadurch weniger gemeinschaftsorientiert als auf die in-

---

[380] Vgl. oben F. II. 4. a. S. 99 f.
[381] So Huber, BayVwBl. 1994, S. 545; ähnlich Isensee, DÖV 1982, S. 609 (618), Abelein, DÖV 1967, S. 375.
[382] Dazu Huster, Die ethische Neutralität des Staates, S. 273 f.
[383] Isensee, DÖV 1982, S. 609 (616); ausführlicher ders., in: Essener Gespräche zum Thema Staat und Kirche 11, S. (92) 109 ff.; Böckenförde, in: ders., Staat, Nation, Europa, S. 208 (223 ff.).
[384] Auch Ossenbühl, DÖV 1977, S. 801 (807) sieht den Grund des staatlichen Schulauftrags in der Konsequenz aus der mangelnden Kompetenz des Elternhauses in Bezug auf die Gesamtheit der erforderlichen Bildung und Ausbildung.

dividuelle Entfaltung des Kindes und seine Orientierung an den persönlichen Idealvorstellungen der Erziehungsträger gerichtet ist. Zwar werden in der Familie auch Gemeinschaftswerte vermittelt. Diese beziehen sich jedoch mehr auf das Verhalten des Kindes in der unmittelbaren sozialen Umgebung und weniger auf die Werte, die zur Erhaltung der freiheitlichen demokratischen Grundordnung dem individuellen und gemeinschaftlichen Verhalten zugrunde gelegt werden müssen.

Wenn aber die Schaffung des einheitlichen Fundus an kulturellen Werten sowie ethischen, weltanschaulichen und politischen Einstellungen weder durch staatlichen Zwang, noch durch die elterliche Einwirkung erreicht werden kann, bleibt eine Erziehung der Kinder und Jugendlichen durch den Staat selbst auf Grund eines eigenen Erziehungsmandats und mit eigenen, an gesamtgesellschaftlichen Erfordernissen ausgerichteten Erziehungszielen als einzige Möglichkeit, die tragenden Säulen des bestehenden demokratischen Rechtsstaates der Bundesrepublik Deutschland an jüngere Generationen weiter zu vermitteln. Da die Schule „der einzige Ort ist, an dem sich die Allgemeinheit der Bürger als Allgemeinheit treffen und finden kann"[385], ist das Unterrichtswesen als Veranstaltung des Staates eine geeignete Einrichtung, die Existenz des Staates in seiner bestehenden Ausgestaltung zu sichern. Insofern besteht ein Interesse der staatlichen Schule an einer weitgehend einheitlichen Erziehung des Nachwuchses in der Gesellschaft im Hinblick auf die werteorientierte Ausbildung und Persönlichkeitsformung. Der Erziehungsauftrag der öffentlichen Schule aus Art. 7 Abs. 1 GG umfasst daher auch verfassungsethische Normen und grundlegende Werte der freiheitlich-demokratischen Gesellschaftsordnung.

Daneben ist von Bedeutung, dass die Staatsform der Demokratie, die auf die aktive Mitwirkung der an ihr Beteiligten angewiesen ist, durchaus hohe Anforderungen an die Fähigkeiten ihrer Staatsbürger stellt; die Voraussetzungen zur Ausübung ihrer demokratischen Rechte und zur Wahrnehmung ihrer Grundrechte müssen ihnen bereits im Kindesalter vermittelt werden.[386] Die öffentliche Schule hat daher auch die Funktion, dem Schüler Wissen, praktische Fähigkeiten und Bürgertugend zu vermitteln und ihn damit auf verantwortliche grundrechtliche Selbstbestimmung und demokratische Mitbestimmung als republikanischer Bürger vorzubereiten.[387] Sinn und Zweck der Zuweisung der Schulhoheit an den Staat durch Art. 7 Abs. 1 GG werden in der Literatur überzeugend dargestellt, wenn formuliert wird, es bestehe die Notwendigkeit einer „gemeinsamen Bemühung, die die Einheit des Volksganzen, die sich nicht nur in natio-

---

[385] Krüger, Allgemeine Staatslehre, S. 228.
[386] Stephany, Staatliche Schulhoheit und kommunale Selbstverwaltung, S. 30.
[387] Isensee, DÖV 1982, S. 609 (617).

F. Die verfassungsrechtliche Rechtfertigung des Eingriffs in das Elternrecht

nalen Bildungsgütern, sondern auch in geistig – ethischen Grundanschauungen ausdrückt, in die heranwachsende Generation hinein pflegend übermittelt und neben der zur Individualentfaltung freigesetzten elterlichen Erziehung auch die Grundanforderungen des sozialen und politischen Gemeinschaftslebens erzieherisch zur Geltung bringt"[388].

Neben der Schaffung der kulturellen und ethischen Basis durch die Vermittlung eines Grundkonsenses sowie die Erziehung der Nachkommen zur aktiven Teilname an der demokratisch organisierten Gemeinschaft ist nicht zuletzt auch die Herstellung eines Mindestbildungsstandards in der Bevölkerung unmittelbare Voraussetzung für das Bestehen einer Gesellschaft, in der Wissen zur zentralen Bedingung gesellschaftlicher Entwicklung und zur wichtigsten Produktivkraft geworden ist. Der Bildungsstandard der Bevölkerung hat großen Wert für den gesellschaftlichen Fortschritt und die ökonomische Entwicklung des Staatswesens, da das Funktionieren des Gemeinwesens und der Erhalt des vorherrschenden Lebensstandards maßgeblich vom Bildungs- und Wissenspotential der am Gesellschaftsleben Beteiligten abhängen.[389] Nur durch die Bereitstellung einer ausreichenden Anzahl qualifizierter Nachwuchskräfte kann die Gesellschaft mit der fortschreitenden Technisierung und Verkomplizierung der Arbeitswelt und des privaten Lebensbereichs Schritt halten. Diese Verfügbarkeit unterschiedlicher Kompetenzen innerhalb der sozialen Gemeinschaft sowie ein hinreichend großer Fundus gemeinsamer Bildungsstandards sind mithin unmittelbare Voraussetzungen für ein zukunftsfähiges Zusammenleben und -arbeiten, weshalb ein umfassendes öffentliches Schul- und Bildungssystem zur Sicherstellung dieses Standards unverzichtbar ist.

Über die Fähigkeit der Schule, Wissen vermittelnd und persönlichkeitsformend auf die Kinder einzuwirken, wird folglich die Voraussetzung dafür geschaffen, den wesentlichen Verfassungsgrundsätzen eine gewisse Beständigkeit im gesellschaftlichen Bewusstsein und damit Absicherung zuteil werden zu lassen sowie einen weitgehend einheitlichen Mindestbildungsstandard in der Bevölkerung zu erreichen. Der staatliche Erziehungsauftrag, die staatliche Schulhoheit aus Art. 7 Abs. 1 GG ist vor diesem Hintergrund, wie im Schrifttum treffend formuliert wird, eine „dienende Schutzverpflichtung im Interesse anderer Grundentscheidungen der Verfassung"[390]. Sinn und Zweck des Art. 7 Abs. 1 GG ist mithin die Stabilisierung und Wahrung der gemeinschaftlichen kulturellen, bildungsmäßi-

---

[388] Vgl. Böckenförde, in: Essener Gespräche zum Thema Staat und Kirche 14, S. 54 (84) m.w.N.
[389] Faller, EuGRZ 1981, S. 611 (612); Evers, JR 1976, S. 265 (266).
[390] Huber, BayVwBl. 1994, S. 545 (546).

F. Die verfassungsrechtliche Rechtfertigung des Eingriffs in das Elternrecht

gen und werteorientierten Basis als Grundlage des freiheitlich-demokratisch organisierten Rechtsstaats.

(2) Schutz und Förderung der Entfaltung der Kindespersönlichkeit?

Ein Teil der Literatur sieht demgegenüber vorrangig den Schutz und die Förderung der Entfaltung der individuellen Kindespersönlichkeit als Zweck des staatlichen Erziehungsauftrags aus Art. 7 Abs. 1 GG an, der für die Sicherstellung der Bildungsmöglichkeiten des Einzelnen als notwendige Bedingung der Persönlichkeitsentwicklung Sorge zu tragen habe.[391] Es wird vorausgesetzt, die öffentliche Schule sei eingerichtet, um dem Anspruch des Kindes auf die bestmögliche Entwicklung seiner Persönlichkeit Rechnung zu tragen und habe die Aufgabe, vorhandene Anlagen der Schüler zu fördern und zu wecken. Es ist nach dieser Argumentation die Realisierung des Rechts des Kindes aus Art. 2 Abs. 1 GG Sinn und Zweck der Festlegung des staatlichen Erziehungsauftrages in Art. 7 Abs. 1 GG.[392]

In die gleiche Richtung geht eine seit langer Zeit heftig geführte Diskussion über die Existenz eines grundgesetzlich verankerten Rechts auf Bildung als Teil des Anspruchs des Schülers auf die freie Entfaltung seiner Persönlichkeit. Über das fast durchgängig landesverfassungsrechtlich[393] garantierte Recht jedes Kindes auf die Teilhabe an der Schulbildung hinaus geht eine nicht unerhebliche Meinung in der Literatur davon aus, dass ein Recht auf Bildung nicht nur landesrechtlich, sondern auch grundgesetzlich garantiert ist und zieht als Begründung hierfür neben Art. 12 Abs. 1 GG, Art. 2 Abs. 1 GG sowie dem Sozialstaatsprinzip den Art. 7 Abs. 1 GG heran.[394] Auch die Rechtsprechung scheint vereinzelt

---

[391] Vgl. Huber, BayVwBl. 1994, S. 545 (546); Wimmer, RdJB 1970, S. 65 (66).
[392] Evers, Die Befugnis des Staates zur Festlegung von Erziehungszielen in der pluralistischen Gesellschaft, S. 59; Glotz/Faber, in: Benda/Maihofer/Vogel, HbVerfR, S. 1363 (1376); Oppermann, in: Verhandlungen des 51. Deutschen Juristentages Band I, S. C 82; grundlegend Stein, Das Recht des Kindes auf Selbstentfaltung in der Schule, S. 7 f.; dazu auch Huster, Die ethische Neutralität des Staates, S. 284 ff.
[393] Art. 8 Abs. 1 S. 1 Verf. Nordrhein-Westfalen; Art. 29 Abs. 1 Verf. Brandenburg; Art. 128 Abs. 1 Verf. Bayern; Art. 11 Abs. 1 Verf. Baden-Württemberg; Art. 29 Abs. 2 Verf. Sachsen; Art. 25 Abs.1 Verf. Sachsen-Anhalt; Art. 8 Verf. Mecklenburg-Vorpommern; Art. 27 Abs. 1 Verf. Bremen; Art. 20 Abs. 1 Verf. Berlin; Art. 4 Abs. 1 Verf. Niedersachsen; Art. 59 Abs. 2 Verf. Hessen; Art. 31 S. 1 Verf. Rheinland-Pfalz; Art. 27 S. 9 Verf. Saarland; Art. 8 Abs. 2 Verf. Schleswig-Holstein; Art. 20 S. 1 Verf. Thüringen.
[394] Zu diesen Begründungsansätzen Glotz/Faber, in: Benda/Maihofer/Vogel, HbVerfR, S. 1363 (1369 ff.); Bull, Die Staatsaufgaben nach dem Grundgesetz, S. 285; Maunz, in: Hablitzel/Wollenschläger, Recht und Staat Bd. 2, S. 605 ff.; Oppermann, in: Verhandlungen des 51. Deutschen Juristentages Band I, S. C 21 f., 86; Hennecke, Staat und Un-

F. Die verfassungsrechtliche Rechtfertigung des Eingriffs in das Elternrecht

der Annahme eines Rechts auf Bildung nicht gänzlich abgeneigt zu sein und stellt fest, dass die Sicherung einer sozialgebundenen Entfaltungsfreiheit ebenso wie die Achtung und der Schutz der Menschenwürde nicht nur negative Freiheitsrechte, sondern Staatszwecke des freiheitlichen demokratischen und sozialen Rechtsstaats seien, weshalb es nahe liege, „im Recht von Kindern, Jugendlichen und jungen Erwachsenen auf die Entwicklung ihrer körperlichen, geistigen und seelischen Kräfte entsprechend ihrer Wesensart auch ein Recht auf Bildung beschlossen zu sehen"[395]

Das Bundesverfassungsgericht hat bisher jedoch die Frage nach der verfassungsrechtlichen Verankerung eines Rechts auf Bildung offen gelassen[396] und äußert sich auch nicht zu dieser individualistisch geprägten teleologischen Interpretation der staatlichen Schulaufsicht. Sie kann im Ergebnis auch weder in der speziellen Konstruktion eines Rechts auf Bildung aus Art. 7 Abs. 1 GG, noch in der weniger spezifizierten Verortung des Normzwecks in der Sicherstellung des individuellen Entfaltungsanspruchs des Einzelnen aus Art. 2 Abs. 1 GG überzeugen.

Die Funktion des staatlichen Erziehungsauftrags sowie der Organisationshoheit des Staates im Schulwesen und damit der Sinn und Zweck des Art. 7 Abs. 1 GG liegt nicht in dem Schutz der Kindespersönlichkeit oder der Förderung seiner Entfaltung. Zum einen ist nicht ersichtlich, weshalb die Konstitution eines öffentlichen Schulwesens unter staatlicher Hoheitsbefugnis geeignet sein soll, das individuelle Recht auf die Entfaltung der Persönlichkeit durch Bildung sicherzustellen. Das bestehende staatliche Schulwesen ist mit seiner allgemeinen Schulpflicht und den festgelegten Bildungsgängen weitgehend egalisierend ausgerichtet und verlangt vom Einzelnen gerade die Zurückstellung der individuellen Wünsche und Bedürfnisse, um im Interesse des Gemeinwohls eine Förderung aller Kinder unabhängig ihrer sozialen Herkunft zu gewährleisten. Eine weitgehende individuelle Entfaltung jedes Kindes speziell nach seinen Begabungen und Neigungen ließe sich gerade in einem ausschließlich privaten und nicht verpflichtenden Schulapparat viel besser und einfacher verwirklichen.

Zum anderen spricht die dogmatische Einordnung des Art. 7 Abs. 1 GG entsprechend seinen Eigenschaften und Wirkungen in das System des Grundgesetzes gegen die teleologische Auslegung der Vorschrift zugunsten des kindlichen Ent-

---

[395] terricht, S. 180 f., Abelein, DÖV 1967, S. 375, (377 f.); Pieroth, DVBl. 1994, S. 949 (957); Faller, EuGRZ 1981, S. 611 (620); Heckel/Avenarius, Schulrechtskunde, S. 22 sowie ausdrücklich für die Herleitung aus Art. 7 Abs. 1 GG Jarass, DÖV 1995, S. 674 (677 f.) und Heymann/Stein, AöR 97 (1972), S. 185 (193).
Hessischer StaatsGH, NJW 1982, S. 1381 (1385).
[396] BVerfGE 45, 400 (417).

faltungsrechts. Die staatliche Schulaufsicht gem. Art. 7 Abs. 1 GG ist keine Institution, die die Wahrnehmung der Grundrechte des Einzelnen ermöglichen soll und die individuellen Rechtspositionen der zu Erziehenden festlegt, sondern steht als mit Eingriffen in die private Freiheitsausübung verbundene hoheitliche Einrichtung diesen genau gegenüber. Sie soll nicht die Erfüllung individueller Wunschvorstellungen fördern, sondern ist einem objektiven Interesse – der Gesellschaft und des Individuums – verpflichtet, indem Art. 7 Abs. 1 GG die Sicherstellung des funktionsfähigen öffentlichen Schulsystems im Blick hat und nur eine allgemeine Versorgungsfunktion besitzt. Die Vorschrift legt als Kompetenz- und Organisationsnorm in institutioneller Form die Befugnisse des Staates auf dem Gebiet des Schulwesens fest und kann nicht im Sinne eines Teilhaberechts, das die Erfüllung des persönlichen Entfaltungsanspruchs des Einzelnen zum Inhalt hat, interpretiert werden.[397] Eine individualistisch ausgerichtete teleologische Auslegung des Art. 7 Abs. 1 GG als Teilhaberecht zur Gewährung eines Entfaltungsanspruchs – auch in der speziellen Ausprägung eines Grundrechts auf Bildung – ist daher abzulehnen.

(3) Die Erfüllung sozialstaatlicher Aufgaben als Sinn und Zweck der staatlichen Schulaufsicht?

Zur Begründung der staatlichen Verantwortung für das Schulwesen wird in der Literatur ebenfalls nicht selten das Sozialstaatsprinzip herangezogen. Der Zweck der staatlichen Schulaufsicht sei aus einer Zusammenschau der Art. 7 Abs. 1 GG, Art. 20 Abs. 1 und Art. 28 Abs. 1 GG abzuleiten.[398] Aus dem Sozialstaatsprinzip folge als ratio essendi für die Existenz eines leistungsfähigen öffentlichen Schulsystems eine grundsätzliche Entscheidung des Grundgesetzes für die prinzipielle Staatlichkeit des Bildungswesens, der Schulauftrag ließe sich letztlich auf den Gedanken der sozialstaatlichen Daseinsvorsorge zurückführen.[399] Diese Auffassung modifiziert den ursprünglichen Gesetzeszweck des Art. 7 Abs. 1 GG im sozialen Sinne und sieht die Kompensation und Integration sowie

---

[397] Kritisch auch Bauer, RdJB 1973, S. 225 (226); Thiel, Der Erziehungsauftrag des Staates in der Schule, S. 57.

[398] Bothe, in: VVDStRL 54 (1995), S. 7 (17 f); Oppermann, in: Verhandlungen des 51. Deutschen Juristentages Band I, S. C 19 ff.; dazu auch Thiel, Der Erziehungsauftrag des Staates in der Schule, S. 66 ff.; Robbers, in: v. Mangoldt/Klein/Starck, Das Bonner Grundgesetz, Art. 7 Rn. 60.

[399] Oppermann, in: Verhandlungen des 51. Deutschen Juristentages Band I, S. C 21; ähnlich auch v. Creytz, Verfassungsfragen des Bildungsrechts in der Wissensgesellschaft, S. 46.

F. Die verfassungsrechtliche Rechtfertigung des Eingriffs in das Elternrecht

die Herstellung von Chancengleichheit als die maßgeblichen Funktionen des staatlichen Schulwesens an.

(a) Die Kompensation von Betreuungs- und Erziehungsdefiziten

Besonders auf Grund der Entwicklung der familiären Lebenssituationen in den letzten drei Jahrzehnten wird für eine gesteigerte Verantwortung des Staates bei der Erziehung der Kinder oft angeführt, dass Eltern ihren Pflichten zur Pflege und vor allem Erziehung der Kinder aus verschieden Gründen nicht mehr in ausreichendem Maße nachkommen und die Schule diese defizitäre Entwicklung auffangen und kompensieren müsse.[400] Objektiv gehe es in einer Zeit der vollen Erwerbstätigkeit beider Elternteile über die Kraft der Eltern, in den Jahren der Schulpflicht ihrer Kinder deren Erziehung voll in der Hand zu behalten und sie zu bestimmen, weshalb der Staat nicht länger auf die Erziehungstätigkeit der Eltern vertrauen dürfe.[401] Die Auslegung der staatlichen Schulaufsicht nach dem Gesetzeszweck orientiert sich nach dieser Auffassung vorrangig an den sozialen Bedürfnissen, die durch gewandelte Bedingungen in der familiären Umwelt entstanden sind.

Tatsächlich lassen die heute veränderten privaten Lebensumstände der Eltern im Vergleich zu den traditionellen Familienstrukturen den Bedarf an öffentlichen Erziehungsangeboten ständig steigen. Zwar ist die Familie nicht – wie gelegentlich behauptet wird – von Erosion bedroht. Vielmehr haben Partnerschaft und Elternschaft Bestand und erfüllen nach wie vor wichtige sozialisatorische Funktionen für die Kinder, was die besondere Bedeutung des Art. 6 Abs. 2 S. 1 GG i.V.m. Art. 6 Abs. 1 GG als wertentscheidende Grundsatznorm gerade auch in aktueller Zeit rechtfertigt.[402] Das Zusammenleben von Kindern und Erwachsenen findet heute jedoch in vielfältigeren Formen statt: in Ein-Eltern-Familien, mit nichtleiblichen Kindern, als Einzelkind und in einem sozialen Umfeld, in dem Haushalte mit Kindern eher in der Minderheit sind. Private und nachbarschaftliche Unterstützung bei der Betreuung der Kinder sind nicht mehr in allen Lebenslagen selbstverständlich verfügbar. Hinzu kommt, dass sich durch eine schlechte konjunkturelle Lage und verbreitete Arbeitslosigkeit als deren Folge

---

[400] Schlicht, RdJB 2003, S. 5 (7); Smolka, Aus Politik und Zeitgeschichte, B 41/2002, S. 3 (10); Geiger, FamRZ 1979, S. 457 (458); Ossenbühl, DÖV 1977, S. 801 (807); Fehnemann, DÖV 1978, S. 489 (491); zu den gesellschaftlichen Herausforderungen an das Erziehungswesen ausführlich Bothe, in: VVDStRL 54 (1995), S. 7 (10 ff.); Burk, Grundschule mit festen Öffnungszeiten, S. 10; Quambusch, ZfJ 1988, S. 315 (319 ff.).
[401] Dazu Schlicht, RdJB 2003, S. 5 (7).
[402] Dazu oben, D. II. 2., S. 36 f.

die finanzielle Situation von Haushalten mit Kindern deutlich verschlechtert hat. Insofern kann von einem sinkenden und auch nicht wiederherstellbaren Wohlfahrtspotential von Familien gesprochen werden, dem kaum gesellschaftliche Hilfe zuwächst.[403] Diese veränderten Lebensumstände sind der Grund für ein Abweichen von der traditionellen Annahme des Gesetzeszwecks des Art. 7 Abs. 1 GG als Voraussetzung für das dauerhafte Bestehen des freiheitlich-demokratischen Rechtsstaats hin zur Aufgabe der Kompensation familiärer Betreuungs- und Erziehungsdefizite.

(b) Die Herstellung von Chancengleichheit

Ebenfalls als sozialer Aspekt wird die Verwirklichung von Chancengleichheit im Bildungswesen zum Teil als Rechtfertigung für ein staatliches Schul- und Bildungssystem und damit als Gesetzeszweck des Art. 7 Abs. 1 GG angesehen.[404] Zutreffend wird dabei ausgeführt, dass angesichts vielfältiger sozialer Unterschiede die Möglichkeiten der Kinder, ihre Anlagen und Fähigkeiten in der Schule zu entfalten, stark divergieren. Die Lernfähigkeit des Menschen hängt von den Umwelteinflüssen in frühester Jugend ab, weshalb Kinder aus Familien ohne großen finanzielle Möglichkeiten und gesellschaftliches Potential schlechter auf das Schulleben vorbereitet werden als Kinder besser gestellter Familien. Diese tatsächliche Situation führt zu der verstärkten Forderung nach Kompensation der Umwelteinflüsse durch die Schule.[405] Mehr noch als in allen anderen Bereichen der Staatsverwaltung bestünde in der Schule die Möglichkeit, eine weitestgehende Chancengleichheit unter den Bürgern herzustellen.[406] Es wird deshalb an dieser Stelle betont, dass auf Grund einer Pflicht des Staates, für alle Bürger die gleichen Bildungschancen zu schaffen, die leistungsstärkeren Schüler zugunsten der förderungsbedürftigen zurückzustehen hätten. Die staatliche Schulhoheit diene der Sicherstellung der Einheitlichkeit im Schulwesen, die zudem erforderlich sei, um eine Gleichwertigkeit von Schulabschlüssen und die Vergleichbarkeit der Absolventen zu bewirken.

---

[403] So Gottschall/Hagemann, in: Aus Politik und Zeitgeschichte, B 41/2002, S. 12 (19 f.).
[404] Kohl, in: Zeidler/Maunz/Roellecke, Festschrift Hans Joachim Faller, S. 201 (202); Huber, BayVwBl. 1994, S. 545 (547); vgl. auch Isensee, DÖV 1982, S. 609 (618); Faller, EuGRZ 1981, S. 611 (613); Hennecke, Staat und Unterricht, S. 102 f.; v. Creytz, Verfassungsfragen des Bildungsrechts in der Wissensgesellschaft, S. 54 ff.; wohl auch Oppermann, in: Isensee/Kirchhof, HbdStR VI, § 135 Rn. 38 ff.
[405] Dazu Evers, JR 1976, S. 265 (267).
[406] Schlie, Elterliches Erziehungsrecht und staatliche Schulaufsicht im Grundgesetz, S. 95; ähnlich Abelein, DÖV 1967, S. 375 (377).

F. Die verfassungsrechtliche Rechtfertigung des Eingriffs in das Elternrecht

Die Pflicht des Staates zur Schaffung von Chancengleichheit im Schulwesen ist tatsächlich nicht nur eine moderne zweckorientierte Forderung, sondern findet sich im Ansatz schon in historischen Verfassungsdokumenten. Art. 25 der revidierten preußischen Verfassungsurkunde vom 31. Januar 1850 legte die Unentgeltlichkeit des staatlichen Unterrichts fest und ermöglichte damit theoretisch allen Kindern unabhängig von ihrer sozialen Herkunft den Schulbesuch. Dem Staat wurde hierdurch die Verpflichtung auferlegt, zur Schaffung eines Mindestmaßes an Chancengleichheit im öffentlichen Schulwesen einen Beitrag zu leisten. Auch in der Weimarer Reichsverfassung finden sich Hinweise auf den Gedanken einer staatlichen Verpflichtung hinsichtlich der Chancengleichheit aller Schüler. Art. 146 Abs. 1 S. 2 WRV bestimmt, dass für die Aufnahme eines Kindes in eine bestimmte Schule ausschließlich seine Anlage und Neigung, nicht aber die wirtschaftliche und gesellschaftliche Stellung oder das Religionsbekenntnis seiner Eltern maßgeblich sind.

Das Grundgesetz trifft in den wenigen Bestimmungen über das Schulwesen in Art. 7 GG keine Regelung, die auf eine besondere Pflicht des Staates zur Schaffung von Chancengleichheit im Schulwesen ausdrücklich hinweist. Die Befürchtung, finanzstarke Bevölkerungsgruppen könnten durch besondere Förderung und Ausstattung einzelner Schulen für ihre eigenen Kinder wesentlich bessere Ausbildungsmöglichkeiten schaffen als andere finanziell schlechter ausgestattete Familien, führt jedoch trotzdem nach der beschriebenen Meinung im Ergebnis zur teleologischen Auslegung des Art. 7 Abs. 1 GG im Lichte der Schaffung von weitgehend sozialer Gerechtigkeit und Gleichheit.

(c) Stellungnahme

Die objektive teleologische Auslegung des Art. 7 Abs. 1 GG nach sozialen Gesichtspunkten und Anforderungen der heutigen Gesellschaft, wie sie ein Teil des Schrifttums vornimmt, wendet sich von dem traditionellen Gesetzeszweck, wie er nach dem Willen des Verfassungsgebers vorgesehen war, ab und zieht vorrangig sozialstaatliche Erfordernisse als Begründung für die Existenz der staatlichen Schulaufsicht heran. Wie bereits festgestellt wurde, ist ein solcher Bedeutungswandel einer Norm im Rahmen der teleologischen Auslegung nicht grundsätzlich ausgeschlossen. Die Interpretation des Gesetzeszwecks ausschließlich nach dem Willen des historischen Normgebers führt in den Fällen des völligen Wandels der tatsächlichen Lebensumstände und der gesellschaftlichen Werte und Ansichten oft nicht zu sachgerechten Ergebnissen. In der Literatur zur juristischen Methodenlehre wird diese Tatsache mit der Notwendigkeit der

F. Die verfassungsrechtliche Rechtfertigung des Eingriffs in das Elternrecht

„Schmiegsamkeit des Rechts"[407] umschrieben, die den Vorteil hat, dass eine Anpassungsfähigkeit des Gesetzeszwecks an die Vielgestaltigkeit der zu regelnden Lebensumstände den Wandel der tatsächlichen Gesamtsituation und der herrschenden sozialethischen Vorstellungen sowie den gesellschaftlichen Notwendigkeiten für ein friedvolles Zusammenleben möglich ist. Insofern erscheint die Formulierung des Zwecks der staatlichen Schulaufsicht aus Art. 7 Abs. 1 GG als Mittel zur Erfüllung allgemeiner sozialer Bedürfnisse zunächst verständlich.

Die Annahme eines Bedeutungswandels bei der teleologischen Interpretation einer Norm muss andererseits dort eine Grenze haben, wo sie die erkennbaren Absichten des Normsetzers verlässt. Die ursprüngliche Regelungsintention des Normgebers und die von ihm in Verfolgung dieses Anliegens getroffenen Wertentscheidungen bleiben für die Auslegung verbindliche Richtschnur, auch wenn das Gesetz an neue, vom Normgeber noch nicht überschaubare Umstände angepasst werden soll.[408] Gerade bei der Auslegung nach dem Sinn und Zweck der Norm bestünde anderenfalls für den Interpretierenden die Möglichkeit, durch eine neue Sinnstiftung für eine Norm deren materiellen Gehalt und Anwendungsbereich bis hin zur völligen Neuregelung der Rechtsfolgen für einen Lebenssachverhalt zu beeinflussen. Vor dem Hintergrund des Erfordernisses der Rechtssicherheit und des Gewaltenteilungsprinzips muss diese Art der inhaltsverändernden Zweckstiftung dem Normgeber selbst vorbehalten bleiben. Unzulässig ist also die Um-Interpretation der Verfassung, die eine rechtswidrige Umgehung der für eine förmliche Verfassungsänderung erforderlichen breiteren Konsensbildung bedingt.

Die Behauptung eines vorrangig in der Erfüllung sozialstaatlicher Bedürfnisse der modernen Gesellschaft liegenden Normzwecks bei Art. 7 Abs. 1 GG kann demzufolge nicht überzeugen, weil diese neue Sinnstiftung eine weitgehende Änderung des Norminhalts in Form einer Ausweitung der Regelungsbefugnis des Gesetzgebers im Bereich des Schulwesens zur Folge hat. Während die staatliche Schule entsprechend der traditionellen Funktion für die Existenz des Staates vorrangig Wissens- und Wertvermittlung zum Inhalt hat, würden ihr nun vor allem umfassende soziale Betreuungs- und Integrationsaufgaben zugewiesen. Die Diskrepanz zwischen dem traditionell entstandenen Inhalt und Regelungsbereich der Norm und ihrer ausschließlich politisch initiierten neuen materiellen

---

[407] Zippelius, Juristische Methodenlehre, S. 47.
[408] Dazu Larenz/Canaris, Methodenlehre der Rechtswissenschaft, S. 149; Zippelius, Juristische Methodenlehre, S. 52; Prümm, Verfassung und Methodik, S. 252 f.; vgl. auch BVerfGE 32, 365 (372), in der das Bundesverfassungsgericht die Möglichkeit der verfassungskonformen Auslegung eines einfachen Gesetzes auf Grund der eindeutig entgegenstehenden Intention des Normgebers verneint hat.

F. Die verfassungsrechtliche Rechtfertigung des Eingriffs in das Elternrecht

Wirkung ist mit dem Rechtsstaats- und Demokratiegebot nicht vereinbar. Es liegt eine unzulässige Abweichung vom ursprünglichen subjektiven Normzweck vor.

Ganz ungeachtet der Zweifel an der Geeignetheit der weitreichenden schulischen Betreuung, Integration und Sozialerziehung der Kinder als Kompensation für familiäre Erziehungsdefizite und Mittel der Schaffung sozialer Gerechtigkeit besteht zudem – trotz der veränderten gesellschaftlichen und sozialen Situation – schon keine Rechtsschutzlücke im Grundgesetz, die die Verankerung sozialpolitischer Ziele in dem Zweck der staatlichen Schulaufsicht und die damit verbundene erweiterte Regelungskompetenz des Staates im Schulwesen erfordern würde. So hat der Grundsatz der Chancengleichheit seine verfassungsrechtliche Wurzel nicht in Art. 7 Abs. 1 GG, sondern in Art. 3 GG und dem Sozialstaatsprinzip. Für eine zusätzliche Verortung in der staatlichen Schulaufsicht bestünde nur dann die Notwendigkeit, wenn diese Grundsätze den ausreichenden Schutz des Einzelnen gegen Ungleichbehandlung im Schulwesen nicht gewährleisten könnten. Davon ist indes nicht auszugehen. Art. 3 Abs. 1 und 3 GG sichert den individuellen Anspruch des einzelnen Schülers auf eine Gleichbehandlung in der Schule ab. Er findet, wie die anderen Grundrechte des Kindes auch, insbesondere nach Überwindung der Lehre vom besonderen Gewaltverhältnis im Schulwesen,[409] auch im Verhältnis der staatlichen Schule zum Schüler Anwendung. Der Einzelne kann sich gegen eine Ungleichbehandlung im Vergleich mit anderen Schülern zur Wehr setzen, wenn für diese kein hinreichender sachlicher Differenzierungsgrund ersichtlich ist.

Über diese Sicherstellung der individuellen Gleichheit hinaus sorgt die Anwendung des Sozialstaatsprinzips gem. Art. 20 Abs. 1 GG, dessen Geltung im Schulwesen ebenfalls nicht von der dogmatischen Modifikation des Sinn und Zwecks der staatlichen Schulaufsicht abhängt, für ein Mindestmaß an sozialer Gerechtigkeit. Es bestimmt eine Untergrenze der staatlichen Gewährleistung eines funktionsfähigen öffentlichen Schulwesens und stellt das Recht auf den freien Zugang zu den vorhandenen Bildungseinrichtungen sicher.[410] Als solches, wie es auch das Bundesverfassungsgericht als die Freiheit zur Wahl der Bildungsstätte formuliert, ist die Chancengleichheit als Maxime im Bildungswesen hieraus durchaus anzuerkennen. Soweit bereits öffentliche Bildungseinrichtungen bestehen, ergibt sich ein Anspruch auf die gleiche Teilhabe an den vorhan-

---

[409] Dazu Heckel/Avenarius, Schulrechtskunde, S. 166 und 295 mit zahlreichen weiteren Nachweisen.
[410] Ausführlich unten F. III. 2., S. 145.

denen Bildungseinrichtungen in den Grenzen der Kapazitäten und entsprechend den Begabungen des zu Erziehenden.[411]

In besonderer Weise kommt das Sozialstaatsprinzip in der Verbindung mit den Grundrechten des Einzelnen zur Geltung; die „sozialstaatliche Grundrechtsinterpretation" ist allgemein anerkannt.[412] Danach kann aus dem Prinzip in Verbindung mit den Grundrechten und auf der Grundlage der Bindungswirkung der Grundrechte aus Art. 1 Abs. 3 GG ein Gebot abgeleitet werden, die grundrechtliche Freiheit zu realisieren und zu effektivieren. Im Schulwesen sind in diesem Zusammenhang vorrangig die Art. 2 Abs. 1, Art. 3 Abs. 1 und 3 sowie Art. 12 Abs. 1 GG von Bedeutung,[413] die im Lichte des Art. 20 Abs. 1 GG ausgelegt werden müssen. So können spezielle staatliche Maßnahmen, wie etwa die unentgeltliche Bereitstellung der Unterrichts- und Fördermittel, die Betreuungsangebote für Kinder außerhalb der Kernunterrichtszeiten und die Erziehung der Kinder zu einem sozialverträglichen Verhalten in der Schule, als Konkretisierungen des Sozialstaatsprinzips begriffen werden.

Zur Gewährleistung sozialer Standards und Grundbedingungen im Schulwesen bedarf es mithin der Auslegung des Art. 7 Abs. 1 GG im sozialstaatlichen Sinne nicht. Die Norm existiert nicht, um individuelle Rechtspositionen des Einzelnen vor dem Hintergrund der sozialen Gestaltung des Schulwesens zu sichern. Die soziale Interpretation des Normzwecks von Art. 7 Abs. 1 GG ist ausschließlich Produkt eines Versuchs, eine neue Staatsaufgabe auf Grund der Herausforderungen der modernen Gesellschaft zu begründen und ist als verfassungsrechtlich nicht begründbar abzulehnen.

(4) Zusammenfassung zur teleologischen Auslegung

Die subjektive teleologische Auslegung des Art. 7 Abs. 1 GG, die sich an dem vom ursprünglichen Gesetzgeber verfolgten Gesetzeszweck orientiert, führt zu einem weiten organisatorischen Gestaltungsspielraum des Staates im Schulwesen sowie zur Annahme eines eigenen staatlichen Erziehungsauftrags. Beides ist notwendig, um die traditionelle Funktion der öffentlichen Schule – die Wahrung und Weitergabe der gemeinschaftlichen kulturellen, bildungsmäßigen und wer-

---

[411] Vgl. Evers, JR 1976, S. 265 f.; Heckel/Avenarius, Schulrechtskunde, S. 22 m.w.N.
[412] Neumann, DVBl. 1997, S. 92 (93 ff.); Herzog, in: Maunz/Dürig, Grundgesetz, Art. 20 Abschnitt VIII. Rn. 49; Sommermann, in: v. Mangoldt/Klein/Starck, Das Bonner Grundgesetz, Art. 20 Rn. 122 ff.; vgl. auch Bieback, EuGRZ 1985, S. 657 (663) m.w.N.
[413] Vgl. v. Creytz, Verfassungsfragen des Bildungsrechts in der Wissensgesellschaft, S. 53 ff.

F. Die verfassungsrechtliche Rechtfertigung des Eingriffs in das Elternrecht

teorientierten Basis als Grundlage des freiheitlich-demokratisch organisierten Rechtsstaats – zu erfüllen.

Der Auffassung, die bei der Bestimmung des Normzwecks individualisierend auf den Entfaltungsanspruch des einzelnen Schülers abstellt, steht die erkennbar gemeinwohlorientierte objektive Funktion des Art. 7 Abs. 1 GG entgegen. Diese Meinung beschränkt die staatliche Regelungsbefugnis im Bereich des Schulwesens in unzulässiger Weise auf die Bereitstellung des Unterrichtssystems und organisatorische äußere Verwaltungstätigkeiten, die erforderlich sind, um dem Einzelnen eine von ihm gewünschte optimale Bildung zu vermitteln und damit die Voraussetzungen für die Persönlichkeitsentfaltung zu schaffen.

Die zur Zeit politisch interessante objektivierte teleologische Auslegung, die nach der Bedeutung der Norm für die aktuelle gesellschaftliche Situation fragt, führt zur Annahme einer umfassenden sozialstaatlichen Verpflichtung der Schule; der Gesetzeszweck des Art. 7 Abs. 1 GG liegt hiernach vor allem in der Kompensation sozialer Missstände. So soll das öffentliche Schulsystem Erziehungsdefizite in den Familien auffangen und mangelnder Chancengleichheit der Schüler in einer Zeit wachsender Arbeitslosigkeit und sozialer Unsicherheit durch Integrationsarbeit und die Wahrung der Einheitlichkeit des Schulwesens entgegenwirken. Nach dieser Zwecksetzung müsste die Regelungskompetenz des Staates aus Art. 7 Abs. 1 GG wesentlich weitreichender sein und über die Erziehung der Kinder zu gemeinschaftsfähigen selbstverantwortlichen Bürgern und die Organisationshoheit für die äußeren Bedingungen der Schule hinausgehen. Diese Interpretation übertritt jedoch die Grenze der teleologischen Auslegung, die sich auf Grund von Vorgaben des Gewaltenteilungs-, Demokratie- und Rechtsstaatsprinzips nicht vollständig vom ursprünglichen Normzweck entfernen kann. Die Erfüllung der sozialstaatlichen Erfordernisse ist zudem in ausreichendem Maße durch die Regelungen des Sozialstaatsprinzips und seiner Verknüpfung mit den Grundrechten gewährleistet. Der Staat muss wegen dieser Grundsätze und Grundrechte auch im Schulwesen seinen Beitrag zur Schaffung von Chancengleichheit leisten und eine Integrationsaufgabe übernehmen.

Weder der Anspruch des Kindes auf die freie Entfaltung seiner Persönlichkeit noch familien- und sozialpolitische Erwägungen können mithin ausschlaggebend für die Bestimmung des Zwecks schulischer Erziehung und Bildung sein. Allein unter dem Gesichtspunkt der Bewahrung des gesellschaftlichen Konsenses über Grundwerte der freiheitlich, demokratischen Ordnung der Bundesrepublik Deutschland sowie der Sicherstellung eines Mindestbildungsstandards ist die Funktion von Schule zu beschreiben. Der Sinn und Zweck des Art. 7 Abs. 1 GG liegt in der Erfüllung gesamtgesellschaftlicher und staatsexistenzieller Erfordernisse.

F. Die verfassungsrechtliche Rechtfertigung des Eingriffs in das Elternrecht

Diese tragende Bedeutung des öffentlichen Schulwesens für den Bestand des demokratischen Staates verlangt eine weite Auslegung des Art. 7 Abs. 1 GG. Zur Vermittlung der gesellschaftlichen und kulturellen Werte sowie zur Bildung von gemeinschaftsfähigen Persönlichkeiten, die ihre Verantwortung als Mitglieder eines auf die Mitwirkung der einzelnen Bürger angewiesenen demokratischen Staates wahrnehmen können, kommt dem Staat ein eigener Erziehungsauftrag und ein umfassendes Gestaltungsrecht bezüglich der Organisation des äußeren Rahmens der Schule und des Unterrichts zu. Auch die teleologische Auslegung des Art. 7 Abs. 1 GG zeigt mithin ganz in Übereinstimmung mit der historischen Interpretation auf, dass die Norm dem Staat über bloße Kontrollbefugnisse weit hinausgehende Organisations-, Gestaltungs-, Verwaltungs- und auch Erziehungsbefugnisse verleiht.

c. Die sprachlich-grammatische Auslegung des Art. 7 Abs. 1 GG

Ausgangspunkt der Auslegung der Ermächtigungsnorm nach ihrem Wortlaut ist die Formulierung in Art. 7 Abs. 1 GG, wonach das gesamte Schulwesen unter der Aufsicht des Staates steht. Außer dieser wenig aussagekräftigen Umschreibung der staatlichen Schulhoheit enthält das Grundgesetz – von den Garantien eines privaten Schulwesens in Art. 7 Abs. 4 und 5 GG und des Religionsunterrichts in Art. 7 Abs. 3 GG abgesehen – keine Bestimmungen hinsichtlich des Inhalts der staatlichen Aufsicht und seines Bezugsobjekts, des Schulwesens. Die sprachlich-grammatische Auslegung hat zu ermitteln, welcher Sinn den Gesetzesworten in der Sprachgemeinschaft und nach der Sprachregelung des Gesetzgebers zukommen kann. Es wird also aus dem geschriebenen Text der mögliche Wortsinn, d.h. der Bedeutungsumfang der Gesetzesworte – der Normsinn – erforscht.[414]

(1) Die Auslegung des Begriffs der Aufsicht

Der Begriff der Aufsicht legt auf Grund seiner Verwendung im juristischen Sprachgebrauch zunächst die Vermutung nahe, dass es sich um eine bloße Kontrollpflicht und -befugnis des Staates hinsichtlich des durch selbständige Träger organisierten und verantworteten Schulwesens handelt, weshalb sich diese Auffassung in der Literatur durchaus findet. Der enge Aufsichtsbegriff meint die in den Schul- und Beamtengesetzen geregelte Fach-, Dienst- und Rechtsaufsicht

---

[414] Zur sprachlich-grammatischen Auslegung vgl. Wank, Die Auslegung von Gesetzen, S. 47 ff.; Kramer, Juristische Methodenlehre, S. 43 ff.; Zippelius, Juristische Methodenlehre, S. 42 f. m.w.N.

F. Die verfassungsrechtliche Rechtfertigung des Eingriffs in das Elternrecht

über die Unterrichts- und Erziehungsarbeit, das pädagogische Fachpersonal sowie die Rechtmäßigkeit des Handelns der Schulverwaltung. Auch im Schulwesen, so die Annahme, sei die Aufsicht des Staates – im Gegensatz zum Begriff der Leitung – auf die Überwachung fremder Angelegenheiten beschränkt, so dass lediglich der Umfang einer Aufsicht, nicht aber die Möglichkeit einer Selbstständigkeit schlechthin streitig wäre.[415] Die Vertreter dieser restriktiven Meinung wollen den Regelungsgehalt des Art. 7 Abs. 1 GG hierauf begrenzen. Die Vorschrift könne deshalb lediglich die Fach- und Rechtsaufsicht über das Schulwesen meinen, weil bei einer mehrfachen Verwendung eines Rechtsbegriffs dieser auch jeweils die gleiche Bedeutung haben müsse.[416] Weiterhin wird ausgeführt, dass gegen ein Recht des Staates unmittelbar aus Art. 7 Abs. 1 GG auf das Betreiben eigener Schulen und die Errichtung einer zwangsweisen Besuchspflicht dieser Schulen durchgreifende rechtliche Bedenken bestünden.[417] Aufsicht sei streng wörtlich zu verstehen, weshalb jedoch dann offensichtlich sei, dass der Staat sich nicht selbst beaufsichtigen könne.[418] Danach soll die Befugnis zur generellen Ordnung nicht Bestandteil der Aufsicht sein, weil „die Schaffung des Richtmaßes und seine Anwendung wesensmäßig nicht dasselbe sein können"[419]. Stattdessen soll dem Staat nur ein Aufsichtsrecht im engen Sinne über die in ihm bestehenden Schulen zukommen.[420]

Die Auffassung, der Staat könne nur eine Rechts- und Fachaufsicht über die Schulen besitzen, übersieht jedoch die bereits aufgezeigte[421] wesentliche Funktion der Schule für die Existenz und Fortentwicklung des Staates in seiner demokratischen und rechtsstaatlichen Grundverfassung. Die Erforderlichkeit eines Mindestmaßes an Einheitlichkeit des Unterrichtswesens und der Verwaltungsaufwand eines für alle zugänglichen und auch verpflichtenden Schulsystems machen es zweckwidrig, den Staat auf die Kontrolle der nicht durch den Staat selbst eingerichteten und organisierten Schuleinrichtungen zu verweisen. Neben der Tatsache, dass vor dem Hintergrund der Normentstehung des Art. 7 Abs. 1 GG, der Auslegung des Art. 144 WRV und der Interpretation nach dem Normzweck die Annahme einer bloßen Kontrollfunktion des Staates im Schulwesen

---

[415] Clevinghaus, Recht auf Bildung, S. 366 ff.
[416] Jach, Schulvielfalt als Verfassungsgebot, S. 24; kritisch hierzu Hennecke, Staat und Unterricht, S. 111.
[417] Ohne weitere Begründung Wimmer, DVBl. 1967, S. 809 (811).
[418] Wimmer, DVBl. 1966, S. 846 (851).
[419] Fuß, VVDStRL 23 (1966), S. 199 (207).
[420] In diese Richtung ebenfalls Pöggeler, Der pädagogische Fortschritt und die verwaltete Schule, S. 47; Löhning, der Vorbehalt des Gesetzes im Schulwesen, S. 147 f; Perschel, DÖV 1970, S. 34 (39).
[421] Siehe oben F. II. 4. b. (1), S. 114.

einen völligen Systembruch darstellen würde, spricht gegen eine enge, streng wörtliche Auslegung des Aufsichtsbegriffs auch die Formulierung und Systematik des Art. 7 Abs. 1 GG selbst. Wäre der Staat auf die Rechts- und Fachaufsicht über das Schulwesen beschränkt, bedürfte es weder der besonderen Gewährleistung der Privatschulfreiheit in Art. 7 Abs. 4 S. 1 GG noch der Betonung der Ersatzfunktion privater Schulen für die öffentlichen Bildungseinrichtungen in Art. 7 Abs. 4 S. 2 GG. Das Grundgesetz geht davon aus, dass der Staat die materielle Regelungsbefugnis zur Errichtung und Leitung der öffentlichen Schulen besitzt und sieht daher das Bedürfnis, das Privatschulwesen unter ausdrücklichen Schutz zu stellen.

Die wörtliche Auslegung des Begriffs der Aufsicht in Art. 7 Abs. 1 GG führt mithin zu einem ähnlichen Ergebnis wie die historische und teleologische Interpretation der staatlichen Schulhoheit insgesamt. Der Aufsichtsbegriff des Art. 7 Abs. 1 GG ist weit auszulegen und von der Schulaufsicht im engeren Sinne, also der durch staatliche Schulaufsichtsbehörden ausgeübten fördernden und korrigierenden Überwachung der inneren und äußeren Schulangelegenheiten, zu trennen. Art. 7 Abs. 1 GG verleiht über den Begriff der Aufsicht dem Staat zur Erfüllung der Aufgaben eines öffentlichen Schulsystems einerseits inhaltlich einen eigenständigen Erziehungsauftrag und andererseits in organisatorischer Hinsicht einen weiten Gestaltungsspielraum für die Einrichtung und Verwaltung des öffentlichen Schulwesens.

Diese Auslegung entspricht der Rechtsprechung und herrschenden Meinung. In der Literatur wird die staatliche Schulaufsicht zum Teil als jede dem Staat von der Rechtsordnung gestattete Exekutivtätigkeit einschließlich jenes Teilgebietes definiert, das sich mit dem elterlichen Erziehungsrecht befasst.[422] Eine allgemeinere Formulierung versteht die Schulaufsicht als den Sammelbegriff für die Aufgaben und Tätigkeiten des Staates in Bezug auf die Schule.[423] An anderer Stelle wird Schulaufsicht auch als die „Gesamtheit der dem Staate nach dem Grundgesetz unentäußerbar zugewiesenen gubernativen und administrativen Rechte und Pflichten"[424] beschrieben. Die höchstrichterliche Rechtsprechung hat seit einer frühen Entscheidung des Bundesverwaltungsgerichts aus dem Jahre 1957 eine Vielzahl von Erläuterungen zum Umfang der Schulaufsicht des Staates gegeben. In diesem Beschluss zum kommunalen Selbstverwaltungsrecht in Schulaufsichtsangelegenheiten definiert das Gericht den Begriff als die Befugnis des Staates zur Planung und Organisation des Schulwesens mit dem Ziel, ein Schulsystem zu gewährleisten, das allen jungen Bürgern gemäß ihren Fähigkei-

---

[422] Maunz, in: Ehmke u.a., Festschrift für Ulrich Scheuner, S. 417 (425).
[423] Heckel/Avenarius, Schulrechtskunde, S. 165.
[424] Stephany, Staatliche Schulhoheit und kommunale Selbstverwaltung, S. 42.

F. Die verfassungsrechtliche Rechtfertigung des Eingriffs in das Elternrecht

ten die dem heutigen gesellschaftlichen Leben entsprechenden Bildungsmöglichkeiten eröffnet.[425] Diese Definition ist in späteren Entscheidungen des Bundesverwaltungsgerichts sowie auch des Bundesverfassungsgerichts übernommen und erweitert worden.[426] Zu diesem staatlichen Gestaltungsbereich gehöre nicht nur die organisatorische Gliederung der Schule, sondern auch die inhaltliche Festlegung der Ausbildungsgänge und der Unterrichtsziele. Der Staat kann daher unabhängig von den Eltern eigene Erziehungsziele verfolgen.[427] Die strukturellen Festlegungen des Ausbildungssystems, das inhaltliche und didaktische Programm der Lernvorgänge und das Setzen der Lernziele sowie die Entscheidung darüber, ob und inwieweit diese Ziele von den Schülern erreicht worden sind, gehören hiernach zu dem der elterlichen Bestimmung grundsätzlich entzogenen staatlichen Gestaltungsbereich.[428] Die organisationsrechtliche Dimension der Schulaufsicht erlaubt es den staatlichen Schulträgern, Schulen einzurichten, umzusiedeln, zusammenzulegen, in eine andere Schulform umzuwandeln und zu schließen.[429]

Der Begriff der Aufsicht in Art. 7 Abs. 1 GG verleiht dem Staat folglich für die Bildung und Erziehung der Kinder und Jugendlichen eine eigene, nicht aus dem Elternrecht abgeleitete Kompetenz, kraft der er mit der Schaffung einer gemeinsamen kulturellen und wertbezogenen Basis und der Sicherstellung des Wissensstandards Belange der Allgemeinheit wahrnimmt. Zur Erfüllung dieser Aufgabe besitzt er zudem eine umfassende organisatorische Gestaltungsfreiheit. Diese weitreichende Regelungskompetenz ist jedoch sektoral begrenzt auf das Schulwesen, den zweiten sinntragenden Begriff des Art. 7 Abs. 1 GG.

(2) Die Auslegung des Begriffs des gesamten Schulwesens

(a) Der institutionelle Schulbegriff und das „gesamte Schulwesen"

Die wörtliche Auslegung des Begriffs „Schulwesen" gem. Art. 7 Abs. 1 GG hängt maßgeblich von einer aussagekräftigen Definition von Schule ab. In der Rechtswissenschaft wird für den Schulbegriff überwiegend eine von Heckel formulierte Definition verwendet. Danach ist Schule: „eine auf gewisse Dauer berechnete, an fester Stelle unabhängig vom Wechsel der Lehrer und Schüler in

---

[425] BVerwGE 6, 101 (104).
[426] Vgl. BVerwGE 18, 38 (39); 18, 40 (41); 21, 289 (290); BVerfGE 26, 228 (238); 34, 165 (182).
[427] BVerfGE 47, 46 (72).
[428] BVerfGE 34, 165 (182); 45, 400 (415); 59, 360 (377).
[429] HessStGH; NVwZ 1984, S. 90 (91).

F. Die verfassungsrechtliche Rechtfertigung des Eingriffs in das Elternrecht

überlieferten Formen organisierte Einrichtung der Erziehung und des Unterrichts, die durch planmäßige und methodische Unterweisung eines größeren Personenkreises in einer Mehrzahl allgemeinbildender oder berufsbildender Fächer bestimmter Bildungs- und Erziehungsziele zu verwirklichen bestrebt ist und die nach Sprachsinn und allgemeiner Auffassung als Schule angesehen wird."[430] Daran angelehnt werden für die Interpretation des Art. 7 Abs. 1 GG im Schrifttum drei wesensbestimmende Merkmale der Schule zusammenfassend formuliert. Es muss die Schule:

auf eine gewisse Dauer eingerichtet sein,

Unterricht erteilen und

ein zusammenhängendes Programm haben.[431]

Durch diese Definitionen wird die Schule institutionell umschrieben und von anderen mit der Bildung und Ausbildung von Menschen befassten Stellen und Organisationen abgegrenzt. Nicht als Schule gelten somit Privatunterricht, Volkshochschulen, Vorträge, Fernunterricht, Kindergärten und andere Erziehungseinrichtungen, in denen kein Unterricht erteilt wird.[432] Die Schulhoheit des Staates beinhaltet daher zunächst die Kompetenz zur Einrichtung eines öffentlichen Schulsystems mit Anstalten zur Unterrichtsvermittlung.

Art. 7 Abs. 1 GG erstreckt die Aufsicht des Staates aber ausdrücklich über die Schule als Institution hinaus auf das „gesamte Schulwesen". Dies eröffnet dem Staat das Recht, sämtliche Maßnahmen zu treffen, die zur Bereitstellung der Schule für alle Teile der Bevölkerung, zur Sicherstellung der Funktionsfähigkeit der Schule sowie ihrer Verwaltung notwendig sind. Nach richtiger Auffassung bezieht sich die Regelungskompetenz des Staates deshalb auf sämtliche Fragen der inneren und äußeren Organisation der Schule. Art. 7 Abs. 1 GG umfasst das Recht zur zentralen Organisationsplanung und -gestaltung, etwa die Festlegung von Schuljahr und Ferienzeiten, die Aufteilung der Schulbezirke, die Entscheidung über einen Schulwechsel, die Bestimmung der Klassenstärke, die Normierung von Lehrplänen, die Festlegung zentraler Leistungs- und Bewertungsmaßstäbe, die Ordnung der Schulverfassung, der Rechtsstellung des Lehrers, die Auswahl von Schulbüchern und sonstigen Lehrmitteln, die Bekanntgabe der Stundenpläne, den Bau und die Ausstattung von Schulen und zahlreiche andere Maßnahmen organisierend-verwaltender Art.

---

[430] Heckel/Avenarius, Schulrechtskunde, S. 5.
[431] Pieroth, DVBl. 1994, S. 949 (950).
[432] Vgl. BVerfGE 75, 40 (77).

F. Die verfassungsrechtliche Rechtfertigung des Eingriffs in das Elternrecht

In der Annahme dieses weiten Gestaltungsspielraums darf jedoch nicht übersehen werden, dass die Aufsicht über das „gesamte Schulwesen" nicht die Ausweitung der Kompetenz des Staates über die Grenzen des materiellen Gehaltes der Schule hinaus meint, sondern der Staat in seiner Regelungsbefugnis inhaltlich auf das Wesen der „Schule" beschränkt bleibt und nur auf diesem Gebiet umfassend gestalten und bestimmen sowie hierbei auch in Grundrechte von Eltern und Schülern eingreifen darf. Für eine Anwort auf die Frage, ob eine bestimmte hoheitliche Maßnahme, die im Zusammenhang mit der öffentlichen Schule getroffen wird, eine gesetzgeberische Regelung auf dem Gebiet des Schulwesens und damit von der Kompetenznorm des Art. 7 Abs. 1 GG erfasst ist, bedarf es der Bestimmung des Inhalts von Schule.

(b) Der materielle Schulbegriff

Der Begriff der Schule ist in materieller Hinsicht eng mit der Bezeichnung „Bildung" verknüpft,[433] über dessen Gehalt jedoch in Wissenschaft und Rechtsprechungspraxis keine Einigkeit besteht. Zum Teil wird vertreten, der Bildungsbereich umfasse wegen der Schwierigkeit der Abgrenzung von Bildung, Ausbildung und Erziehung die gesamte Erziehung und Unterrichtung von Kindern und Jugendlichen.[434] In diese Richtung weist auch das Bundesverfassungsgericht in jüngeren Entscheidungen, wenn es in seiner Rechtsprechung keinen Unterschied zwischen Bildung und Erziehung sieht und – beide Begriffe inhaltlich gleichsetzend – einen „staatlichen Bildungs- und Erziehungsauftrag" aus Art. 7 Abs. 1 GG annimmt.[435] Eine Unterscheidung zwischen Bildung und Erziehung, so das Gericht an anderer Stelle, sei kaum möglich.[436]

Andere Auffassungen räumen die Schwierigkeit einer Abgrenzung ein, wollen im Hinblick auf die unterschiedlichen Wirkungen staatlicher Wissensvermittlung und Wertevermittlung für das Elternrecht aber dennoch nicht auf sie verzichten. Bildung gehe über die technische Ausbildung und Wissensvermittlung hinaus und ziele auf die geistige Entwicklung der Persönlichkeit,[437] während Erziehung weniger auf eine an einen bestimmten Wissensumfang anknüpfende

---

[433] Die enge begriffliche Verbindung der Schule mit Bildung zeigt sich aus verfassungsgeschichtlicher Perspektive an dem mit „Bildung und Schule" überschriebenen vierten Abschnitt der Weimarer Reichsverfassung, der in den Art. 142-150 vor allem die Organisation des Schulwesens regelt.

[434] Faller, EuGRZ 1981, S. 611.

[435] BVerfG, Beschl. vom 21. April 1989, 1 BvR 235/89 (unveröffentlicht); BVerfG, DVBl. 2002, S. 971.

[436] BVerfG, NVwZ 1990, S. 54 (55).

[437] Huber BayVwBl. 1994 S. 545 m.w.N.

F. Die verfassungsrechtliche Rechtfertigung des Eingriffs in das Elternrecht

geistige Entfaltung hin ausgerichtet sei, als vielmehr auf die Beeinflussung der allgemein menschlichen Entwicklung.[438] Es wird gefordert, der Staat müsse sich in den öffentlichen Schulen nach Möglichkeit auf die Gebiete der Vermittlung von Wissen und Fertigkeiten beschränken.[439] Eine Erziehung im Sinne der persönlichkeitsformenden Einwirkung auf die Kinder ist danach den Eltern vorbehalten und nicht Teil der staatlichen Schulhoheit. Noch restriktiver ist die Auffassung, die postuliert, der Staat könne überhaupt niemanden erziehen und sei daher darauf beschränkt, die Mittel zu verteilen, die Wissensvermittlung zu überwachen, Streitigkeiten zu entscheiden und Gefahren abzuwehren.[440]

Im Ergebnis führen beide Extrempositionen nicht zu einem sachgerechten Ergebnis und sind daher abzulehnen. In der Konsequenz des Verzichts auf die inhaltliche Festlegung und Begrenzung der staatlichen Bildungs- und Erziehungsbefugnis in der Schule ist eine Unterscheidung zwischen dieser Erziehungstätigkeit und der der Eltern nicht mehr möglich und die Eltern treten auf allen Gebieten der Erziehung der eigenen Kinder in direkte Konkurrenz mit der Schule, sobald die Kinder das schulfähige Alter erreicht haben. Die Aushöhlung des Elternrechts aus Art. 6 Abs. 2 S. 1 GG und die verfassungswidrige Errichtung eines einfachen Gesetzesvorbehalts für Eingriffe in das Elternrecht sind die notwendige und unmittelbare Folge dieser Interpretation.[441] Damit die Kompetenzgrenze des staatlichen Erziehungsauftrags zum Elternrecht gewahrt ist, kann auf eine Unterscheidung von Bildung und Erziehung und eine Aufteilung der Zuständigkeiten zwischen Eltern und Staat trotz der bestehenden begrifflichen Abgrenzungsschwierigkeiten nicht gänzlich verzichtet werden.

Die konträre enge Auffassung geht mit der völligen Verneinung einer Erziehungskompetenz der Schule ihrerseits an der Realität des pädagogisch Möglichen vorbei und beschneidet den Staat in seinen zur Wahrnehmung gemeinwohlorientierter Aufgaben unabdingbaren erzieherischen Befugnissen.[442] Die Bereitstellung eines zur Ausbildung vieler Schüler geeigneten organisatorischen Unterrichtsrahmens erfordert die Einhaltung eines Mindestmaßes an Disziplin seitens der Kinder, das die Schule in erzieherischer Form vermitteln darf. Zur Sicherstellung des Bildungserfolges müssen erzieherische Maßnahmen einflie-

---

[438] Oppermann, in: HbdStR VI, § 135 Rn. 4.
[439] Vgl. Schmitt-Kammler, in: Sachs, Grundgesetz, Art. 7 Rn. 24; Ossenbühl, DÖV 1977, S. 801 (808).
[440] So Roellecke, in: Zeidler/Maunz/Roellecke, Festschrift Hans Joachim Faller, S. 187 (194 f.).
[441] Zu den Konsequenzen einer mangelnden Bestimmtheit der Ermächtigungsgrundlage Art. 7 Abs. 1 GG siehe oben F. II. 3., S. 83 ff.
[442] Zur Funktion der Schule für die Existenz und Fortentwicklung des demokratischen Staates und der friedlichen Gesellschaft siehe oben F. II. 4. b. (1), S. 114 ff.

F. Die verfassungsrechtliche Rechtfertigung des Eingriffs in das Elternrecht

ßen, die das Persönlichkeitsbild des Schülers, das seine maßgebliche Form durch das Elternhaus und der sozialen Umgebung erfährt, mit beeinflussen. Dazu gehört auch die Erziehung zu allgemeinen sozialen Verhaltensweisen, die ein Miteinander von Lehrern und Schülern in großer Anzahl unbedingt erfordern.

An dieser Stelle muss auch der soziale Gedanke bei der Betrachtung des Inhalts der Schule einen Platz haben, soweit die Integration – etwa von Kindern sozial benachteiligter Familien oder ausländischer Eltern – zur Stabilisierung der Funktionsfähigkeit des Schulwesens, also zur Vermittlung des erforderlichen Mindestbildungsstandards erforderlich ist.[443] Gemeint ist jedoch nicht eine von dem Gedanken der optimalen Wissensvermittlung zur Schaffung einer gemeinsamen, staatsnotwendigen kulturellen und werteorientierten Wissensbasis losgelöste Form des sozialstaatlichen Engagements, das der Schule zum Teil als Hauptaufgabe zugewiesen wird.[444] Die Schule muss vielmehr ausschließlich um ihre Unterrichtsfunktion ausüben zu können Maßnahmen zur Aufrechterhaltung ihrer Ordnung treffen. Die Forderung der reinen von Erziehung und pädagogischer Betreuung gelösten Faktenvermittlung ist daher realitätsfremd.

Aber auch vor dem Hintergrund der Funktion der Schule, gemeinschaftsfähige, selbstverantwortliche Persönlichkeiten heranzubilden, die aktive Mitglieder des demokratischen Staates sind, muss ein Erziehungsanspruch des Staates zum Bestandteil der Schule gezählt werden. Reines Sachwissen reicht nicht aus, um dieses Ziel der Persönlichkeitsformung zu erreichen, weshalb es Aufgabe der Schule ist, bestimmte verfassungsrechtlich und gesetzlich vorgegebene Werte und damit Haltungen zu vermitteln.[445] Die Schule ist also gerade nicht nur für die mechanische Erlangung von Fertigkeiten verantwortlich, sondern ist ebenso Einrichtung zur Weitergabe von Kulturerrungenschaften an junge Menschen durch Bildung und vor allem Erziehung, die einen Prozess der kulturellen Identitätswerdung verschiedener gesellschaftlicher Wertvorstellungen darstellt.[446] Nach dieser überzeugenden Auffassung kann daher der Staat unabhängig von den Eltern eigene Erziehungsziele verfolgen.

Festzuhalten ist, dass nach überzeugender Auffassung der überwiegenden Rechtsprechung und Literatur die Schule jedenfalls die Vermittlung von Wissen umfasst, aber auch ein Teilbereich der Erziehung der Kinder zum Inhalt hat und in dieser Form der staatlichen Kompetenz unterfällt. So ist wie jeher der Unterricht mit seiner unmittelbaren und untrennbaren Verbindung zur Vermittlung

---

[443] Zur Integrationsaufgabe des Staates in der pluralistischen Gesellschaft zutreffend Böckenförde, in: Essener Gespräche zum Thema Staat und Kirche 14, S. 54 (84).
[444] Dazu oben F. II. 4. b. (3), S. 120 ff.
[445] BVerfG, NVwZ 1990, S. 54 (55).
[446] Jach, Schulvielfalt als Verfassungsgebot, S. 17.

von Wissensstoff Gegenstand der Schule. Wie weit der Erziehungsanspruch des Staates darüber hinaus reicht, ist schwierig zu beurteilen, da sich tatsächlich die Bildung im Sinne von Ausbildung und Wissensvermittlung von Erziehung als der Vermittlung von Werten und Handlungsanweisungen nicht strikt trennen lässt.[447]

Einen gangbaren Weg für eine Interpretation des Schulwesens, die sowohl dem Bedürfnis eines staatlichen Erziehungsrechts als auch der Bedeutung des elterlichen Erziehungsrechts gem. Art. 6 Abs. 2 S. 1 GG gerecht wird, zeichnet das Bundesverfassungsgericht in seinem Sexualkundebeschluss vor. Es formuliert dort: „Entgegen einer mitunter im Schrifttum vertretenen Auffassung ist der Lehr- und Erziehungsauftrag der Schule auch nicht darauf beschränkt, nur Wissensstoff zu vermitteln. Dieser Auftrag, den Art. 7 I GG voraussetzt, hat vielmehr auch zum Inhalt, das einzelne Kind zu einem selbstverantwortlichen Mitglied der Gesellschaft heranzubilden. Die Aufgaben des Staates liegen mithin auch auf erzieherischem Gebiet."[448]. Das Bedeutende und in der gesamten Rechtsprechung des Bundesverfassungsgerichts zu dieser Thematik Einmalige dieser Entscheidung liegt in der Feststellung, dass nicht die gesamte und umfassende Erziehung des Kindes der Schule obliegen kann. Es trifft hier eine Unterscheidung zwischen der reinen Wissensvermittlung als typischerweise der Schule zukommende Aufgabe und der eigentlichen Sexualerziehung, die dem Elternhaus obliegt. Neben der Vermittlung von Wissensstoff habe die Schule *auch* die Erziehung der Kinder zu selbstverantwortlichen Mitgliedern der Gesellschaft zum Ziel. Die Tatsache, dass das Bundesverfassungsgericht das Wort „auch" verwendet, deutet darauf hin, dass der Schwerpunkt der schulischen Aufgabe im Bereich der Wissensvermittlung liegen soll.[449] Leider bleibt die Entscheidung mit den bloßen Andeutungen zur Trennung der elterlichen und schulischen Kompetenzen anhand der Unterscheidung von Bildung und Erziehung eine konsequente Abgrenzung schuldig und umgeht durch die Anwendung des Toleranz-

---

[447] Ossenbühl, Das elterliche Erziehungsrecht im Sinne des Grundgesetzes, S. 105; ders., DÖV 1977, S. 801 (807); Kohl, in: Zeidler/Maunz/Roellecke, Festschrift Hans Joachim Faller, S. 201 (203); Hennecke, Staat und Unterricht, S. 23 ff.; Erichsen, VerwArch 69 (1978), S. 387 (391).
[448] BVerfGE 47, 46 (71 f.)
[449] So auch Erichsen, VerwArch 69, S. 387 (389); eine Aufspaltung der angeblich unteilbaren Erziehungsaufgabe von Eltern und Schule in einzelne Kompetenzen durch den Sexualkundebeschluss und darin liegende Inkonsequenz der Rechtsprechung des Bundesverfassungsgerichts sieht Roellecke, in: Zeidler/Maunz/Roellecke, Festschrift Hans Joachim Faller, S. 187 (193).

F. Die verfassungsrechtliche Rechtfertigung des Eingriffs in das Elternrecht

prinzips[450] eine abstrakte und aussagekräftige wörtliche Auslegung des Begriffs „Schulwesen".
Eine trennscharfe Abgrenzung der zulässigen von der nicht durch Art. 7 Abs. 1 GG legitimierten staatlichen Erziehung durch die positive Festlegung von Inhalten und Handlungsweisen ist sicher auch kaum möglich.[451] Da die staatliche Schulhoheit jedoch von außen durch die Rechte der Eltern und Kinder beschränkt ist und eine Auslegung der Kompetenznorm im Lichte des Art. 6 Abs. 2 S. 1 GG i.V.m. Art. 6 Abs. 1 GG als wertentscheidender Grundsatznorm zu erfolgen hat, ist von dieser Seite eine Negativbestimmung des Inhalts der schulischen Erziehung in Abgrenzung zur inhaltlich unbegrenzten elterlichen Einwirkungsbefugis durchaus möglich. Den Eltern obliegt die umfassende und vorrangige Verantwortung für die geistige, seelische und körperliche Entfaltung des Kindes. Art. 6 Abs. 2 S. 1 GG i.V.m. Art. 6 Abs. 1 GG gebieten eine Beschränkung der Kompetenz des Staates zur Erziehung in der Schule auf das zur Aufgabenerfüllung notwendige Maß; die Funktion des öffentlichen Schulwesens gibt der Reichweite der Ermächtigungswirkung des Art. 7 Abs. 1 GG den äußeren Rahmen vor. Der öffentliche Erziehungsauftrag, d.h. der Inhalt der Schule, darf nicht weiter reichen, als es für die Erfüllung des Schulzwecks erforderlich ist. Die restriktive sprachlich-grammatische Auslegung bedient sich also der aus der teleologischen Interpretation gewonnenen Erkenntnisse über die konsensbildende gesellschaftliche Funktion des öffentlichen Schulwesens. Maßnahmen des Staates im Schulwesen sind daher nur insoweit legitimiert, als ihre Wahrnehmung für ihn existenznotwendig ist. Zum Teil wird sogar angenommen, dass wegen der Bedeutung des Elternrechts die Reichweite der Schulaufsicht nicht starr bestimmt werden kann, sondern unter ständiger Berücksichtigung der Eltern stets neu ausgelotet werden muss.[452] Jedenfalls endet mit der Durchführung der unbedingt zur Zweckerreichung notwendigen schulorganisatorischen Maßnahmen das Erziehungsmandat des Staates aus Art. 7 Abs. 1 GG.

So ist auch die Auffassung, die staatliche Schulaufsicht beinhalte ein den Unterricht voraussetzendes Erziehungsrecht unmittelbar nur, soweit die Vermittlung von Wissen in einem geordneten Schulsystem nicht ohne eine Disziplinierung

---

[450] BVerfGE 47, 46 (75) Hier wird lediglich angedeutet, dass der Staat in den Bereichen, die eine stärkere Affinität zum Privaten haben, eine größere Rücksicht auf elterliche Belange nehmen muss.
[451] Nur vereinzelt finden sich Versuche einer positiven Eingrenzung des staatlichen Erziehungsmandats im Schrifttum, wenn etwa die Überschreitung der in der Schule zulässigen Erziehung im „Missionarischen, im Verkünden einer neuen Wahrheit mit dem Anspruch auf Umerziehung und Gesellschaftsveränderung" gesehen wird. Vgl. Eiselt, DÖV 1978, S. 866 (870).
[452] Wimmer, DVBl. 1967, S. 809 (812).

F. Die verfassungsrechtliche Rechtfertigung des Eingriffs in das Elternrecht

der Schüler möglich ist,[453] in ihrem Rückschluss auf die unbedingte Notwendigkeit staatlicher Erziehung als begrenzenden Faktor durchaus überzeugend. Sie ist nur insofern zu eng, als die staatliche Erziehung nicht nur für eine Disziplinierung der Schüler, sondern auch für die Heranbildung gemeinschaftsfähigen Nachwuchses für die Gesellschaft und den demokratischen Staat unerlässlich ist. Der Staat darf auch erziehen, um im öffentlichen Interesse Gemeinschaftswerte zu vermitteln, die den Schüler zum selbstverantwortlichen Bürger formen. Für die Erziehung des Kindes zum verantwortlichen Mitbürger und Staatsbürger kann die politische Gemeinschaft, auf die hin erzogen werden soll, eine eigene Kompetenz und Zuständigkeit beanspruchen.[454] Die Vermittlung von Wissen um die gesellschaftlichen Zusammenhänge reicht zur Erfüllung dieser Gemeinschaftsaufgabe nicht aus. Konkret muss die öffentliche Schule, um der Verantwortlichkeit des Staates gegenüber dem Allgemeininteresse gerecht zu werden,

Wissen, Fertigkeiten und Fähigkeiten vermitteln,

zu selbständigem kritischen Urteil, eigenverantwortlichem Handeln und schöpferischer Tätigkeit befähigen,

zu Freiheit und Demokratie erziehen,

zu Toleranz, Achtung vor der Würde anderer Menschen und Respekt vor anderen Überzeugungen erziehen,

friedliche Gesinnung im Geist der Völkerverständigung wecken,

zur Wahrnehmung von Rechten und Pflichten in der Gesellschaft befähigen und über die Bedingungen der Arbeitswelt orientieren.[455]

Insofern ist der Staat aus Art. 7 Abs. 1 GG beispielsweise auch berechtigt, in einer vom Frontalunterricht gelösten Form der Schule – etwa in Projektarbeit und offenem Unterricht – die Kinder auf die Wahrnehmung von Verantwortung und Beteiligung in der demokratisch organisierten Gesellschaft vorzubereiten.

Mit Sicherstellung der Funktionsfähigkeit des Unterrichtssystems durch die Erziehung der Schüler zu entsprechendem Verhalten in der schulischen Umgebung und der Vermittlung der für die gemeinwohlorientierte Sozialerziehung der Kin-

---

[453] Schlie, Elterliches Erziehungsrecht und staatliche Schulaufsicht im Grundgesetz, S. 70; Evers, Die Befugnis des Staates zur Festlegung von Erziehungszielen in der pluralistischen Gesellschaft, S. 56 f.

[454] Böckenförde, in: Krautscheid/Marré, Essener Gespräche zum Thema Staat und Kirche 14, S. 54 (74) m.w.N. und ausführlich oben F. II. 4. b. (1), S. 116.

[455] Angelehnt an die Zusammenfassung der Bildungsziele der Schule der Kultusministerkonferenz in ihrer Erklärung vom 25. Mai 1973, KMK-Beschl. Nr. 824.

F. Die verfassungsrechtliche Rechtfertigung des Eingriffs in das Elternrecht

der im Sinne der Vermittlung kultureller und gesellschaftlicher Werte und Handlungsanweisungen erschöpft sich jedoch das im Begriff des gesamten Schulwesens enthaltene staatliche Erziehungsrecht. Für eine außerunterrichtliche Betreuungs- und Unterhaltungstätigkeit des Staates unter rein sozialstaatlichen Zweckerwägungen oder vor dem Hintergrund des individuellen Schutzes des Kindeswohls entfaltet Art. 7 Abs. 1 GG keine Kompetenz zur Gestaltung des Schulwesens durch den Gesetzgeber.

(3) Zusammenfassung der sprachlich-grammatischen Auslegung

Der Begriff der Aufsicht in Art. 7 Abs. 1 GG ist entgegen dem bekannten Wortsinn weit auszulegen und entspricht der Weimarer Regelung. Er setzt keine Körperschaft voraus, die das Schulwesen verwaltet und ihrerseits erst vom Staat beaufsichtigt wird. Über ein bloßes Kontrollrecht hinausgehend hat der Begriff das dem Staat über die Schule ausschließlich zustehende administrative Bestimmungsrecht zum Inhalt, überantwortet damit dem Staat die Leitung und Verwaltung aller Schulangelegenheiten und verleiht ihm ein eigenes Erziehungsrecht. Ihm ist die umfassende Befugnis zur Durchführung von Maßnahmen informativer, kontrollierender, instruierender und organisatorischer Natur gegeben. Dem Staat steht mithin nach der wörtlichen Auslegung des Art. 7 Abs. 1 GG in Übereinstimmung mit der historischen und teleologischen Interpretation ein weiter organisatorischer Regelungsspielraum bezüglich der Einrichtung und Verwaltung der öffentlichen Schule zu.

Inhaltlich begrenzt ist die Regelungsbefugnis nach dem Wortlaut des Art. 7 Abs. 1 GG auf das Schulwesen. Die Auslegung des Begriffs Schulwesen hat auf Grund der Ausstrahlungswirkung des in den besonderen Schutz der Familie eingebundenen Elternrechts gem. Art. 6 Abs. 2 S. 1 GG i.V.m. Art. 6 Abs. 1 GG als wertentscheidende Grundsatznorm restriktiv zu erfolgen. Die Schule umfasst neben ihrer Kernaufgabe der Wissensvermittlung daher nur insoweit erzieherische Tätigkeiten, als dies für die Sicherstellung des Bildungserfolges und die Erfüllung der Aufgabe des öffentlichen Schulwesens – der Ausbildung selbstverantwortlicher und gemeinschaftsfähiger Bürger – erforderlich ist. In der Erreichung dieses Zwecks sowie der Sicherstellung der Funktionsfähigkeit des Unterrichtswesens erschöpft sich jedoch die Legitimationswirkung des staatlichen Erziehungsauftrags aus Art. 7 Abs. 1 GG für in das Elternrecht oder Rechte des Kindes eingreifende hoheitliche Maßnahmen. Darüber hinausgehende erzieherische Einwirkungen auf die Kindespersönlichkeit sowie sämtliche Maßnahmen der Betreuung und Jugendfürsorge sind nicht Inhalt der Schule und somit nicht Bezugsobjekt der Aufsicht des Staates i.S.d. Art. 7 Abs. 1 GG. Die Norm kann

F. Die verfassungsrechtliche Rechtfertigung des Eingriffs in das Elternrecht

für Eingriffe in Grundrechte durch diese Art hoheitlicher Maßnahmen nicht als Rechtfertigungsgrundlage dienen.

5. Fazit: Verfassungsrechtliche Rechtfertigung der Ganztagsschule auf der Grundlage des Art. 7 Abs. 1 GG?

Nach der umfassenden Inhaltsbestimmung des staatlichen Gestaltungsspielraums im Schulwesen durch die Auslegung des Art. 7 Abs. 1 GG nach allen klassischen Methoden der Verfassungsinterpretation sind die grundlegende Bedeutung des öffentlichen Schulwesens und die Notwendigkeit der umfassenden staatlichen Schulhoheit sowie der Inhalt des staatlichen Erziehungsrechts dargelegt. Die historische, teleologische und die sprachlich-grammatische Auslegung führen bezüglich der Reichweite der staatlichen Regelungskompetenz aus der Norm zu ähnlichen Ergebnissen, weshalb auf die Bestimmung einer Rangfolge der Auslegungsresultate verzichtet werden kann. Art. 7 Abs. 1 GG verleiht dem Staat die Kompetenz zur Regelung sämtlicher Lebenssachverhalte, die unter Schule im Sinne der Vermittlung von Wissen, Fähigkeiten und Fertigkeiten sowie der Erziehung des Kindes zur gemeinschaftsfähigen Persönlichkeit gefasst werden können. Insoweit kann die Norm Rechtfertigungsgrundlage für Eingriffe in grundrechtliche Gewährleistungen, etwa das Elternrecht aus Art. 6 Abs. 2 S. 1 GG sein. Nicht rechtfertigungsfähig sind durch die staatliche Schulhoheit dagegen ausschließlich sozial und pädagogisch motivierte Erziehungs- und Betreuungsmaßnahmen, die in verpflichtender Form zu weitreichenden Eingriffen in das elterliche Erziehungsrecht führen. Diese Art der Betätigung der Schule lässt sich weder unter historischen noch unter teleologischen Gesichtspunkten unter die staatliche Schulhoheit aus Art. 7 Abs. 1 GG fassen. Die restriktive sprachlich-grammatische Interpretation des Begriffs Schulwesen im Lichte des elterlichen Erziehungsrechts verbietet geradezu diese Aufgabenerweiterung für die Schule durch den Gesetzgeber.

In den bisherigen Betrachtungen[456] ist ein Grundrechtseingriff durch die flächendeckende Einführung der verpflichtenden Ganztagsschule in das Elternrecht gem. Art 6 Abs. 2 S. 1 GG in zweierlei Hinsicht festgestellt worden. Dieser Teil der Bildungsreform erweitert zunächst die Schulpflicht in zeitlicher Hinsicht, da die Kinder auf Grund des gesplitteten Unterrichts über den ganzen Tag länger in der Schule verbleiben müssen. Wenn auch eine solche Ausdehnung je nach ihrem Ausmaß die Grenzen der Verhältnismäßigkeit im Einzelfall sprengen kann, spricht gegen die verfassungsrechtliche Rechtfertigung dieser Art des Eingriffes zumindest nicht die mangelnde Anwendbarkeit der Ermächtigungsnorm des Art.

---

[456] Oben E. II., S. 61 ff.

F. Die verfassungsrechtliche Rechtfertigung des Eingriffs in das Elternrecht

7 Abs. 1 GG als verfassungsimmanente Schranke. Der Staat kann im Rahmen seiner Schulhoheit auch über die zeitliche Gestaltung des Schultages bestimmen. Hinsichtlich der verfassungsrechtlichen Rechtfertigung der ebenfalls festgestellten weitreichenden inhaltlichen Ausweitung der staatlichen Erziehungs- und Betreuungstätigkeit in der modernen Ganztagsschule, die ebenfalls in das Elternrecht eingreift, ergeben sich allerdings Bedenken. Die Ganztagsschulen sind in ihrer geplanten und zum Teil bereits verwirklichten Form „...Lebensschulen ganzheitlicher Art. Ein Ort, wo Kinder einen wesentlichen Teil ihrer Jugend verbringen."[457]. Sie sollen neben dem herkömmlichen Unterrichtsbereich nunmehr zusätzlich einen Verpflegungs-, Begegnungs-, Rückzugs-, Sozialerfahrungs-, Medien-, Bewegungs- und Spielbereich abdecken. Durch die Verteilung des Unterrichts über den ganzen Tag wird die Zeit geschaffen, diese anderen Elemente in den Schultag einzubeziehen. Der Kernunterrichtsbereich selbst ist auch in der modernen Ausgestaltung der Ganztagsschule – d.h. als offener, handlungs- und projektorientierter Unterricht – zweifelsohne von der alleinigen Gestaltungsbefugnis der Schule erfasst. Dagegen können die anderen im Zentrum der Reform stehenden neuen Elemente – insbesondere die verpflichtende Mittagsversorgung, außerunterrichtliche Tätigkeiten und Aktionen zum Zwecke der Sozialerfahrung, zusätzliche obligatorische Bewegungs- oder künstlerisch-musische Projekte sowie die pädagogische Betreuung zum Selbstzweck – nicht mehr zum Inhalt der Schule i.S.d. Art. 7 Abs. 1 GG gezählt werden. Der Staat bewegt sich dadurch vielmehr ganz deutlich dem Bereich, der der Jugendfürsorge zugerechnet wird. Allein die Durchführung der Freizeit-, Erholungs- und Förderungsstunden unter pädagogischer Anleitung macht diese Tätigkeit nicht zur Aufgabe der Schule i.S.d. Art. 7 Abs. 1 GG als Einrichtung zur gemeinwohlorientierten Vermittlung von Wissen und Erziehung eines ausreichend gebildeten Nachwuchses für die Bevölkerung im demokratischen Rechtsstaat. Von der Kompetenzzuweisung des Grundgesetzes in Art. 7 Abs. 1 GG ist diese Aufgabenerweiterung im Sinne der Neigungsförderung, organisierten Freizeit und des verpflichtenden Soziallebens somit nicht erfasst. Weder unter historischen und teleologischen Auslegungsgesichtspunkten, noch bei Berücksichtigung des Aussagegehaltes des Wortlautes der Norm kann die Vorschrift als Ermächtigungsgrundlage für die mit Eingriffen in das Elternrecht verbundene flächendeckende Einführung der Ganztagsschule durch die Schulgesetze der Bundesländer dienen.[458]

---

[457] So das Zitat des Vorsitzenden des Ganztagsschulverbandes GGT e.V., wiedergegeben unter www.ganztagsschule-online.de (zuletzt am 24. April 2005).
[458] Nur am Rand sei erwähnt, dass die Ausübung von Jugendhilfemaßnahmen im Rahmen der öffentlichen Ganztagsschulen auch auf kompetenzrechtliche Schwierigkeiten trifft.

F. Die verfassungsrechtliche Rechtfertigung des Eingriffs in das Elternrecht

III. Das Sozialstaatsprinzip als verfassungsimmanente Schranke des Elternrechts

1. Der Sozialstaatsgedanke als Motor der aktuellen Schulreform

Soziale Aspekte als Hintergrund der Forderungen nach Ganztagsschulen sind schon aus den Reformbewegungen im Schulwesen nach dem ersten und zweiten Weltkrieg bekannt, als die ganztägige Betreuung der Kinder auf Grund der tatsächlichen Lebensbedingungen erforderlich erschien.[459] In erstaunlicher Intensität ist die Diskussion über die Rolle der Schule bei der Bewältigung sozialer Probleme auf breiter gesellschaftlicher Ebene nun wieder aufgelebt. Bei der aktuellen Schulreform stehen weniger die Qualität des Unterrichts selbst oder die Methodik der Wissensvermittlung im Vordergrund als vielmehr sozialpolitisch orientierte Erwägungen. Die Ganztagsschule wird für nötig erachtet, um eine herkunftsunabhängige Förderung Bildungsbenachteiligter, die intensive Integration der Schüler, weniger Schulabbrecher und höhere Abschlussquoten zu erreichen. Die besondere Stärke der Ganztagsschule liege in der Förderung aller Schüler, die nicht von den erzieherischen, zeitlichen und finanziellen Mitteln der Eltern abhängig sei, sodass im Sinne einer Chancengerechtigkeit besonders günstige Voraussetzungen geschaffen würden. Die Ganztagsschule soll dazu beitragen, gesellschaftlich bedingte Benachteiligungen hinsichtlich des Schulerfolges abzubauen und die vorhandenen Bildungsreserven besser auszuschöp-

---

[459] Während für Regelungen im Bereich des Schulwesens ausschließlich die Länder zuständig sind, unterfällt die Jugendhilfe dem Art. 74 Abs. 1 Nr. 7 GG und liegt daher in der konkurrierenden Gesetzgebungszuständigkeit des Bundes. Die Rechtsprechung und herrschende Meinung im Schrifttum zählt unter die hier normierte „öffentliche Fürsorge" nicht nur fürsorgerische Schutzgesetze wie etwa das Gesetz zum Schutze der Jugend in der Öffentlichkeit und das Gesetz über die Verbreitung jugendgefährdender Schriften, sondern ebenso die Jugendpflege einschließlich der Förderung der Jugendverbände bei der Abhaltung von Freizeiten, Veranstaltungen zur politischen Bildung, internationalen Begegnungen, die Förderung der Ausbildung und Fortbildung ihrer Mitarbeiter und der Errichtung und Unterhaltung von Jugendheimen, Freizeitstätten und Ausbildungsstätten. Vgl. nur BVerfGE 22, 180 (212); 31 (117); BVerwGE 19, 94 (96); 23 (113); Maunz, in: Maunz/Dürig, Grundgesetz, Art. 74 Rn. 106; Oeter, in: v. Mangoldt/Klein/Starck, Das Bonner Grundgesetz, Art. 74 Rn. 67.
Inwieweit das Kompetenzproblem auf Grund der möglicherweise erschöpfenden Wahrnehmung der konkurrierenden Gesetzgebungskompetenz durch den Bund virulent wird, kann im Rahmen dieser Arbeit nicht abschließend beurteilt werden. Es sei daher hier nur auf die Möglichkeit einer Kollision hingewiesen.
Ludwig in Rekus, Ganztagsschule in pädagogischer Verantwortung, S. 28 (39); vgl. oben C. I. 1., S. 7; C. I. 2., S. 9 und C. I. 3., S. 10.

F. Die verfassungsrechtliche Rechtfertigung des Eingriffs in das Elternrecht

fen.[460] Eine entscheidende Rolle spielt hierbei auch die Berücksichtigung der Integration ausländischer Schüler. Weil der verlängerte Tag in der Schule differenzierte Fördermöglichkeiten gestattet und die Kinder ganztägig in der deutschsprachigen Schulumgebung verbleiben, schafft die Ganztagsschule zweifelsohne günstige Voraussetzungen für die Sprachentwicklung.

Zum Teil wird das Anliegen der Schulreform insofern präzisiert, als es bei der Ganztagsschule auch darum ginge, die Eltern bzw. vorwiegend Mütter aus ihrer Rolle der Nachhilfelehrer zu befreien, durch die Verortung der Nachmittagsbetreuung in der Schule unter vollständiger Erledigung der Hausaufgaben eine Verlagerung des Schulstresses in die Familie zu verhindern und damit einen schulischen Beitrag zur „familiären Befriedung" zu leisten.[461] Durch die Öffnung der Schule in Richtung der Kinder- und Jugendhilfe unter Kooperation mit sozialen und kulturellen Einrichtungen und Betrieben vor Ort ist daher unter anderem eine Entlastung der Eltern von der Betreuung der Schulkinder sowie die Förderung und der Erhalt qualifizierter weiblicher Fachkräfte im Arbeitsleben angestrebt. Es wird betont, dass dem traditionellen Bildungssystem eine Orientierung an den gewandelten Bedürfnissen und Handlungsmöglichkeiten von Familien fehle, weshalb insgesamt die Bildung einer völlig anderen Lernkultur sowie die Stärkung bestimmter sozialpädagogischer Bereiche, wie „soziale und kulturelle Umwelt", „Körper, Bewegung und Gesundheit" oder „Sprachen, Kommunikation und Schriftkultur" anzustreben wären.[462]

Die Betrachtungen haben gezeigt, dass Art. 7 Abs. 1 GG als Ermächtigungsgrundlage für die Einführung der verpflichtenden Ganztagsschule in dieser auf die Kinder-, Jugend- und Familienhilfe gerichteten Ausgestaltung nicht tauglich ist, da die staatliche Schulaufsicht unter keinem Auslegungsgesichtspunkt staatliche Maßnahmen in Form der allgemeinen Jugendförderung und sozialen Betreuung umfasst und die Landesgesetzgeber mit der Einführung der Ganztagsschule ihren auf die Gestaltung des Schulwesens beschränkten Kompetenzbereich aus Art. 7 Abs. 1 GG verlassen. Die in der Integration von Kindern benachteiligter Bevölkerungsgruppen, der Herstellung von Chancengleichheit, der Förderung der gleichberechtigten Möglichkeit zur Berufstätigkeit bei Mann und Frau und der Kompensation von Erziehungsdefiziten in einer Vielzahl von Familien liegenden Zielsetzungen der Ganztagsschule legen jedoch die verfas-

---

[460] Ludwig, in Rekus, Ganztagsschule in pädagogischer Verantwortung, S. 28 (39 ff.) m.w.N.
[461] Appel, Handbuch Ganztagsschule, S. 23.
[462] Vgl. z.B. die Veröffentlichung des Berliner Senators für Bildung, Jugend und Sport Klaus Böger: Ganztagsschule – Schule als Lern- und Lebensort –, wiedergegeben unter www.senbjs.berlin.de/bildung/schulreform/ganztagsgrundschulen.pdf (zuletzt 14.10.04)

sungsrechtliche Rechtfertigung des Eingriffes in das Elternrecht auf der Grundlage des Sozialstaatsprinzips aus Art. 20 Abs. 1 GG[463] als verfassungsimmanente Schranke für das Elternrecht aus Art. 6 Abs. 2 S. 1 GG nahe.

2. Gehalte des Sozialstaatsprinzips und seine Ausprägung im Schulwesen

Definitionen für das Sozialstaatsprinzip gibt es in Literatur und Rechtsprechung unzählige. Bekannt geworden ist die Beschreibung von *Zacher*, der schreibt: „Das Sozialstaatsprinzip kann definiert werden als ein Staat, der den wirtschaftlichen und wirtschaftlich bedingten Verhältnissen in der Gesellschaft wertend, sichernd und verändernd mit dem Ziel gegenüber steht, jedermann ein menschenwürdiges Dasein zu gewährleisten, Wohlstandsunterschiede zu verringern und Abhängigkeitsverhältnisse zu beseitigen oder zu kontrollieren."[464] Das Sozialstaatsprinzip ist also „Ermächtigung und Auftrag zur Gestaltung der Sozialordnung", gerichtet auf die „Herstellung und Wahrung sozialer Gerechtigkeit und auf Abhilfe sozialer Bedürftigkeit".[465] Diese soziale Staatsaufgabe wird durch Art. 20 Abs. 1 GG als ausdrückliche Staatszielbestimmung ausgesprochen und ist damit eine verfassungsrechtlich bindende Richtlinie für die Ausübung der öffentlichen Gewalt.[466] Wegen der weitgehenden Unbestimmtheit des Sozialstaatsprinzips bedarf der Inhalt der sozialen Aufgabe des Staates in besonderem Maße der Konkretisierung,[467] wobei vor allem dem Gesetzgeber ein weiter Gestaltungsspielraum zukommt.[468] Er ist durch Art. 20 Abs. 1 GG zunächst nur ganz allgemein verpflichtet, eine gerechte Sozialordnung zu schaffen.[469] Dazu gehören beispielsweise die Fürsorge für Hilfsbedürftige,[470] die Sicherstellung der Mindestvoraussetzungen für ein menschenwürdiges Dasein für alle[471] sowie

---

[463] Auf die Nennung des Art. 28 Abs. 1 GG mit seiner Erwähnung des Sozialstaatsprinzips sei hier verzichtet, weil die Vorschrift keine Ergänzung zum normativen Gehalt des Grundsatzes, sondern lediglich ein Homogenisierungsgebot an die Landesverfassungsgeber enthält.

[464] Zacher, in: Stödter/Thieme, Hamburg, Deutschland, Europa – Festschrift Hans Peter Ipsen, S. 206 (221 f.).

[465] Vgl. BSGE 6, 213 (219).

[466] St.Rspr. seit BVerfGE 1, 97 (105); Badura, Staatsrecht, S. 302;

[467] BVerfGE 65, 182 (193); 71, 66 (80); Jarass, in: Jarass/Pieroth, Grundgesetz, Art. 20 Rn. 103.

[468] BVerfGE 18, 257 (273); 29, 221 (235); 59, 231 (263); 82, 60 (79 f.).

[469] St.Rspr. vgl. nur BVerfGE 94, 241 (263); 97, 169 (284) m.w.N.; Sachs, in: ders., Grundgesetz, Art. 20 Rn. 46.

[470] BVerfGE 43, 13 (19); 45, 376 (387); 100, 271 (284).

[471] BVerfGE 40, 121 (133); 82, 60 (80, 85); 103, 197 (221).

F. Die verfassungsrechtliche Rechtfertigung des Eingriffs in das Elternrecht

die Errichtung sozialer Sicherungssysteme für die Wechselfälle des Lebens.[472] Das Prinzip zielt also auf soziale Gerechtigkeit, soziale Sicherung und den Aufbau einer sozialen Infrastruktur. Sofern es nicht um die Tätigkeit des Gesetzgebers geht, beeinflusst das Sozialstaatsprinzip die Auslegung und die Anwendung von Rechtsnormen sowie die Ausfüllung administrativer Entscheidungsspielräume.

Während ursprünglich die materiellen und ökonomischen Dimensionen des Sozialstaatsprinzips im Vordergrund der verfassungsrechtlichen Diskussion standen, ist heute seine Bedeutung auch für den Bereich des Schulwesens unbestritten.[473] Es erfordert hier ein Mitbedenken der sozialen Komponente bei der Grundrechtsauslegung, hat aber auch wesentliche verfassungspolitische Auswirkungen, vor allem hinsichtlich des Gehaltes und der Konturen eines Rechts auf chancengleichen Bildungserwerb.[474] Das Prinzip erhält hier gegenüber seiner im Übrigen eher auf die Korrektur bestehender Verhältnisse gerichteten Funktion ein evolutionäres, gestaltendes Moment, wenn für die Gewährleistung des Zugangs zu den Bildungseinrichtungen entsprechend der Begabung des Kindes Sorge getragen wird.[475] Das Sozialstaatsprinzip sichert die Existenz und die zeitgemäße Fortentwicklung eines ausgebauten Bildungssystems. So ist Ausfluss des Grundsatzes etwa auch die Pflicht des Staates zur Bereitstellung und Unterhaltung von Schuleinrichtungen und die allgemeine Öffnung des Zugangs zu ihnen. Weiterhin gehören unter dem Gesichtspunkt der sozialen Ausgestaltung des Schulwesens Maßnahmen wie etwa die unentgeltliche Bereitstellung von Lehr- und Lernmitteln, Fahrtkostenerstattungen, die Unfallfürsorge[476] sowie die Gewährung von Schutz und Lebenshilfe für die wirtschaftlich und sozial Schwachen.

3. Grundrechtsbeschränkung durch das Sozialstaatsprinzip

Das Sozialstaatsprinzip ist insoweit vor allem als Grundlage und Richtfaktor der Daseinsvorsorge und Leistungsverwaltung beschrieben. Um soziale Gerechtigkeit im Ganzen zu erreichen werden an den Einzelnen Leistungen materieller oder immaterieller Art erbracht. Das Bundesverfassungsgericht schreibt der

---

[472] BVerfGE 28, 324 (348 ff.) – Rentenversicherung; 45, 376 (387) – Unfallversicherung; 68, 193 (209) – Krankenversicherung; 103, 197 (221) – Pflegeversicherung.
[473] Dazu Faller, EuGRZ 1981, S. 611 (619); ausführlich zu den Auswirkungen des Art. 20 Abs. 1 GG im Schulwesen Oppermann, in: Verhandlungen des 51. Deutschen Juristentages, S. C 19 ff.
[474] BVerfGE 33, 303 ff.
[475] Ähnlich Abelein, DÖV 1967, S. 375 (377).
[476] Heckel/Avenarius, Schulrechtskunde, S. 21.

F. Die verfassungsrechtliche Rechtfertigung des Eingriffs in das Elternrecht

staatlichen Sozialgestaltung insofern zu Recht freiheitsschaffenden und freiheitssichernden Charakter zu,[477] es ist die Voraussetzung zur Verwirklichung der Freiheitsgarantien des Grundgesetzes, der Sicherung realer Freiheit.[478] Für die Frage nach der Rechtfertigungswirkung des Sozialstaatsprinzips bezüglich der mit Eingriffen in das Elternrecht aus Art. 6 Abs. 2 S. 1 GG verbundenen Einführung der verpflichtenden Ganztagsschule ist jedoch weitaus relevanter, ob bei Leistungen zur Herstellung von Chancengleichheit und sozialer Gerechtigkeit in Grundrechte Dritter eingegriffen werden kann. Es geht folglich um die Tauglichkeit des Sozialstaatsprinzips als Grundrechtsschranke.

Soweit es um die Beschränkung von Grundrechten geht, die unter einfachem oder qualifiziertem Gesetzesvorbehalt stehen, ist die Anwendung des Sozialstaatsprinzips unbestritten. Der Gestaltungsauftrag zur Realisierung und Absicherung personaler Freiheit in der Gesellschaft kann nur umgesetzt werden, wenn zugleich das Zusammenleben der Menschen geordnet und die Freiheiten jener Personen eingeschränkt werden, die einer optimalen Verwirklichung der Freiheit und Gleichheit aller entgegenstehen. Das Bundesverfassungsgericht sieht den Einzelnen verpflichtet, sich diejenigen Schranken seiner Handlungsfreiheit gefallen zu lassen, die der Gesetzgeber zur Pflege und Förderung des sozialen Zusammenlebens in den Grenzen des allgemein Zumutbaren vorsieht.[479] Die Verpflichtung des Staates, eine gerechte Sozialordnung zu schaffen, muss folglich auch seine Ermächtigung zur Regelung der Beziehungen unter den Bürgern umfassen und kann auch als Ermächtigungsgrundlage für den Gesetzgeber zu die individuelle Freiheit des Einzelnen beschneidenden Maßnahmen dienen, damit die ungehemmt ausgeübte gesellschaftliche Macht nicht die eingeräumte Freiheit beseitigt.[480] In die verfassungsrechtliche Rechtfertigung von Grundrechtseingriffen können daher auch Gemeinwohlbelange sozialstaatlicher Natur Eingang finden.[481]

Sofern es sich jedoch um Eingriffe in vorbehaltlos gewährleistete Grundrechte handelt, sind die Auffassungen zum Charakter des Sozialstaatsprinzips als verfassungsunmittelbare Schranke unterschiedlich. Zum Teil wird in der Literatur die Möglichkeit dieser aus dem Grundsatz selbst abgeleiteten Legitimation staatlichen Handelns im grundrechtsrelevanten Bereich unproblematisch bejaht.[482]

---

[477] BVerfGE 5, 85 (206).
[478] Suhr, Der Staat 9 (1970), S. 67 (82 ff.); Neumann, DVBl. 1997, S. 92 (96).
[479] BVerfGE 33, 303 (334).
[480] Erichsen, Elternrecht – Kindeswohl – Staatsgewalt, S. 18; vgl. auch Bieback, EuGRZ 1985, S. 657 (659).
[481] Vgl. nur Sachs, in: ders., Grundgesetz, Art. 20 Rn. 50; Herzog, in: Maunz/Dürig, Grundgesetz, Art. 20 Abschnitt VIII. Rn. 43; z.B. BVerfG, NJW 1994, 36 (38).
[482] Neumann, DVBl. 1997, S. 92 (100).

F. Die verfassungsrechtliche Rechtfertigung des Eingriffs in das Elternrecht

Das Sozialstaatsprinzip stelle dem Gesetzgeber eine zusätzliche Eingriffslegitimation gegenüber Grundrechtspositionen der Bürger zur Verfügung, um somit als Mittel zur Aufweichung „privilegienträchtiger" Grundrechte zum einen und zur Verstärkung „sozialstaatlicher" Grundrechte zum anderen zu dienen.[483] Es könne – so eine ohne Anhänger gebliebene Meinung – Beschränkungen sogar in größerem Umfang legitimieren.[484] Etwas restriktiver ist die Auffassung, die davon ausgeht, das Prinzip könne nur in „besonders extrem gelagerten Fällen" und nur unter der Voraussetzung einer sorgfältigen Güterabwägung unmittelbar grundrechtsbeschränkend wirken.[485]

Die überzeugendere gegenteilige Meinung verneint auf der Grundlage der Erkenntnis, dass die Verfassungsstrukturprinzipien des Art. 20 Abs. 1 bis 3 GG angesichts ihrer hohen Abstraktionsstufe für die Grundrechtsbegrenzung generell nur ausnahmsweise als unmittelbare Schranke in Betracht kommen,[486] speziell für das Sozialstaatsprinzip diese Eigenschaft völlig. Auf Grund der Unbestimmtheit und des Erfordernisses der Konkretisierung des Sozialstaatsprinzips enthalte es weder konkrete Handlungsanweisungen für die staatliche Gewalt, noch könne es selbst Grundrechtseingriffe unmittelbar legitimieren.[487] Für diese Auffassung spricht, dass schon das Demokratieprinzip eine Verkürzung des freien politischen Willensbildungsprozesses durch die Verortung strikter Handlungsanweisungen an den Gesetzgeber im Sozialstaatsprinzip verbietet.

Das Bundesverfassungsgericht hatte diese Frage im Zusammenhang mit verfassungsimmanenten Schranken für die Rundfunkfreiheit zu entscheiden und lehnt das Sozialstaatsprinzip als solche ebenfalls ab, weil es dem Staat zwar eine Aufgabe stelle, aber nichts darüber aussage, wie diese Aufgabe im Einzelnen zu verwirklichen ist und wegen dieser Offenheit den Grundrechten keine unmittelbare Schranke ziehen könne.[488]

---

[483] Kittner, in: Denninger, Kommentar zum Grundgesetz (2.Auflage 1989), Art. 20 Abs. 1-3 IV, Rn. 56.
[484] Jarass, in: Jarass/Pieroth, Grundgesetz, Art. 20 Rn. 111.
[485] Herzog, in: Maunz/Dürig, Grundgesetz, Art. 20 Abschnitt VIII, Rn. 45; Uhle, JuS 1996, S. 96 (99).
[486] Stern, Staatsrecht III/2, S. 574; Sachs, in: ders., Grundgesetz, Vor Art. 1 Rn. 130; Wendt, AöR 114 (1976), S. 414 (435); Waechter, Der Staat 30 (1991), S. 19 (31).
[487] Sachs, in: ders., Grundgesetz, Art. 20 Rn. 50; Stern, Staatsrecht I, S. 924; ders., Staatsrecht III/2, S. 577 f.; Bettermann, Grenzen der Grundrechte, S. 18; Wülfing, Grundrechtliche Gesetzesvorbehalte und Grundrechtsschranken, S. 97.
[488] BVerfGE 52, 283 (298); 59, 231 (263).

4. Konsequenz für die Rechtfertigung des Eingriffes in Art. 6 Abs. 2 S. 1 GG durch die Einführung der Ganztagsschule

Die Fundiertheit dieser Bedenken in Rechtsprechung und Literatur lässt sich gerade im hier zu betrachtenden Bereich des öffentlichen Schulwesens verdeutlichen. Die juristische Relevanz des Sozialstaatsprinzips wird überschätzt, wenn aus ihm strikte Handlungsanweisungen an den Schulgesetzgeber gefolgert werden, etwa, um „den einzelnen aus Unmündigkeit und Unterprivilegierung zu befreien"[489]. Zwar darf ein quantitatives Untermaß an sozialstaatlichen Gewährleistungen auch im Schulbereich vom Staat nicht unterschritten werden, jedoch bleibt der Grundsatz Staatszielbestimmung, die der Konkretisierung durch die Staatsgewalt bedarf. Insbesondere dem Schulgesetzgeber steht hierbei ein großer Gestaltungsspielraum offen.

„Originäre" Teilhaberechte, die auf die Verpflichtung des Staates abzielen, bestimmte Einrichtungen zur Verfügung zu stellen und Maßnahmen zu treffen, die die optimale Entfaltung des Einzelnen ermöglichen, sind aus dem Sozialstaatsprinzip nicht gegeben. Ein über diese Form der Mindestchancengleichheit als gleiche Teilhabe an den Einrichtungen hinausgehender Anspruch der Eltern und Kinder gegen den Staat, alle Voraussetzungen zu schaffen, damit eine unterschiedslose Bildung für alle möglich ist, besteht also nicht. Die Schule soll in ihrem Erziehungs- und Bildungsprogramm zwar die Gesellschaft abbilden, darf sie aber nicht verändern wollen.[490] Einen Auftrag zur Veränderung der Gesellschaft hat die Schule nicht.[491] Sie ist also nicht verpflichtet, die Bildungsanforderungen so anzupassen, dass unabhängig vom Begabungspotential des einzelnen Schülers alle Kinder eine uneingeschränkte Gleichbehandlung erfahren. Solche weitgehenden Forderungen an das Schulwesen, wie etwa, dass Kinder finanzstarker Eltern gegenüber benachteiligten Kindern generell zurückzustehen hätten, sind vor einiger Zeit ergangene bildungspolitische Entscheidungen, die jedoch schwerlich den Schutz der Verfassung genießen.

Dem Grundsatz können folglich keine juristischen Schlüsse zugunsten oder gegen bildungspolitische Maßnahmen entnommen werden. Wie verwirklicht wird, dass jedem der Zugang zu bestehenden Bildungseinrichtungen möglich ist und jeder Schüler über eine ausreichende Versorgung und Absicherung in der Schule

---

[489] So Reuter, Das Recht auf chancengleiche Bildung, S. 213, der aus Art. 20 Abs. 1 GG verfassungsrechtlich gebotene Handlungen des Staates im Schulwesen anleiten will. Auf die häufig missachtete Grenze zwischen Verfassungsrecht und Verfassungspolitik im Zusammenhang mit dem Sozialstaatsprinzip weist auch Faller, EuGRZ 1981, S. 611 (619) hin.

[490] Ossenbühl, Das elterliche Erziehungsrecht im Sinne des Grundgesetzes, S. 145.

[491] Eiselt, DÖV 1978, S. 866 (870).

F. Die verfassungsrechtliche Rechtfertigung des Eingriffs in das Elternrecht

verfügt, ist durch Art. 20 Abs. 1 GG nicht vorgeschrieben. Es käme bei der Komplexität der möglichen bildungspolitischen Entscheidungen einer Meinungsprivilegierung gleich, wollte man die allgemeine Staatszielbestimmung auf eine bestimmte Art schulpolitischer Maßnahmen festgelegt sehen. Gleiches gilt für die Maßnahmen in Ergänzung des Schulsystems durch die weiterführende außerschulische Betätigung des Staates im Bereich der Jugendbildung.[492]

Wenn aber das Sozialstaatsprinzip keine konkreten Handlungsaufträge an den Gesetzgeber erteilt, kann in ihm auch keine hinreichend verfestigte Rechtsposition liegen, die dem Gehalt einer Freiheitsgewährleistung wie der des Elternrechts aus Art. 6 Abs. 2 S. 1 GG auf gleicher Stufe – nämlich als unmittelbar kollidierendes Verfassungsrecht – entgegengestellt werden könnte. Der Auffassung, dem Sozialstaatsprinzip fehle deshalb nicht die für eine verfassungsimmanente Grundrechtsschranke notwendige inhaltliche Präzision, weil die Frage nach der Qualität als verfassungsunmittelbare Grundrechtsschranke sich immer erst stelle, wenn ein sozialstaatliche Ziele verfolgendes, eingreifendes, mithin den allgemeinen Gestaltungsauftrag konkretisierendes Gesetz bereits vorliege,[493] ist nicht zu folgen. Sie verkennt, dass es nicht auf die Konkretisierungsfähigkeit und die tatsächliche Ausführung der Konkretisierung einer unbestimmten Verfassungsnorm ankommt, sondern auf ihren eigenen materiellen Gehalt, die Festlegung eines konkreten Rechtsguts mit Verfassungsrang. Daran fehlt es beim Sozialstaatsprinzip.

Entsprechendes gilt für die verfassungsrechtliche Rechtfertigung der Grundrechtseingriffe durch die Ganztagsschule. Aus dem Sozialstaatsprinzip folgt keine konkrete rechtliche Verpflichtung des Staates zur Durchführung der Schulreform in ihrer speziellen Ausformung mit der Ganztagsschule als Kernelement. Um Chancengleichheit und soziale Gerechtigkeit zu fördern, stehen dem Staat vielmehr verschiedene Möglichkeiten zur Verfügung – etwa die finanzielle Unterstützung außerschulischer Betreuungs- und Fördermaßnahmen oder der Ausbau der Fürsorge für sozial benachteiligte Familien in Beratungs-, Informations- und Kulturzentren. Er ist mit dem allgemeinen Handlungsauftrag aus Art. 20 Abs. 1 GG im Gegenteil überhaupt nicht auf das Schulwesen verwiesen. Hier ergeben sich bei Eingriffen in das Elternrecht zudem insoweit Besonderheiten, als für hoheitliche Maßnahmen Art. 7 Abs. 1 GG als spezielle Eingriffsermächtigung zur Verfügung steht, der als verfassungsimmanente Schranke des Art. 6 Abs. 2 S. 1 GG regelmäßig die Grundlage der verfassungsrechtlichen Rechtfertigung bildet. Ließe man das Sozialstaatsprinzip als zusätzliche verfassungsimmanente Schranke im Schulwesen zu, erhielte es auf Grund seiner Unbestimmt-

---

[492] Oppermann, in: Verhandlungen des 51. Deutschen Juristentages Band I, S. C 27.
[493] So Neumann, DVBl. 1997, S. 92 (99).

F. Die verfassungsrechtliche Rechtfertigung des Eingriffs in das Elternrecht

heit und dem wesensimmanenten Bezug der Schule zu sozialen Problemstellungen praktisch die Eigenschaft eines allgemeinen Gemeinschafts- und Gemeinwohlvorbehalts, durch den die besondere vorbehaltlose Gewährleistung des elterlichen Erziehungsrechts ausgehöhlt und umgangen würde. Mit seinem Charakter als wertentscheidende Grundsatznorm und besonders geschützte Freiheitsgewährleistung ist dies nicht vereinbar.

Das Sozialstaatsprinzip kann mithin den Kompetenzbereich des Staates nicht ausdehnen, der ihm auf Grund des Art. 7 Abs. 1 GG im Schulwesen zugewiesen ist und kann den Eingriff in das Elternrecht durch die Einführung der Ganztagsschule nicht legitimieren. Die Vorschrift legt für das Schulwesen abschließend fest, welche Gestaltungsmöglichkeiten dem Gesetzgeber und der Schulverwaltung obliegen und schließt die Schulreform mit der Ganztagsschule in der geplanten und zum Teil schon verwirklichten Form aus. Als sozialstaatlich orientierter bildungspolitischer Programmsatz ist die flächendeckende Einführung der Ganztagsschule zwar durchaus anzuerkennen, verfassungsrechtliche Rechtfertigung findet sie über Art. 20 Abs. 1 GG jedoch nicht.

G. Die Ganztagsschule und das Recht des Kindes auf die freie Entfaltung der Persönlichkeit

Auch wenn die verfassungsrechtliche Kritik an der Ganztagsschule vor allem hinsichtlich der Beeinträchtigung des elterlichen Erziehungsrechts geäußert werden muss, darf nicht vernachlässigt werden, dass durch die zeitliche Ausweitung und Verteilung des Unterrichts über den ganzen Tag und die Integration von verpflichtender Freizeit und obligatorischer pädagogischer Betreuung in den Schulalltag ebenfalls die Kinder in ihren Rechtspositionen berührt sind. Gerade in den ersten Schuljahren werden auf Grund der fehlenden Einsichtsfähigkeit die Interessen des Kindes gegenüber staatlicher Einwirkung treuhänderisch von den Eltern wahrgenommen. Die Besonderheit liegt gegenüber der Ausübung sonstiger Rechte des Kindes durch die gesetzlichen Vertreter darin, dass das Grundgesetz mit Art. 6 Abs. 2 S. 1 GG für diese vertretende Interessenwahrnehmung ein besonderes Recht zur Verfügung stellt, bei dem die Verteidigung eigener Rechtspositionen der Eltern neben die Abwehr von das Kindeswohl beeinträchtigenden staatlichen Maßnahmen ausschließlich zum Vorteil des Kindes tritt. Mit steigendem Alter und abnehmender Pflege- und Schutzbedürftigkeit des Minderjährigen werden dann die im Elternrecht wurzelnden Rechtsbefugnisse der Eltern zurückgedrängt. Mit der Volljährigkeit erlöschen sie schließlich.[494] Die Ausprägung der Selbstbestimmungsfähigkeit des Kindes geht folglich mit einem Bedeutungszuwachs der eigenen Grundrechte des Schülers einher, die dieser gegen hoheitliche Maßnahmen im Schulwesen geltend machen kann.

Von den speziellen Gewährleistungen der Religions- und Weltanschauungsfreiheit gem. Art. 4 Abs. 1 und 2 GG sowie dem Gleichheitssatz aus Art. 3 Abs. 1 GG abgesehen, die zwar im Schulwesen von größter Relevanz sind, in dieser speziellen Betrachtung der Verfassungsmäßigkeit der obligatorischen Ganztagsschule jedoch keine tragende Rolle spielen, ist besonderes Augenmerk auf das Recht des Kindes auf die freie Entfaltung seiner Persönlichkeit gem. Art. 2 Abs. 1 GG zu legen. Es ist tangiert, wenn die Kinder zum Besuch der Schule und der Teilnahme an den unterrichtlichen und außerunterrichtlichen Veranstaltungen verpflichtet werden. Das mit dem Menschenwürdeschutz eng verbundene Recht des Kindes auf die freie Entfaltung der Persönlichkeit aus Art. 2 Abs. 1 GG bildet die Schranke, an der Erziehungsbemühungen in Schule und Ausbildung

---

[494] BVerfGE 59, 360 (382), 72, 122 (137); 74, 102 (125); Böckenförde, in: Krautscheid/Marré, Essener Gespräche zum Thema Staat und Kirche 14, S. 54 (67); Pieroth, DVBl. 1994, S. 949 (956 f.); Zacher, in: Isensee/Kirchhof, HbdStR VI, § 134 Rn. 69 ff.

haltmachen müssen, um nicht das Kind als Schüler zum bloßen Objekt schulischer Formung werden zu lassen.[495]

I. Geschütztes Rechtsgut

Das Recht auf die freie Entfaltung der Persönlichkeit in Art. 2 Abs. 1 GG wird seit dem Elfes-Urteil des Bundesverfassungsgerichts[496] in der Rechtsprechung und Literatur nahezu einhellig als allgemeine Handlungsfreiheit begriffen, die nicht auf einen bestimmten Lebensbereich begrenzt ist, sondern jegliches menschliches Verhalten schützt, soweit es nicht vom Schutzbereich eines anderen Freiheitsrechts erfasst ist.[497] Dabei ist jede menschliche Handlung gemeint, „ohne Rücksicht darauf, welches Gewicht der Betätigung für die Persönlichkeitsentfaltung zukommt"[498]. Die exakte Formulierung des Art. 2 Abs. 1 GG ist aber gerade für den hier betrachteten Fall der Einschränkung des meist ganz auf die eigene Person gerichteten Tätigwerdens des einzelnen Kindes in den ersten Jahren seiner bewussten Selbstentfaltung von größerem Interesse als die weit gefasste allgemeine Handlungsfreiheit. Zum Teil wird das „kindliche Entfaltungsrecht" sogar als „konkretisiertes Spezialrecht" im Gesamtrahmen des Art. 2 Abs. 1 GG bezeichnet.[499]

Im Unterschied zu Art. 2 Abs. 2 S. 2 GG, der die Freiheit der „Person" für unverletzlich erklärt, umschreibt Art. 2 Abs. 1 GG mit dem Begriff der „Persönlichkeit" nicht nur die Existenz eines Menschen, sondern enthält eine positive Aussage über dessen Individualität.[500] Er assoziiert mit der Festlegung des Rechts auf die Entfaltung dieser eigenen Persönlichkeit den bewusst handelnden Menschen, der nach einem Freiraum für die gestaltende Beeinflussung der eigenen Persönlichkeitsentwicklung sucht. Art. 2 Abs. 1 GG stellt diesen Freiraum sicher und konstituiert ein Recht zur Abwehr eines staatlich oktruierten typisierten Persönlichkeitsbildes. Dem Staat ist es somit verboten, den Persönlichkeitsbegriff zu standardisieren und damit die Freiheitsgewährleistung an die Erfül-

---

[495] Oppermann, in: Isensee/Kirchhof, HbdStR VI § 135 Rn. 82; Cloer, Liberal 1981, S. 734.
[496] BVerfGE 6, 32 ff.
[497] BVerfGE 54, 143 (144); 75, 108 (154 f.); 97, 332 (340); für das Schrifttum vgl. etwa Scholz, AöR 100 (1975), S. 80 ff., 265 ff.; Erichsen, in: Isensee/Kirchhof, HbdStR VI, § 152 Rn. 13 ff.; Pieroth/Schlink, Staatsrecht II, Rn. 367 ff.; beide m.w.N.
[498] BVerfGE 80, 137 (152 f.).
[499] Oppermann, Verhandlungen des 51. Deutschen Juristentages, S. C 84.
[500] Vgl. Kunig, in: v. Münch/Kunig, Grundgesetz, Art. 2 Rn. 10; Murswiek, in: Sachs, Grundgesetz, Art. 2 Rn. 10.

G. Die Ganztagsschule und das Recht auf die freie Entfaltung der Persönlickeit

lung der Merkmale eines genormten Persönlichkeitsbegriffs zu knüpfen.[501] Es ist dem Einzelnen zumindest die Möglichkeit offenzuhalten, seine Zielvorstellungen nach eigenem Ermessen und nach eigener Methodik zu verwirklichen. Die Vorschrift verleiht folglich das Recht, selbst über die Ausprägung oder Vernachlässigung bestimmter äußerer und innerer Eigenschaften, Neigungen und Interessen zu entscheiden.

Speziell für den Bereich des Schulwesens hat das Bundesverfassungsgericht aus Art. 2 Abs. 1 GG für das einzelne Kind ein Recht auf eine möglichst ungehinderte Entfaltung seiner Persönlichkeit und damit seiner Anlagen und Befähigungen gefolgert.[502] Das Grundrecht verbietet Eingriffe des Staates, welche die Entwicklung des Menschen zu einer eigenverantwortlichen Persönlichkeit verhindern. Dem Schüler kann nicht vorgeschrieben werden, welche seiner Anlagen er zu entfalten hat.[503] Die verbindliche Vorgabe eines bestimmten Persönlichkeitsbildes, auf das er sich hinentwickeln muss, ist ausgeschlossen. Weiterhin gewährleistet das Schutzgut des Art. 2 Abs. 1 GG parallel zur Interessenlage beim Schutz des elterlichen Erziehungsrechts ein Mindestmaß an staatlicher Offenheit, Toleranz und Zurückhaltung bei der Bestimmung der über eine bloße Wissensvermittlung hinausgehenden Erziehungsziele im öffentlichen Schulwesen.[504]

II. Eingriff in Art. 2 Abs. 1 GG durch die Einführung der Ganztagsschule

Dass die verpflichtende öffentliche Schule mit ihrer Ausrichtung auf überindividuelle Zwecke mit den Vorstellungen des Einzelnen über die eigene Entfaltung durchaus in Konflikt geraten kann, steht außer Zweifel. Je nach Begabung, sozialer Herkunft und sonstiger äußerer Lebensbedingungen sind die Entwicklungsvoraussetzungen von Kind zu Kind unterschiedlich. Diesen Unterschieden bei der schulischen Erziehung und Bildung Rechnung zu tragen, ist nur in begrenztem Maße möglich. Wegen der Gebundenheit des staatlichen Schulerziehers an das Gemeinwohl und den überindividuellen Zweck der öffentlichen Schule kann der Maßstab für die erzieherische Betätigung nicht das individuelle Wohl jedes einzelnen Kindes sein. Zudem ist es zur gemeinsamen Unterrichtung und Erzie-

---

[501] Vgl. BVerwG, DVBl. 1972, S. 734.
[502] BVerfGE 45, 400 (417); 53, 185 (203); 59, 360 (382); 96, 288 (304); vgl. auch BVerwGE 56, 155 (158); Hessischer StaatsGH, NJW 1982, S. 1381 (1385).
[503] VGH Hamburg, DVBl. 1953, S. 506 sieht in der positiven Auslese auch eine Wesensgehaltsverletzung des Art. 2 Abs. 1 GG
[504] Vgl. Glotz/Faber, in: Benda/Maihofer/Vogel, HbVerfR, S. 1363 (1374).

G. Die Ganztagsschule und das Recht auf die freie Entfaltung der Persönlickeit

hung einer großen Zahl von Schülern notwendig, ein Mindestmaß an Ordnungspflichten aufzuerlegen, die dem Schüler besondere Verhaltensweisen vorgeben und ihn so in seiner freien Entfaltung beschränken.

Neben der Beeinträchtigung des familiären Zusammenlebens bringt daher die Schulpflicht auch die Abhängigkeit des persönlichen Glücks oder Unglücks, des täglichen Behagens oder Unbehagens jedes einzelnen Kindes mit sich. Vom Schüler wird verlangt, dass er am Unterricht teilnimmt, aktiv mitarbeitet und seine ungeteilte Aufmerksamkeit den in den einzelnen Stunden behandelten Gegenständen widmet. Durch Unterricht und Erziehung, durch Prüfungen, Versetzungen, Zeugnisse, Förderungs- und Lenkungsmaßnahmen prägt und gestaltet die Schule die geistige und körperliche Entwicklung und entscheidet maßgeblich über die späteren Berufs- und Lebensschicksale des einzelnen Kindes. Mehr als jeder andere Lebensabschnitt wirkt also in der Regel die Schulzeit auf den Einzelnen ein.[505]

Die Ganztagsschule erweitert die Schulpflicht und damit die Intensität der Beeinträchtigung der individuellen Gestaltungsfreiheit. Während die Freizeitgestaltung außerhalb des Kernunterrichts vollständig der Entscheidung des Kindes und ggf. der Eltern anheim gestellt war, bindet die verpflichtende Ganztagsschule durch ihre Organisation und die Veränderung des Inhalts der Schulausbildung die Kinder weitaus intensiver in den Schultag ein. Sie werden nunmehr gezwungen, an Veranstaltungen teilzunehmen, die nach dem traditionellen Schulmodell der Halbtagsschule als Sonder- oder Freizeitangebote qualifiziert wurden. Auf Grund des begrenzten Bestands an Sach- und Personalmitteln erscheint es ausgeschlossen, dass die einzelnen verpflichtenden Ganztagsschulen in der Lage sein werden, im obligatorischen Schulprogramm für alle denkbaren Schülerwünsche Freizeit- und Betreuungsangebote bereitstellen zu können. Die Freiheit des Kindes, bestimmte Neigungen und Interesse auszubilden oder auch zu vernachlässigen, wird schon aus diesen rein tatsächlichen Gründen beschränkt werden müssen.[506]

Darüber hinaus ist es ein Ziel der Reformbestrebungen, die Schule ihrer vorrangigen Funktion als Vermittler von Sachkenntnissen zu entheben und einer neuen Rolle als pädagogisch aktiver Erzieher in Kompensation der defizitären modernen elterlichen Erziehung zuzuführen. Dabei ist unvermeidlich, dass die Ganz-

---

[505] Stein, Das Recht des Kindes auf Selbstentfaltung in der Schule, S. 3; Fehnemann, DÖV 1978, S. 489 (492).
[506] Eine Teilnahmeverpflichtung an Sonderveranstaltungen, die nicht in einem unmittelbaren Zusammenhang mit der schulischen Unterrichtung stehen hält auch Franke, Grundrechte des Schülers und Schulverhältnis, S. 57 vor dem Hintergrund des Rechts auf die freie Entfaltung der Persönlichkeit für verfassungsrechtlich bedenklich.

G. Die Ganztagsschule und das Recht auf die freie Entfaltung der Persönlickeit

tagsschule durch eine verstärkte pädagogische Erziehungstätigkeit mehr als die traditionelle Halbtags- Unterrichtsschule die Richtung und das Ziel der persönlichen Entwicklung vorgibt. Auch unter diesem Gesichtspunkt ist das Recht des Kindes auf die freie Entfaltung der Persönlichkeit durch die Ganztagsschule betroffen.

III. Die verfassungsrechtliche Rechtfertigung des Eingriffs in Art. 2 Abs. 1 GG

Auch der Eingriff in das Grundrecht des Schülers aus Art. 2 Abs. 1 GG bedarf der verfassungsrechtlichen Rechtfertigung. Als Teil der allgemeinen Handlungsfreiheit steht das Recht des Kindes auf die freie Entfaltung seiner Persönlichkeit unter dem Vorbehalt der Rechte anderer, der verfassungsmäßigen Ordnung und des Sittengesetzes. Die Schranke der verfassungsmäßigen Ordnung, neben der die Rechte anderer und das Sittengesetz keine eigene Bedeutung erlangen,[507] ist der Inbegriff aller formell und materiell verfassungsmäßigen Rechtssätze.[508] Die Beschränkung kommt im Ergebnis in seiner Wirkung einem einfachen Gesetzesvorbehalt gleich. Legt man dieses sich aus dem umfassenden Verständnis der Entfaltungsfreiheit seinerseits ergebende weite Vorstellungsbild des Bundesverfassungsgerichts zur verfassungsmäßigen Ordnung zugrunde, ergibt sich verfassungsrechtlich die prinzipielle Legitimation einer Vielfalt an Reglementierungen, auf die das Kind während seiner Schulzeit trifft.

Dem Gesetzgeber steht damit entgegen dem vorbehaltlos gewährten Elternrecht ein einfacher Gesetzesvorbehalt zur Verfügung, kraft dessen er selbst gesetzte politische Ziele auch durch Eingriffe in das Selbstentfaltungsrecht des Schülers durchsetzen kann. Dies lässt sich auch nicht mit der Feststellung bestreiten, die Schule sei um der freien Entfaltung der Persönlichkeit willen da und dürfe sie daher nicht behindern.[509] Das Schulwesen hat zwar die Aufgabe, den Entwicklungsprozess der Kinder zu ermöglichen, dies aber in einem übergeordneten und objektiven Interesse. Die Durchführung des öffentlichen Schulbetriebs und die Sicherstellung seiner Funktionsfähigkeit machen es geradezu notwendig, dem Schüler Pflichten aufzuerlegen, weshalb das Entfaltungsrecht durch jede formell und materiell verfassungsgemäße Regelung der Schulgesetzgeber eingeschränkt werden kann.

---

[507] H.M., für alle Kunig, in: v. Münch/Kunig, Grundgesetz, Art. 2 Rn. 19 ff.; a.A. bezüglich der „Rechte anderer" Murswiek, in: Sachs, Grundgesetz, Art. 2 Rn. 93.
[508] BVerfGE 6, 32 (39 f.); 55, 159 (165); 74, 129 (152); st. Rspr.
[509] So aber Stein, Das Recht des Kindes auf Selbstentfaltung in der Schule, S. 38; auch Huber, BayVwBl. 1994, S. 545 (547).

G. Die Ganztagsschule und das Recht auf die freie Entfaltung der Persönlickeit

Formell und materiell rechtmäßig ist die in Art. 2 Abs. 1 GG eingreifende schulrechtliche Regelung zum einen dann, wenn sie zusätzlich zur Einhaltung der Zuständigkeits-, Verfahrens- und Formerfordernisse in Übereinstimmung mit den für die materielle Rechtmäßigkeit bedeutsamen Verfassungsprinzipen ergangen ist, womit konkret die Wesensgehaltstheorie gem. Art. 19 Abs. 2 GG und der rechtsstaatliche Grundsatz der Bestimmtheit und Klarheit der Norm angesprochen sind. Zum anderen sind die Grundsätze der Verhältnismäßigkeit einzuhalten, die nach der Geeignetheit und Erforderlichkeit des eingreifenden Gesetzes sowie einer sachgerechten Abwägung der sich gegenüberstehenden Interessen fragen. Die Beschränkung des Rechts auf die freie Entfaltung der Persönlichkeit durch die Einführung der Ganztagsschule dürfte damit unabhängig von der hinter ihr stehenden politischen Zielsetzung des Gesetzgebers von der Grundrechtschranke des Art. 2 Abs. 1 GG getragen sein. Ob im Einzelfall das Interesse des Schüler an der freien Entfaltung seiner Persönlichkeit das Interesse des Gesetzgebers an der Einführung der verpflichteten Ganztagsschule überwiegt und die einzelne Regelung damit unverhältnismäßig ist, vermag im Rahmen dieser Arbeit nicht beurteilt zu werden. Als Anknüpfungspunkt für wesentliche verfassungsrechtliche Kritik an der aktuellen Schulreform kommt Art. 2 Abs. 1 GG wegen seiner weitreichenden Beschränkungsmöglichkeiten jedenfalls nicht in Betracht.

H. Zusammenfassung, Ergebnis und Ausblick

Die Betrachtungen haben gezeigt, dass die flächendeckende Einführung der verpflichtenden Ganztagsschule umfangreiche Eingriffe in das elterliche Erziehungsrecht und das Recht des Kindes auf die freie Entfaltung seiner Persönlichkeit zur Folge hätte. Während eine verfassungsrechtliche Rechtfertigung der Beschränkung des Art. 2 Abs. 1 GG wegen des weitreichenden Eingriffsvorbehaltes in der Norm im Einzelfall und auf der Grundlage der Verhältnismäßigkeitsprüfung zu beurteilen ist, kommt im Hinblick auf die Rechtfertigung des Eingriffes in Art. 6 Abs. 2 S. 1 GG nur Art. 7 Abs. 1 GG als verfassungsimmanente Schranke in Betracht. Der Umgang mit der Vorschrift in der Rechtsprechungspraxis und ihre außerordentlich weite Auslegung in der Literatur führen zur Aushöhlung des elterlichen Erziehungsrechts, zur Konstituierung einer verfassungswidrigen Kompetenz-Kompetenz des Gesetzgebers im Schulwesen sowie zur Schaffung eines einfachen Gesetzesvorbehalts für den außerhalb des staatlichen Wächteramts vorbehaltlos gewährleisteten Art. 6 Abs. 2 S. 1 GG. Die mangelnde Abgrenzung des staatlichen Erziehungsauftrags in der Schule vom elterlichen Erziehungsrecht macht das Schulwesen und seine Beteiligten zum Spielball politischer Werturteile und von bestimmten Weltanschauungen dirigierter Auslegungen. Eine tatsächliche verfassungsrechtliche Überprüfung von umstrittenen schulorganisatorischen Maßnahmen mit dem Ergebnis der realen Wirkung des elterlichen Erziehungsrechts als Abwehrrecht und wertentscheidende Grundsatznorm findet bisher in der höchstrichterlichen Rechtsprechung nicht statt.

Diese Entwicklungen mahnen zum restriktiven Umgang mit der Kompetenznorm des Art. 7 Abs. 1 GG. Auf Grund einer präzisen Auslegung der Vorschrift ist das Ergebnis zu formulieren, dass dem Staat zwar ein umfassender Gestaltungsspielraum für alle Bereiche des Schulwesens zukommt, in dem er auch von elterlichen Partikularinteressen weitgehend unbeeinflusst agieren können muss, um den objektiv-rechtlichen Sinn der öffentlichen Schule erfüllen zu können. Diese umfassende Regelungskompetenz muss aber im Hinblick auf ihr Objekt, das Schulwesen, eingeschränkt werden. Das Schulwesen knüpft an den Begriff der öffentlichen Schule an, deren Inhalt abschließend durch ihren objektiven, überindividuellen Zweck festgelegt ist. Das Ziel, die nachfolgenden Generationen auf ihre Teilnahme an dem freiheitlichen demokratisch-rechtsstaatlichen Gemeinwesen vorzubereiten sowie die angestrebte Entwicklung der Fähigkeit der Schüler, sich in den gegebenen Verhältnissen den eigenen Interessen, Leistungen, und Fähigkeiten entsprechend einzufügen und an deren Gestaltung mit-

H. Zusammenfassung, Ergebnis und Ausblick

zuwirken, geben die Gehalte und Methoden der Schulausbildung vor. Sie hat für die Wissensvermittlung an jüngere Generationen Sorge zu tragen und umfasst die Erziehung der Kinder im Sinne einer lenkenden Einflussnahme auf die Kindespersönlichkeit nur, soweit dies zum einen der Funktionsfähigkeit des öffentlichen Schulsystems selbst zuträglich ist und zum anderen, soweit es die Zielvorgabe der Heranbildung gemeinschaftsfähiger, selbstverantwortlicher Teilnehmer an dem bestehenden freiheitlich-demokratischen Rechtsstaat es über die Vermittlung reinen Sachwissens hinaus erfordert. Andere Erwägungen, wie etwa die Verortung individualrechtlicher oder sozialstaatlicher Aufgabenerfüllung in der Funktion der Schule, haben an dieser Stelle keinen Platz. Sie sind weder nach traditioneller, noch nach teleologischer oder sprachlich-grammatischer Auslegung zum Regelungsbereich des Art. 7 Abs. 1 GG zu zählen. Einen umfassenden Bedeutungswandel der Norm darf die Rechtsprechung wegen der Grundsätze des Demokratieprinzips und der Gewaltenteilung aus Art. 20 Abs. 1 und 2 S. 2 GG nicht herbeiführen.

Auf der Grundlage dieser Erkenntnisse ist die Verfassungsmäßigkeit der Ganztagsschule zu verneinen, sofern sie alle Kinder zur Teilnahme am ganztägigen integrativen Programm verpflichtet. Die staatliche Schulhoheit verleiht keine Befugnis, den Eltern unter Hinweis auf sozial- und familienpolitische Erwägungen die Erziehungsmacht aus den Händen zu nehmen und durch die Einbindung der Kinder in die verpflichtende Ganztagsschule selbst zum gleich- oder gar vorrangigen Erziehungsträger zu werden. Soll entsprechend den dargestellten grundgesetzlichen Vorgaben gewährleistet sein, dass die Eltern selbst über die Inanspruchnahme von pädagogischen Betreuungs- und Erziehungstätigkeiten außerhalb des Kernunterrichts entscheiden können, muss es bei der Verpflichtung der Schüler zur Teilnahme an dem traditionellen Unterricht bleiben. Eine Integration von Freizeitgestaltung und pädagogischer Betreuung in den Ablauf des Unterrichtstages verbietet sich aus den dargestellten verfassungsrechtlichen Maßgaben, wenn es auf Grund fehlender Ausweichmöglichkeiten durch sie zu Eingriffen in das Elternrecht kommt.

Diese Feststellung soll nicht darüber hinwegtäuschen, dass gleichwohl auf Grund der familiären Lebenssituationen in der heutigen Gesellschaft, der Berufstätigkeit beider Elternteile und auch sozialer Not der Bedarf an Betreuungsangeboten für Schüler kleiner und mittlerer Schulklassen groß ist und die Deckung dieses Bedarfs zu den wichtigsten sozialpolitischen Herausforderungen unserer Zeit gehört. Das Augenmerk sollte daher zum einen auf der Gewährleistung eines familienfreundlichen Klimas in Wirtschaft und Arbeitsmarkt liegen, damit den Eltern sowohl finanziell als auch zeitlich die Pflege und Erziehung ihrer Kinder entsprechend ihrer verfassungsrechtlichen Grundpflicht möglich ist.

H. Zusammenfassung, Ergebnis und Ausblick

Zum anderen müssen für den Fall, dass die Eltern ihre Erziehungsverantwortung nicht in ausreichendem Maße wahrnehmen können, durchaus Angebote für die ganztägige Betreuung der Kinder bestehen. Dass dies durch die Schule selbst geleistet wird, ist nahe liegend, nicht aber erforderlich. Denkbar sind auch Projekte der Zusammenarbeit verschiedener Träger der Jungendfürsorge oder die staatliche Förderung privater Kinderbetreuung und Jugendförderung.

Der aktuellen Tendenz, die flächendeckende Einführung der verpflichtenden Ganztagsschule als Heilmittel für die proklamierte deutsche Bildungsmisere zu preisen, so in besonderem Maße Bedarf an ihr zu wecken und auf diese Weise die Reform auf einen breiten gesellschaftlichen Konsens zu stellen, sind jedenfalls verfassungsrechtliche Bedenken entgegenzustellen. Die Schaffung eines verfassungswidrigen, das Elternrecht zurückdrängenden öffentlichen Schulsystems, das zudem dem Gleichheits- und Sozialstaatsgedanken zu Lasten des Entfaltungs- und Leistungsprinzips im Schulwesen einen unangemessenen Vorrang einräumt, gilt es zu vermeiden.

Literaturverzeichnis

Abelein, Manfred, Recht auf Bildung, DÖV 1967, S. 377 ff.

Adrian, Renate, Die Schultheorie Georg Kerschensteiners: eine hermeneutische Rekonstruktion ihrer Genese, Peter Lang, Frankfurt a.M. 1997

Anschütz, Gerhard, Die Verfassung des Deutschen Reichs vom 11. August 1919, Gehlen, 14. Auflage Berlin 1933

Apelt, Willibalt, Die Geschichte der Weimarer Verfassung, Biederstein, München 1946

Appel, Stefan, Formen und Bildungsmöglichkeiten ganztägig geführter Schulen in Deutschland, Die Ganztagsschule Sonderheft 1991, S. 3 ff.

Appel, Stefan, Handbuch Ganztagsschule: Konzeption, Einrichtung und Organisation, Wochenschauverlag, Schwalbach/Ts. 2003

Arndt, Arnold, Ueber die verfassungsrechtlichen Grundlagen des preussischen Unterrichtswesens, AöR 1 (1886), S. 512 ff.

Artelt, Cordula u.a., PISA 2000: Zusammenfassung zentraler Befunde; [Schülerleistungen im internationalen Vergleich], Max-Planck-Institut für Bildungsforschung, Berlin 2001

Badura, Peter, Staatsrecht: Systematische Erläuterung des Grundgesetzes für die Bundesrepublik Deutschland, C.H. Beck, 3. Auflage München 2003

Ballauff, Theodor, Schule der Zukunft, F. Kamp, Bochum 1964

Bargel, Tino, Bestands- und Bedarfsanalysen zu Ganztagsschulen und Ganztagsangeboten, in: Holtappels, Heinz Günther (Hrsg.), Ganztagserziehung in der Schule: Modelle, Forschungsbefunde und Perspektiven, Leske und Budrich, Opladen 1995, S. 67 ff.

Bargel, Tino/Kuthe, Manfred, Ganztagsschule - Untersuchungen zu Angebot und Nachfrage, Versorgung und Bedarf, Bonn u.a. 1991

Bauer, Adam, Recht auf Bildung - Anspruch und Wirklichkeit, RdJB 1973, S. 225 ff.

Literaturverzeichnis

Baumert, Jürgen u.a., PISA 2000 - Die Länder der Bundesrepublik Deutschland im Vergleich, Leske und Budrich, Opladen 2002

Beaucamp, Guy, Elternrechte in der Schule, LKV 2003, S. 18 ff.

Becker, Klaus, Aufsicht über Privatschulen, Dissertation, Köln 1969

Bettermann, Karl August, Grenzen der Grundrechte, de Gruyter, Berlin 1968

Bieback, Karl-Jürgen, Sozialstaatsprinzip und Grundrechte, EuGRZ 1985, S. 657 ff.

Bittner, Stefan, Learning by Dewey?: John Dewey und die Deutsche Pädagogik, Klinkhardt, Bad Heilbrunn 2001

Bleckmann, Albert/Eckhoff, Rolf, Der "mittelbare" Grundrechtseingriff, DVBl. 1988, S. 373 ff.

Böckenförde, Ernst-Wolfgang, Elternrecht - Recht des Kindes - Recht des Staates: Zur Theorie des verfassungsrechtlichen Elternrechts und seiner Auswirkung auf Erziehung und Schule, in: Krautscheid, Joseph/Marré, Heiner (Hrsg.), Essener Gespräche zum Thema Staat und Kirche Band 14, Aschendorff, Münster 1980, S. 54 ff.

Böckenförde, Ernst-Wolfgang: Staatliches Recht und sittliche Ordnung in: Böckenförde, Ernst-Wolfgang (Hrsg.): Staat, Nation, Europa: Studien zur Staatslehre, Verfassungstheorie und Rechtsphilosophie, Suhrkamp, Frankfurt a.M. 1999, S. 208 ff..

Bornhak, Conrad, Das preussische Unterrichtswesen als Staatsinstitut in rechtsgeschichtlicher Entwicklung, AöR 4 (1889), S. 101 ff.

Bothe, Michael, Erziehungsauftrag und Erziehungsmaßstab im freiheitlichen Verfassungsstaat, in: Vereinigung der deutschen Staatsrechtslehrer (Hrsg.), Veröffentlichungen der Vereinigung der Deutschen Staatsrechtslehrer Bd. 54, de Gruyter, Berlin 1995, S. 7 ff.

Bull, Hans Peter, Die Staatsaufgaben nach dem Grundgesetz, Athenäum Verlag, 2. Auflage Kronberg/Ts. 1977

Burk, Karlheinz, Grundschule mit festen Öffnungszeiten: rhythmitisierter Schulvormittag und veränderte Arbeitszeiten, Beltz, Weinheim u.a. 1998

Literaturverzeichnis

Campenhausen, Axel Freiherr v., Erziehungsauftrag und staatliche Schulträgerschaft: Die rechtliche Verantwortung für die Schule, Vandenhoek und Ruprecht, Göttingen 1967

Clemens, Thomas, Grenzen staatlicher Maßnahmen im Schulbereich - Rechtsschutz gegen Änderungen der Schulstruktur, NVwZ 1984, S. 65 ff.

Clevinghaus, Bernd, Recht auf Bildung: Grundlagen und Inhalt, Dissertation, Bremen 1973

Cloer, Ernst, Menschenwürde und Leistungsbegriff in der humanen Schule, Liberal 1981, S. 734 ff.

Denninger, Erhard, Kommentar zum Grundgesetz für die Bundesrepublik Deutschland, Bd. 1 Art. 1-37 GG, Luchterhand, 2. Auflage Neuwied u.a. 1989 [zitiert: Bearbeiter, in: Denninger, Kommentar zum Grundgesetz, Art. Rn.]

Denninger, Erhard, Kommentar zum Grundgesetz für die Bundesrepublik Deutschland, Luchterhand, Neuwied u.a., Loseblattsammlung (Stand 2002) [zitiert: Bearbeiter, in: Denninger, Kommentar zum Grundgesetz, Art. Rn.]

Dewey, John, Essays on school and society: 1899-1901, in: Boydston, Jo Ann (Hrsg.), John Dewey - The middle works, Volume 1: 1899-1901, Feffer & Simons, Inc., London 1976

Diederichsen, Uwe, Zur Reform des Eltern-Kind-Verhältnisses, FamRZ 1978, S. 461 ff.

Dietze, Lutz, Elternrecht als Bestimmungsrecht und Anspruchsgrundlage der schulischen "umfassenden Allgemeinbildung" ihrer Kinder?, NJW 1982, S. 1353 ff.

Doemming, Klaus Berto v./Füßlein, Rudolf Werner/Matz, Werner, Entstehungsgeschichte der Artikel des Grundgesetzes, JöR 1 (1951), S. 1 ff.

Dolzer, Rudolf, Bonner Kommentar zum Grundgesetz, C.F. Müller, Heidelberg, Loseblattsammlung (Stand 1999) [zitiert: Bearbeiter, in: Dolzer, Bonner Kommentar zum Grundgesetz, Art. Rn.]

Dreier, Horst, Grundgesetz: Kommentar, Bd. 1: Präambel, Art. 1 - 19, Mohr Siebeck, 2. Auflage Tübingen 2004 [zitiert: Bearbeiter, in: Dreier, Grundgesetz, Art. Rn.]

Literaturverzeichnis

Eiselt, Gerhard, Zur Sicherung des Rechts auf eine ideologisch tolerante Schule, DÖV 1978, S. 866 ff.

Erichsen, Hans-Uwe, Allgemeine Handlungsfreiheit, in: Isensee, Josef/Kirchhof, Paul (Hrsg.), Handbuch des Staatsrechts der Bundesrepublik Deutschland Band VI: Freiheitsrechte, C.F. Müller, 2. Auflage Heidelberg 2001, S. 1185 ff.

Erichsen, Hans-Uwe, Elternrecht – Kindeswohl – Staatsgewalt: Zur Verfassungsmäßigkeit staatlicher Einwirkungsmöglichkeiten auf die Kindeserziehung durch und aufgrund von Normen des elterlichen Sorgerechts und des Jugendhilferechts, Duncker & Humblot, Berlin 1985

Erichsen, Hans-Uwe, Elternrecht und staatliche Verantwortung für das Schulwesen, in: Achterberg, Norbert/Krawietz, Werner/Wyduckel, Dieter (Hrsg.), Recht und Staat im Sozialen Wandel: Festschrift für Ulrich Scupin zum 80. Geburtstag, Duncker & Humblot, Berlin 1983, S. 721 ff.

Erichsen, Hans-Uwe, Schule und Parlamentsvorbehalt, in: Wilke, Dieter (Hrsg.), Festschrift zum 125jährigen Bestehen der Juristischen Gesellschaft zu Berlin, de Gruyter, Berlin 1984, S. 114 ff.

Erichsen, Hans-Uwe, Zum staatlichen Erziehungsauftrag und zur Lehre vom Gesetzes- und Parlamentsvorbehalt, VerwArch 69 (1978), S. 387 ff.

Evers, Hans-Ulrich, Reformen des Schulverhältnisses als Grundrechtsproblem, JR 1976, S. 265 ff.

Evers, Hans-Ulrich, Die Befugnis des Staates zur Festlegung von Erziehungszielen in der pluralistischen Gesellschaft, Duncker & Humblot, Berlin 1979

Faller, Hans Joachim, Bestand und Bedeutung der Grundrechte im Bildungsbereich in der Bundesrepublik Deutschland, EuGRZ 1981, S. 611 ff.

Fehnemann, Ursula, Bemerkungen zum Elternrecht in der Schule, DÖV 1978, S. 489 ff.

Fehnemann, Ursula, Die Bedeutung des grundgesetzlichen Elternrechts für die elterliche Mitwirkung in der Schule, AöR 105 (1980), S. 529 ff.

Fertig, Ludwig, Obrigkeit und Schule: die Schulreform unter Herzog Ernst dem Frommen (1601 - 1675) und die Brauchbarkeit im Zeitalter des Absolutismus, Schindele, Neuburgweiler/Karlsruhe 1971

Franke, Monika, Grundrechte des Schülers und Schulverhältnis, Luchterhand, Neuwied u.a. 1974

Friedeburg, Ludwig v., Bildungsreform in Deutschland: Geschichte und gesellschaftlicher Widerspruch, Suhrkamp, Frankfurt a.M. 1989

Fuß, Ernst-Werner, Verwaltung und Schule, in: Vereinigung der deutschen Staatsrechtslehrer (Hrsg.), Veröffentlichungen der Vereinigung der Deutschen Staatsrechtslehrer Bd. 23, de Gruyter, Berlin 1966, S. 199 ff.

Geiger, Willi, Recht des Staates und Elternrecht, FamRZ 1979, S. 457 ff.

Geiger, Willi, Schulreform und Recht, Bachem, Köln 1967

Geißler, Gert, Schule, Recht und Verwaltung in Deutschland. Ein bildungshistorischer Exkurs, in: Döbert, Hans/Geißler, Gert (Hrsg.), Schulautonomie in Europa: Umgang mit dem Thema, theoretisches Problem, europäischer Kontext, bildungshistorischer Exkurs, Nomos, Baden-Baden 1997, S. 67 ff.

Gernhuber, Joachim/Coester-Waltjen, Dagmar, Lehrbuch des Familienrechts, C.H. Beck, 4. Auflage München 1994

Giese, Friedrich, Die Verfassung des Deutschen Reiches: Taschenausgabe für Studium und Praxis, Heymann, Nachdr. der 8. Auflage Berlin 1931

Giese, Gerhard, Deutsche Schulgesetzgebung, Beltz, Berlin 1932

Giesen, Dieter, Ehe und Familie in der Ordnung des Grundgesetzes, JZ 1982, S. 817 ff.

Glotz, Peter/Faber, Klaus, Richtlinien und Grenzen des Grundgesetzes für das Bildungswesen, in: Benda, Ernst/Maihofer, Werner/Vogel, Hans-Jochen (Hrsg.), Handbuch des Verfassungsrechts der Bundesrepublik Deutschland, de Gruyter, 2. Auflage Berlin 1994, S. 1363 ff.

Goetz, Hans-Werner, Bildung als „Arbeit" der Mönche: das Kloster als Kulturträger, in: Althoff, Gerd/Goetz Hans-Werner/Schubert, Ernst (Hrsg.), Menschen im Schatten der Kathedrale. Neuigkeiten aus dem Mittelalter, Primus-Verlag, Darmstadt 1998, S. 165 ff.

Görres-Gesellschaft zur Pflege der Wissenschaft (Hrsg.), Staatslexikon: Recht - Wirtschaft - Gesellschaft Bd. 1, Herder, Sonderausgabe der 7. Auflage Freiburg i.Br. 1995 [zitiert: Bearbeiter, in: Görres-Staatslexikon Bd. 1, S.]

Literaturverzeichnis

Görres-Gesellschaft zur Pflege der Wissenschaft (Hrsg.), Staatslexikon, Recht - Wirtschaft - Gesellschaft Bd. 3, Herder, Sonderausgabe der 7. Auflage Freiburg i.Br. 1995 [zitiert: Bearbeiter, in: Görres-Staatslexikon Bd. 3, S.]

Gottschall, Karin, Erwerbstätigkeit und Elternschaft als Tätigkeit soziologischer Forschung, Zeitschrift für Frauenforschung 17 (1999), S. 19 ff.

Gottschall, Karin/Hagemann, Karen, Die Halbtagsschule in Deutschland: Ein Sonderfall in Europa?, Aus Politik und Zeitgeschichte B 41 (2002), S. 12 ff.

Grimm, Dieter, Recht und Staat in der bürgerlichen Gesellschaft, Suhrkamp, Frankfurt a.M. 1987

Günther, Karl-Heinz/Lost, Christine/Hammer, Lothar, Die allgemeinbildenden Schulen, in: Akademie der Pädagogischen Wissenschaften (Hrsg.), Das Bildungswesen der Deutschen Demokratischen Republik, Volk und Wissen, Berlin 1979, S. 47 ff.

Gusy, Christoph, Der Grundrechtsschutz von Ehe und Familie, JA 1986, S. 183 ff.

Gusy, Christoph, Die Weimarer Reichsverfassung, Mohr Siebeck, Tübingen 1997

Häberle, Peter, Verfassungsschutz in der Familie, Familienpolitik im Verfassungsstaat, v. Decker, Heidelberg 1984

Habscheid, Walther J., Zur Problematik der "gesetzlichen Vertretung", FamRZ 1957, S. 109 ff.

Hamann, Bruno, Geschichte des Schulwesens: Werden und Wandel der Schule im ideen- und sozialgeschichtlichen Zusammenhang, Julius Klinkhardt, 2. Auflage Bad Heilbrunn 1993

Harless, Hermann, Das Zeit-Gesetz in der Erziehungsaufgabe, in: Oestreich, Paul/Tacke, Otto (Hrsg.), Der neue Lehrer: die notwendige Lehrerbildung; Beiträge zur entschiedenen Schulreform, Zickfeld, Osterwieck a.H. 1926, S. 73 ff.

Heckel, Hans/Avenarius, Hermann, Schulrechtskunde - Ein Handbuch für Praxis, Rechtsprechung und Wissenschaft, Luchterhand, 6. Auflage Neuwied u.a. 1986

Literaturverzeichnis

Held, Karl-Heinz, Aufbruch in Rheinland-Pfalz: Zum Stand des geplanten Ausbaus der Ganztagsschule, Aus Politik und Zeitgeschichte B/41 (2002), S. 23 ff.

Helwig, Gisela, "Solides Wissen und klassenmäßige Erziehung", Zur Einführung in das Bildungssystem der DDR, in: Helwig, Gisela u.a. (Hrsg.), Schule in der DDR, Verlag Wissenschaft und Politik, Köln 1988, S. 5 ff.

Hennecke, Frank, Staat und Unterricht: Die Festlegung didaktischer Inhalte durch den Staat im öffentlichen Schulwesen, Duncker & Humblot, Berlin 1972

Herrlitz, Hans-Georg,/Hopf, Wulf/Titze, Hartmut, Deutsche Schulgeschichte von 1800 bis zur Gegenwart: Eine Einführung, Juventa-Verlag, Weinheim 2001

Hesse, Konrad, Grundzüge des Verfassungsrechts der Bundesrepublik Deutschland, C.F. Müller, 20. Auflage Heidelberg, 1995

Heymann, Klaus-Dieter/Stein, Ekkehart, Das Recht auf Bildung, AöR 97 (1972), S. 185 ff.

Hickmann, Hugo, Das Elternrecht in der neuen Schulverfassung, Evangelischer Preßverband für Deutschland, Berlin 1926

Hodes, Fritz, Elternrecht und Staatsbefugnis: Art. 120 der Deutschen Reichsverfassung, Limburg/Lahn 1932

Hodes, Fritz, Das Elternrecht (Art. 120 RV), in: Westhoff, Paul, Verfassungsrecht der deutschen Schule: Beiträge zur Auslegung der Schulartikel der Weimarer Reichsverfassung vom 11. August 1919, Pädagogischer Verlag, Düsseldorf 1932, S. 65 ff.

Hofmann, Hasso, Grundpflichten und Grundrechte, in: Isensee, Josef/Kirchhof, Paul (Hrsg.), Handbuch des Staatsrechts der Bundesrepublik Deutschland Band V: Allgemeine Grundrechtslehren, C.F. Müller, 2. Auflage Heidelberg 2000, S. 321 ff.

Holstein, Günther, Elternrecht, Reichsverfassung und Schulverwaltungssystem, AöR 12 (1927), S. 187 ff.

Holtappels, Heinz Günter, Ganztagsschule und Schulöffnung: Perspektiven für die Schulentwicklung, Juventa, Weinheim u.a. 1994

Literaturverzeichnis

Huber, Ernst Rudolf, Deutsche Verfassungsgeschichte seit 1789 Band IV: Struktur und Krisen des Kaiserreichs, Kohlhammer, 2. Auflage Stuttgart 1969

Huber, Ernst Rudolf, Deutsche Verfassungsgeschichte seit 1789 Band V: Weltkrieg, Revolution und Reichserneuerung, Kohlhammer, 2. Auflage Stuttgart 1978

Huber, Peter Michael, Erziehungsauftrag und Erziehungsmaßstab der Schule im freiheitlichen Verfassungsstaat, BayVBl. 1994, S. 545 ff.

Huster, Stefan, Die ethische Neutralität des Staates, Mohr Siebeck, Tübingen 2002

Ipsen, Jörn, Staatsrecht II: Grundrechte, Luchterhand, 6. Auflage München u.a. 2003

Isensee, Josef, Demokratischer Rechtsstaat und staatsfreie Ethik, in: Krautscheidt, Joseph (Hrsg.), Essener Gespräche zum Thema Staat und Kirche 11, Aschendorff, Münster 1977, S. 92 ff.

Isensee, Josef, Die Grundrechte als Abwehrrecht und als staatliche Schutzpflicht, in: Isensee, Josef/Kirchhof, Paul (Hrsg.), Handbuch des Staatsrechts der Bundesrepublik Deutschland Band V: Allgemeine Grundrechtslehren, C.F. Müller, 2. Auflage Heidelberg 2000, S. 143 ff.

Isensee, Josef, Die verdrängten Grundpflichten des Bürgers, DÖV 1982, S. 609 ff.

Isensee, Josef, Menschenrechte - Staatsordnung - sittliche Autonomie, in: Schwartländer, Johannes (Hrsg.), Modernes Freiheitsethos und christlicher Glaube: Beiträge zur juristischen, philosophischen und theologischen Bestimmung der Menschenrechte, Kaiser Verlag, München 1981, S. 70 ff.

Isensee, Josef, Subsidiarität und Verfassungsrecht: eine Studie über das Regulativ des Verhältnisses von Staat und Gesellschaft, Duncker & Humblot, Erlangen-Nürnberg 1968

Jach, Frank-Rüdiger, Schulvielfalt als Verfassungsgebot, Duncker & Humblot, Berlin 1991

Jarass, Hans D./Pieroth, Bodo, Grundgesetz für die Bundesrepublik Deutschland: Kommentar, C.H. Beck, 7. Auflage München 2004 [zitiert: Bearbeiter, in: Jarass/Pieroth, Grundgesetz, Art. Rn.]

Literaturverzeichnis

Jarass, Hans D., Zum Grundrecht auf Bildung und Ausbildung, DÖV 1995, S. 674 ff.

Jeand'Heur, Bernd, Verfassungsrechtliche Schutzgebote zum Wohl des Kindes und staatliche Interventionspflichten aus der Garantienorm des Art. 2 Abs. 2 S. 2 GG, Duncker & Humblot, Berlin 1993.

Jeismann, Karl-Ernst, Preußische Bildungspolitik vom ausgehenden 18. bis zur Mitte des 19. Jahrhunderts. Thesen und Probleme, in: Arnold, Udo (Hrsg.), Zur Bildungs- und Schulgeschichte Preussens, Verlag Norddeutsches Kulturwerk, Lüneburg 1988, S. 9 ff.

Jestaedt, Matthias, Das elterliche Erziehungsrecht im Hinblick auf die Religion, in: Listl, Joseph/Pirson, Dietrich (Hrsg.), Handbuch des Staatskirchenrechts der Bundesrepublik Deutschland Bd. 2, Duncker & Humblot, 2. Auflage Berlin 1995, S. S 371 ff.

Jestaedt, Matthias, Staatliche Rollen in der Eltern-Kind-Beziehung, DVBl. 1997, S. 693 ff.

Kapff, Ernst, Die Erziehungsschule. Ein Entwurf zu ihrer Verwirklichung auf Grund des Arbeitsprinzips, Hoffmann, Stuttgart 1906

Kerschensteiner, Georg, Das einheitliche deutsche Schulsystem, sein Aufbau, seine Erziehungsaufgaben, Teubner, 2. Auflage Leipzig 1922

Kerschensteiner, Georg, Begriff der Arbeitsschule, Oldenburg, 15. Auflage München 1964

Kirchhof, Paul, Die Grundrechte des Kindes und das natürliche Elternrecht, in: Fachverband Berliner Stadtvormünder e.V. (Hrsg.), Praxis des neuen Familienrechts; Referate und Berichte der großen Arbeitstagung des Fachverbandes Berliner Stadtvormünder vom 28. November bis 2. Dezember 1977 in Berlin, de Gruyter, Berlin 1978, S. 171 ff.

Kirchhof, Paul, Mittel staatlichen Handelns, in: Isensee, Josef/Kirchhof, Paul (Hrsg.), Handbuch des Staatsrechts Band III: Das Handeln des Staates, C.F. Müller, 2. Auflage Heidelberg 1996, S. 121 ff.

Klein, Hans Hugo, Über Grundpflichten, Der Staat 14 (1975), S. 153 ff.

Literaturverzeichnis

Klinger, Karlheinz/Rutz, Georg (Hrsg.), Die Tagesheimschule: Grundlagen und Erfahrungen. Wegweisende Vorträge und Schriften Frankfurt a.M., Diesterweg, Berlin 1964

Koch, Hans-Joachim/Rüßmann, Helmut, Juristische Begründungslehre; Eine Einführung in die Grundprobleme der Rechtswissenschaft, C.H. Beck, München 1982

Kohl, Jürgen, Schule und Eltern in der Rechtsprechung des Bundesverfassungsgerichts, in: Zeidler, Wolfgang/Maunz, Theodor/Roellecke, Gerd (Hrsg.), Festschrift Hans Joachim Faller, C.H. Beck, München 1984, S. 201 ff.

König, Karl, Die Waldschule, Beyer, Langensalza 1912

Kramer, Ernst A., Juristische Methodenlehre, Stämpfli Verlag, Bern 1998

Krause, Wilhelm, Die höhere Waldschule Berlin -Charlottenburg: ein Beitrag zur Lösung des Problems "Die neue Schule", Wiegand & Grieben, Berlin 1929

Krüger, Herbert, Allgemeine Staatslehre, Kohlhammer, Stuttgart 1966

Küchenhoff, Dietrich, Die Beschränkbarkeit des Rechts auf die Persönlichkeitsentfaltung durch Gesetz, DÖV 1966, S. 224 ff.

Kunst, Hermann/Grundmann, Siegfried/Herzog, Roman: Evangelisches Staatslexikon Bd. 2, Kreuz-Verlag, Stuttgart 1987 [zitiert: Bearbeiter, in: Kunst/Grundmann/Herzog Evangelisches Staatslexikon Bd. 2, S.]

Landé, Walter, Die Schule in der Reichsverfassung, Hobbing, Berlin 1929

Landé, Walter, Die staatsrechtlichen Grundlagen des deutschen Unterrichtswesens, in: Anschütz, Gerhard/Thoma, Richard (Hrsg.), Handbuch des deutschen Staatsrechts Bd. 2, unveränderter Nachdruck der 1. Auflage 1932, Mohr Siebeck, Tübingen 1998, S. 690 ff.

Lange, Herrmann, PISA und kein Ende: Was bedeuten die Untersuchungen für die Schulverwaltung?, RdJB 2003, S. 193 ff.

Larenz, Karl/Canaris, Claus-Wilhelm, Methodenlehre in der Rechtswissenschaft, Springer, 3. Auflage Berlin/Heidelberg/New York 1995

Literaturverzeichnis

Lecheler, Helmut, Menschenwürde und Menschenrechte im modernen Verfassungsstaat, in: Rauscher, Anton (Hrsg.), Christliches Menschenbild und soziale Orientierung, Bachem, Köln 1993, S. 69 ff.

Lerche, Peter, Grundrechtsschranken, in: Isensee, Josef; Kirchhof, Paul (Hrsg.), Handbuch des Staatsrechts der Bundesrepublik Deutschland Band V: Allgemeine Grundrechtslehren, C.F. Müller, 2. Auflage Heidelberg 2000, S. 775 ff.

Lietz, Hermann, Die deutsche Nationalschule - Beiträge zur Schulreform aus den Deutschen Landeserziehungsheimen, Verlag des Land-Waisenheims, 2. Auflage Veckenstedt 1920

Lietz, Hermann, Grundsätze und Einrichtungen der deutschen Land-Erziehungsheime, Voigtländer, Leipzig 1913

Linde, Hans, Die Tagesschule: Tagesheimschule, Ganztagsschule, Offene Schule; ein soziologischer Beitrag zur Diskussion einer aktuellen pädagogischen Forderung, Quelle & Meyer, Heidelberg 1963

Littig, Peter, Reformpädagogische Erfahrungen der Landeserziehungsheime von Hermann Lietz und ihre Bedeutung für aktuelle Schulentwicklungsprozesse: Eine Schultheoretische Studie, Peter Lang, Frankfurt a.M. 2004

Löhning, Bernd, Der Vorbehalt des Gesetzes im Schulwesen, Duncker & Humblot, Berlin 1974

Lüderitz, Alexander, Elterliche Sorge als privates Recht, AcP 178 (1978), S. 263 ff.

Ludwig, Harald, Die Entstehung und Entwicklung der modernen Ganztagsschule in Deutschland - ein historischer Überblick in systematischer Absicht, in: Rekus, Jürgen (Hrsg.), Ganztagsschule in pädagogischer Verantwortung, Aschendorff, Münster 2003, S. 28 ff.

Ludwig, Harald, Entstehung und Entwicklung der modernen Ganztagsschule in Deutschland, Bd. 1: Vom Ausgang des 19. Jahrhunderts bis zum Ende des 2. Weltkrieges, Böhlau, Köln u.a. 1993

Ludwig, Harald, Entstehung und Entwicklung der modernen Ganztagsschule in Deutschland, Bd. 2: Die Entwicklung der modernen Ganztagsschule nach dem Ende des 2. Weltkrieges bis zur Gegenwart (1945-1990), Böhlau, Köln u.a. 1993

Literaturverzeichnis

Ludwig, Harald, Ganztagsschule und Ausländerkinder, Bildung und Erziehung 40 (1987), S. 305 ff.

Ludwig, Harald, Moderne Ganztagsschule als Leitmodell von Schulreform im 20. Jahrhundert, in: Holtappels, Heinz Günther (Hrsg.), Ganztagserziehung in der Schule: Modelle, Forschungsbefunde und Perspektiven, Leske und Budrich, Opladen 1995, S. 49 ff.

Luther, Martin, Offener Brief an die Ratsherren aller Städte Deutschlands, christliche Schulen einzurichten und zu unterhalten (1524), in: Beintker, Horst u.a. (Hrsg.), Martin Luther Taschenausgabe. Auswahl in fünf Bänden, Bd. 5: Christ und Gesellschaft, Evangelische Verlags-Anstalt, Berlin 1982, S. 206 ff.

Mandl, Josef, Das Elternrecht nach der natürlichen und übernatürlichen Ordnung, Herder, Freiburg 1960

Mangoldt, Hermann v./Klein, Friedrich/Starck, Christian, Das Bonner Grundgesetz: Kommentar, Bd. 1 Präambel, Art. 1 bis 19, Vahlen, 4. Auflage München 1999 [zitiert: Bearbeiter, in: v. Mangoldt/Klein/Starck, Das Bonner Grundgesetz, Art. Rn.]

Mangoldt, Hermann, v./Klein, Friedrich/Starck, Christian: Das Bonner Grundgesetz: Kommentar, Bd. 2: Art. 20 bis 78, Vahlen, 4. Auflage München 2000 [zitiert: Bearbeiter, in: v. Mangoldt/Klein/Starck, Das Bonner Grundgesetz, Art. Rn.]

Maunz, Theodor, Das Elternrecht als Verfassungsproblem, in: Ehmke, Horst/Kaiser, Joseph H./Kawenig, Wilhelm A./Meessen, Karl Matthias/Rüfner, Wolfgang (Hrsg.), Festschrift für Ulrich Scheuner zum 70. Geburtstag, Duncker & Humblot, Berlin 1973, S. 417 ff.

Maunz, Theodor, Der Bildungsanspruch aus verfassungsrechtlicher Sicht, in: Hablitzel, Hans/Wollenschläger, Michael (Hrsg.), Recht und Staat: Festschrift für Günther Küchenhoff, Zweiter Halbband, Duncker & Humblot, Berlin 1972, S. 605 ff.

Maunz, Theodor/Dürig, Günter, Grundgesetz: Kommentar, C.H. Beck, München, Loseblattsammlung (Stand 2004) [zitiert: Bearbeiter, in: Maunz/Dürig, Grundgesetz, Art. Rn.]

Literaturverzeichnis

Maury, Karl, Elterliche Erziehungsgewalt und öffentliche Schulgewalt nach deutschem Recht, Marcus, Breslau 1931

Mausbach, Joseph, Kulturfragen in der deutschen Verfassung: eine Erklärung wichtiger Verfassungsartikel, Volksvereins-Verlag, M. Gladbach 1920

Mayer-Kuhlenkampff, Lina, Gedanken zur Schule heute, Die Schule 2 (1947), S. 1 ff.

Michael, Berthold/Schepp, Heinz-Hermann, Politik und Schule von der Französischen Revolution bis zur Gegenwart Bd. 1, Athenäum - Fischer - Taschenbuchverlag, Frankfurt a.M. 1973

Morlok, Martin, Selbstverständnis als Rechtskriterium, Mohr Siebeck, Tübingen 1993

Müller, Friedrich/Christensen, Ralph, Juristische Methodik Band I: Grundlagen Öffentliches Recht, Duncker & Humblot, Berlin 2004

Müller-Freienfels, Wolfram, Die Vertretung beim Rechtsgeschäft, Mohr Siebeck, Tübingen 1955

Münch, Ingo v./Kunig, Philip, Grundgesetz-Kommentar, Bd. 1: (Präambel bis Art. 19), C.H. Beck, 5. Auflage München 2000 [zitiert: Bearbeiter, in: v. Münch/Kunig, Grundgesetz, Art. Rn.]

Neufert, Hermann/Bendix, Bernhard, Die Charlottenburger Waldschule im ersten Jahr ihres Bestehens, Urban & Schwarzenberg, Berlin/Wien 1906

Neumann, Volker, Sozialstaatsprinzip und Grundrechtsdogmatik, DVBl. 1997, S. 92 ff.

Nipperdey, Hans Carl, Die Grundrechte und die Grundpflichten der Reichsverfassung. Kommentar zum zweiten Teil der Reichsverfassung, Bd. 2 (Art. 118-142), Nachdruck Hobbing, Berlin 1930, Keip, Frankfurt a.M. 1975

Nohl, Hermann, Die pädagogische Aufgabe der Gegenwart, Die Sammlung 2 (1947), S. 647 ff.

Oestreich, Paul, Die elastische Einheitsschule: Lebens- und Produktionsschule, Schwetschke & Sohn, Berlin 1921

Oestreich, Paul, Die Schule zur Volkskultur, Rösl & Cie, München 1923

Literaturverzeichnis

Opaschowski, Horst W., Pädagogik im Spannungsfeld von Freizeit und Unterricht, in: Hoyer, Klaus/Kennedy Margrit (Hrsg.), Freizeit und Schule: Materialien für Forschung, Planung und Praxis, Westermann, Braunschweig 1978, S. 38 ff.

Oppermann, Thomas, Nach welchen rechtlichen Grundsätzen sind das öffentliche Schulwesen und die Stellung der an ihm Beteiligten zu ordnen? Gutachten C für den 51. Deutschen Juristentag, in: Ständige Deputation des Deutschen Juristentages (Hrsg.), Verhandlungen des 51. Deutschen Juristentages Band I, C.H. Beck, München 1976, S. C 1 ff.

Oppermann, Thomas, Zum Grundrecht auf eine tolerante Schule, RdJB 1977, S. 44 ff.

Oppermann, Thomas, Schule und berufliche Ausbildung, in: Isensee, Josef/Kirchhof, Paul (Hrsg.), Handbuch des Staatsrechts der Bundesrepublik Deutschland Band VI: Freiheitsrechte, C.F. Müller, 2. Auflage Heidelberg 2001, S. 329 ff.

Organisation for Economic Co-Operation and Development: Knowledge and skills for life: first results from the OECD Programme for International Student Assessment (PISA) 2000, OECD, Paris 2001

Ossenbühl, Fritz, Das elterliche Erziehungsrecht im Sinne des Grundgesetzes, Duncker & Humblot, Berlin 1981

Ossenbühl, Fritz, Schule im Rechtsstaat, DÖV 1977, S. 801 ff.

Ossenbühl, Fritz, Zur Erziehungskompetenz des Staates, in: Habscheid, Walter/Gaul, Hans Friedhelm/Mikat, Paul (Hrsg.), Festschrift für Friedrich Wilhelm Bosch zum 65. Geburtstag, Gieseking, Bielefeld 1976, S. 751 ff.

Osthelder, L., Das öffentliche Schulwesen, die staatliche Schulaufsicht und die Schulverwaltung, in: Westhoff, Paul, Verfassungsrecht der deutschen Schule: Beiträge zur Auslegung der Schularükel der Weimarer Reichsverfassung vom 11. August 1919, Pädagogischer Verlag, Düsseldorf 1932, S. 82 ff.

Ottweiler, Ottwilm, Aktuelle Forderungen nach Ganztagsschulen: Ansprüche – Gründe – Ziele, in: Rekus, Jürgen (Hrsg.), Ganztagsschule in pädagogischer Verantwortung, Aschendorff, Münster 2003, S. 4 ff.

Literaturverzeichnis

Paulsen, Friedrich, Das deutsche Bildungswesen in seiner geschichtlichen Entwicklung, Teubner, 3. Auflage Leipzig 1912

Pauly, Walter, Grundrechtslaboratorium Weimar: Zur Entstehung des zweiten Hauptteils der Reichsverfassung vom 14. August 1919, Mohr Siebeck, Tübingen 2004

Pauly, Walter, Methodenwandel im deutschen Spätkonstitutionalismus: Ein Beitrag zu Entwicklung und Gestalt der Wissenschaft vom Öffentlichen Recht im 19. Jahrhundert, Mohr Siebeck, Tübingen, 1993

Pawlowski, Hans-Martin, Methodenlehre für Juristen: Theorie der Norm und des Gesetzes, C.F. Müller, 3. Auflage Heidelberg 1999

Perschel, Wolfgang, Die Lehrfreiheit des Lehrers, DÖV 1970, S. 34 ff.

Peters, Hans, Elternrecht, Erziehung, Bildung und Schule, in: Bettermann, Karl August/Nipperdey, Hans Carl/Scheuner, Ulrich (Hrsg.), Die Grundrechte, Handbuch der Theorie und Praxis der Grundrechte Bd. VI/1, Duncker & Humblot, Berlin 1960, S. 369 ff.

Petersen, Peter, Der Jena-Plan einer freien allgemeinen Volksschule, Beltz, Langensalza 1927

Pieroth, Bodo, Erziehungsauftrag und Erziehungsmaßstab der Schule im freiheitlichen Verfassungsstaat, DVBl. 1994, S. 949 ff.

Pieroth, Bodo, Materiale Rechtsfolgen grundgesetzlicher Kompetenz- und Organisationsnormen, AöR 114 (1989), S. 422 ff.

Pieroth, Bodo/Schlink, Bernhard, Grundrechte Staatsrecht II, C.F. Müller, 20. Auflage München 2004

Pirenne, Henri, Sozial- und Wirtschaftsgeschichte Europas im Mittelalter, Francke, 6. Auflage Tübingen 1986

Poetzsch-Heffter, Fritz, Handkommentar der Reichsverfassung vom 11. August 1919: ein Handbuch für Verfassungsrecht und Verfassungspolitik, Liebmann, Berlin 1928

Pöggeler, Franz, Der pädagogische Fortschritt und die verwaltete Schule, Herder, Freiburg 1960

Literaturverzeichnis

Preuß, Ulrich K., Lehrplan und Toleranzgebot, RdJB 1976, S. 267 ff.

Prümm, Hans Paul, Verfassung und Methodik Beiträge zur verfassungskonformen Auslegung, Lückenergänzung und Gesetzeskorrektur unter besonderer Berücksichtigung des vierten Änderungsgesetzes zum Bundesverfassungsgerichtsgesetz, Duncker & Humblot, Berlin 1977

Quambusch, Erwin, Das „natürliche" Erziehungsrecht i. S. v. Art. 6 Abs. 2 GG, ZfJ 1988, S. 315 ff.

Quambusch, Erwin, Überlegungen zu einer Neuregelung der elterlichen Gewalt, RdJB 1973, S. 205 ff.

Raab, Erich/Rademacker, Hermann/Winzen, Gerda, Handbuch Schulsozialarbeit: Konzeption und Praxis sozialpädagogischer Förderung von Schülern, Verlag deutsches Jugendinstitut, München 1987

Reuter, Lutz-Rainer, Das Recht auf chancengleiche Bildung: ein Beitrag zur sozial ungleichen Bildungspartizipation und zu den Aufgaben und Grenzen der Rechtswissenschaft bei der Verwirklichung eines sozialen Grundrechts auf chancengleiche Bildung, Henn, Ratingen 1975

Reuter, Dieter, Kindesgrundrechte und elterliche Gewalt, Duncker & Humblot, Berlin 1968

Richter, Ingo, Bildungsverfassungsrecht: Studien zum Verfassungswandel im Bildungswesen, Klett, 2. Auflage Stuttgart 1977

Richter, Ludwig, Kirche und Schule in den Beratungen der Weimarer Nationalversammlung, Droste, Düsseldorf 1996

Ricker, Günter, Die Einführung der Förderstufe - Der "Fall Hessen", RdJB 1985, S. 443 ff.

Roellecke, Gerd, Erziehungsziel und der Auftrag der Staatsschule, in: Zeidler, Wolfgang/Maunz, Theodor/Roellecke, Gerd (Hrsg.), Festschrift Hans Joachim Faller, C.H. Beck, München 1984, S. 187 ff.

Rother, Ulrich, Die Situation der Ganztagsschulentwicklung in Deutschland, Die Ganztagsschule 2001, S. 127 ff.

Rother, Ulrich, Die Ganztagsschulentwicklung in den Bundesländern, Die Ganztagsschule 2003, S. 120 ff.

Rotteck, Carl v./Welcker, Carl Theodor, Das Staats-Lexikon: Encyklopädie der sämmtlichen Staatswissenschaften für alle Stände Bd. 4, 2. Auflage, Neudruck Altona, Hammrich 1846, Keip, Frankfurt a.M. 1990 [zitiert: Bearbeiter, in: v. Rotteck/Welcker, Staatslexikon Bd. 4, S.]

Ruppert, Stefan, Kirchenrecht und Kulturkampf: Historische Legitimation, politische Mitwirkung und wissenschaftliche Begleitung durch die Schule Emil Ludwig Richters, Mohr Siebeck, Tübingen 2002

Sachs, Michael (Hrsg.), Grundgesetz: Kommentar, C.H. Beck, 3. Auflage München 2003 [zitiert: Bearbeiter, in: Sachs, Grundgesetz, Art. Rn.]

Saladin, Peter, Rechtsbeziehungen zwischen Eltern und Kindern als Gegenstand des Verfassungsrechts, in: Dutoit, Bernard u.a. (Hrsg.), Festschrift für Hans Hinderling, Helbing & Lichtenhahn, Basel 1976, S. 175 ff.

Salzmann, Peter, Die Sprache der Reformpädagogik als Problem ihrer Reaktualisierung: dargestellt am Beispiel von Peter Petersen und Adolf Reichwein, Agentur Dieck, Heinsberg 1987

Savigny, Friedrich Karl v., System des heutigen römischen Rechts Band 1, Scientia, 2. Neudruck der Ausgabe Berlin 1840, Aalen 1981

Scharnagl, A., Die Entstehung der Schulbestimmungen der Weimarer Verfassung, in: Westhoff, Paul, Verfassungsrecht der deutschen Schule: Beiträge zur Auslegung der Schulartikel der Weimarer Reichsverfassung vom 11. August 1919, Pädagogischer Verlag, Düsseldorf 1932, S. 1 ff.

Schlicht, Uwe, Was ist die richtige Antwort auf PISA?, RdJB 2003, S. 5 ff.

Schlie, Hans-Walter, Elterliches Erziehungsrecht und staatliche Schulaufsicht im Grundgesetz. Ein Beitrag zum Verhältnis elterlicher und staatlicher Verantwortung für das Kind und die Gemeinschaft, Peter Lang, Frankfurt a.M. 1986

Schmidt-Bleibtreu, Bruno/Klein, Franz, Kommentar zum Grundgesetz, Luchterhand, 9. Auflage Neuwied u.a. 1999 [zitiert: Bearbeiter, in: Schmidt-Bleibtreu/Klein, Grundgesetz, Art. Rn.]

Schmitt Glaeser, Walter, Das elterliche Erziehungsrecht in staatlicher Reglementierung: ein verfassungsrechtlicher Essay zum "Gesetz zur Neuregelung der elterlichen Sorge" vom 18 Juli 1979, Gieseking, Bielfeld 1980

Literaturverzeichnis

Schmitt Glaeser, Walter, Die Eltern als Fremde - Verfassungsrechtliche Erwägungen zum Entwurf eines Gesetzes zur Neuregelung der elterlichen Sorge, DÖV 1978, S. 629 ff.

Schmitt-Kammler, Arnulf, Elternrecht und schulisches Erziehungsrecht nach dem Grundgesetz, Duncker & Humblot, Berlin 1983

Scholz, Rupert, Das Grundrecht der freien Entfaltung der Persönlichkeit in der Rechtsprechung des Bundesverfassungsgerichts, AöR 100 (1975), S. 80 ff., 265 ff.

Schorb, Alfons, Das „Förderstufenurteil" des Bundesverfassungsgerichts in pädagogischer Sicht, RdJB 1980, S. 171 ff.

Schultze, Walter/Führ, Christoph, Das Schulwesen in der Bundesrepublik Deutschland, Beltz, 2. Auflage Weinheim 1967

Simitis, Spiros, Das "Kindeswohl" - neu betrachtet, in: Goldstein, Joseph/Freud, Anna/Solnit, Albert J. (Hrsg.), Jenseits des Kindeswohls, Suhrkamp, Frankfurt a.M. 1991, S. 93 ff.

Smolka, Dieter, Die PISA-Studie: Konsequenzen und Empfehlungen für Bildungspolitik und Schulpraxis, Aus Politik und Zeitgeschichte B 41 (2002), S. 3 ff.

Stegner, Ralf, Die PISA-Ergänzungsstudie. Erste Einschätzungen und Konsequenzen, Schulmanagement 4 (2002), S. 17 ff.

Stein, Ekkehart, Das Recht des Kindes auf Selbstentfaltung in der Schule: verfassungsrechtliche Überlegungen zur freiheitlichen Ordnung des Schulwesens, Luchterhand, Neuwied u.a. 1967

Stein, Erwin, Die rechtsphilosophischen und positivrechtlichen Grundlagen des Elternrechts, in: Stein, Erwin/Joest, Wilfried/Dombois, Hans (Hrsg.), Elternrecht: Studien zu seiner rechtsphilosophischen und evangelisch-theologischen Grundlegung, Quelle & Meyer, Heidelberg 1958, S. 5 ff.

Stephany, Horst, Staatliche Schulhoheit und kommunale Selbstverwaltung, Kohlhammer, Stuttgart 1964

Stern, Klaus, Das Staatsrecht der Bundesrepublik Deutschland, Band I: Grundbegriffe und Grundlagen des Staatsrechts, Strukturprinzipien der Verfassung, C.H. Beck, München 1984

Literaturverzeichnis

Stern, Klaus, Das Staatsrecht der Bundesrepublik Deutschland, Band II: Staatsorgane, Staatsfunktionen, Finanz- und Haushaltsverfassung, Notstandsverfassung, C.H. Beck, München 1980

Stern, Klaus, Das Staatsrecht der Bundesrepublik Deutschland, Band III/1: Allgemeine Lehren der Grundrechte C.H. Beck, München 1988

Stern, Klaus, Das Staatsrecht der Bundesrepublik Deutschland, Band III/2: Allgemeine Lehren der Grundrechte, C.H. Beck, München 1994

Stober, Rolf, Grundpflichten als verfassungsrechtliche Dimension, NVwZ 1982, S. 473 ff.

Stober, Rolf, Grundpflichten und Grundgesetz, Duncker & Humblot, Berlin 1979

Suhr, Dieter, Rechtsstaatlichkeit und Sozialstaatlichkeit, Der Staat 9 (1970), S. 67 ff.

Tanner, Laurel N., Dewey's Laboratory School, Lessons for Today, Teachers College Press, New York 1997

Thiel, Markus, Der Erziehungsauftrag des Staates in der Schule – Grundlagen und Grenzen staatlicher Erziehungstätigkeit im Schulwesen, Duncker & Humblot, Berlin 2000

Tischleder, Peter, Die Staatslehre Leos XIII, Volksvereinsverlag, M. Gladbach 1927

Triebold, Karl, Die Freiluftschulbewegung: Versuch einer Darstellung ihres gegenwärtigen internationalen Standes; dargebracht dem 2. internationalen Kongreß für Freiluftschulen, Schoetz, Berlin 1931

Unruh, Georg-Christoph v., Das Schulwesen, in: Jeserich, Kurt/Pohl, Hans/Unruh, Georg-Christoph von (Hrsg.), Deutsche Verwaltungsgeschichte, Band 1: Vom Spätmittelalter bis zum Ende des Reiches, Deutsche Verlags-Anstalt, Stuttgart 1983, S. 383 ff.

Voigt, Alfred, Geschichte der Grundrechte, W. Spemann-Verlag, Stuttgart 1948

Waechter, Kay, Forschungsfreitritt und Fortschrittsvertrauen, Der Staat 30 (1991), S. 19 ff.

Literaturverzeichnis

Wank, Rolf, Die Auslegung von Gesetzen. Eine Einführung, Carl Heymanns, Berlin 1997

Wehler, Hans-Ulrich, Deutsche Gesellschaftsgeschichte Bd. 2: Von der Reformära bis zur industriellen und politischen "Deutschen Doppelrevolution": 1815-1854/49, C.H. Beck, 2. Auflage München 1989

Wendt, Rudolf, Der Garantiegehalt der Grundrechte und das Übermaßverbot, AöR 104 (1979), S. 414 ff.

Wiegmann, Ulrich, Zu den Möglichkeiten und Grenzen der Rezeption bundesdeutscher Erziehungswissenschaften in der DDR. Die pädagogische Historiographie als Exempel, in: Geißler, Gert/Wiegmann, Ulrich (Hrsg.), Schule und Erziehung in der DDR. Studien und Dokumente, Luchterhand, Neuwied u.a. 1995, S. 147 ff.

Willoweit, Dietmar, Deutsche Verfassungsgeschichte: vom Frankenreich bis zur Wiedervereinigung Deutschlands; ein Studienbuch, C.H. Beck, 5. Auflage München 2005

Wimmer, Raimund, Das pädagogische Elternrecht, DVBl. 1967, S. 809 ff.

Wimmer, Raimund, Die Rechtspflicht zur öffentlichen Bildungsplanung, RdJB 1970, S. 65 ff.

Wimmer, Raimund, Sind die deutschen Unterrichtsverwaltungen rechtsstaatlich?, DVBl. 1966, S. 846 ff.

Wülfing, Thomas, Grundrechtliche Gesetzesvorbehalte und Grundrechtsschranken, Duncker & Humblot, Berlin 1981

Zacher, Hans F., Elternrecht, in: Isensee, Josef/Kirchhof, Paul (Hrsg.), Handbuch des Staatsrechts der Bundesrepublik Deutschland, Band VI: Freiheitsrechte, C.F. Müller, 2. Auflage Heidelberg 2001, S. 265 ff.

Zacher, Hans F., Was können wir über das Sozialstaatsprinzip wissen?, in: Stödter, Rolf/Thieme, Werner (Hrsg.), Hamburg, Deutschland, Europa: Beiträge zum deutschen und europäischen Verfassungs-, Verwaltungs- und Wirtschaftsrecht: Festschrift für Hans Peter Ipsen zum siebzigsten Geburtstag, Mohr Siebeck, Tübingen 1977, S. 207 ff.

Zippelius, Reinhold, Juristische Methodenlehre, C.H. Beck, 8. Auflage München 2003

René Seidel

Die Anerkennung der privaten Ersatzschule und ihre Auswirkungen auf das Privatschulverhältnis

Frankfurt am Main, Berlin, Bern, Bruxelles, New York, Oxford, Wien, 2005.
XXXVI, 248 S.
Schriften zum Staatskirchenrecht.
Herausgegeben von Axel Frhr. von Campenhausen und Christoph Link. Bd. 26
ISBN 3-631-53461-2 · br. € 51.50*

Nach der Veröffentlichung der PISA-Studie wurde in Deutschland viel über die weitere Entwicklung der öffentlichen Schulen diskutiert. Nur wenig Beachtung fanden dabei die Privatschulen, obwohl diese eine Alternative zum öffentlichen Schulwesen darstellen. Der Betrachtung der Rechtslage der Privatschulen dient dieses Buch. Es werden die verfassungsrechtliche Situation, die verwaltungsrechtliche Ausgestaltung im Recht der Bundesländer und die privatrechtliche Ausformung des Privatschulverhältnisses untersucht. Betrachtet werden insbesondere die zwischen der genehmigten Ersatzschule und der zusätzlich anerkannten Ersatzschule bestehenden Unterschiede. Es erfolgt eine vertiefte Darstellung der Auswirkungen der Anerkennung der Ersatzschule im Verhältnis der Schule zum Schüler und zum Staat.

Aus dem Inhalt: Verfassungsrechtliche Grundlagen der Privatschulfreiheit gem. Art. 7 Abs. 4, 5 GG · Die Genehmigung und Anerkennung der Ersatzschule · Die Umsetzung im Landesrecht · Die Rechtsbeziehungen der Ersatzschule im Privatschulverhältnis · Der privatrechtliche Schulvertrag

Frankfurt am Main · Berlin · Bern · Bruxelles · New York · Oxford · Wien
Auslieferung: Verlag Peter Lang AG
Moosstr. 1, CH-2542 Pieterlen
Telefax 0041 (0)32/376 17 27

*inklusive der in Deutschland gültigen Mehrwertsteuer
Preisänderungen vorbehalten
Homepage http://www.peterlang.de

Printed by
CPI books GmbH, Leck

FSC
www.fsc.org
MIX
Papier | Fördert
gute Waldnutzung
FSC® C083411